陕南特色农业产业化经营创新路径研究

李天芳　郑宽明　郭亚锋　著

西南交通大学出版社
·成　都·

图书在版编目（CIP）数据

陕南特色农业产业化经营创新路径研究 / 李天芳，郑宽明，郭亚锋著. —成都：西南交通大学出版社，2020.10

ISBN 978-7-5643-7670-3

Ⅰ. ①陕… Ⅱ. ①李… ②郑… ③郭… Ⅲ. ①农业产业化－经营管理－研究－陕西 Ⅳ. ①F327.41

中国版本图书馆 CIP 数据核字（2020）第 185350 号

Shannan Tese Nongye Chanyehua Jingying Chuangxin Lujing Yanjiu

陕南特色农业产业化经营创新路径研究

李天芳　郑宽明　郭亚锋　**著**

责任编辑 / 孟秀芝
封面设计 / 严春艳

西南交通大学出版社出版发行
（四川省成都市金牛区二环路北一段 111 号西南交通大学创新大厦 21 楼　610031）
发行部电话：028-87600564　028-87600533
网址：http://www.xnjdcbs.com
印刷：成都勤德印务有限公司

成品尺寸　170 mm × 230 mm
印张　15.5　字数　212 千
版次　2020 年 10 月第 1 版　印次　2020 年 10 月第 1 次

书号　ISBN 978-7-5643-7670-3
定价　92.00 元

图书如有印装质量问题　本社负责退换

本书由陕西理工大学人才启动基金项目
（SLGQD17-23）资助出版

前言 Preface

农业是国民经济的基础，也是农村经济可持续发展的根本。随着科学技术日新月异的发展和农业生产力水平的不断提高，世界农业发展整体上进入以广泛应用现代科学技术为主要特征的现代农业阶段。特色农业是农业产业中最具活力、最有价值和最富效益的产业。发展特色农业是欠发达地区提高自我发展能力的根本途径，也是其实现农业现代化的现实选择。陕南是我国欠发达地区的典型代表，因独特的地理位置和适宜的自然环境，自古就成为我国茶、桑、果、蔬、中药材等多种特色农作物的主要种植和生产基地。近代以来，受战乱、自然灾害和传统生产方式的影响，陕南特色农业一直在波折中缓慢发展。中华人民共和国成立后，在党和政府的大力扶持和引导下，陕南特色农业生产规模不断扩大，市场化程度逐渐提高，并初步形成了以龙头企业、农民专业合作社和农产品专业市场为主体的多种农业产业化经营组织。然而，随着市场竞争的日趋加剧，陕南特色农业发展也遇到了不少新情况和新问题，特别是特色农业产业化水平低、经营层次低、市场竞争力弱等问题突出。党的十八大以来，伴随着我国脱贫攻坚和乡村振兴战略的全面实施，陕南特色农业迎来了千载难逢的发展机遇。在新的历史起点上，如何以特色农业产业化经营为突破口，全面推动陕南特色农业产业化经营向更高阶段发展，不断提升经营质量和经营效益，为陕南脱贫攻坚和乡村振兴提供有力支撑是当前陕南特色农业发展面临的一个重大现实问题。

本书结合农业产业化相关理论和陕南特色农业发展历史，重点介绍陕南特色农业产业化经营现状、存在的问题，并在借鉴发达国家特色农业产业化经营的经验的基础上，从经营思路、经营理念、经营模式、实现路径和经营机制等维度提出了新时代加快推进陕南特色农业产业化经营创新、提升经营质量和效益的具体措施。笔者希望通过研究和探索陕南特色农业产业化经营创新路径，能更好地为陕南特色农业产业化发展战略规划和政策制度设计，更多地为陕南特色农业产业化经营主体经营决策和模式创新提供依据与参考，从而推动陕南特色农业产业化经营向更高阶段发展。

限于作者水平，书中存在不妥之处在所难免，敬请广大读者批评指正。

李天芳

2020 年 8 月

目录 Contents

第一章 特色农业产业化经营概述

第二章 特色农业产业化经营的理论基础

第三章 陕南特色农业产业化经营的历史演进

第四章 陕南主要特色农业产业化经营现状

第一章 特色农业产业化经营概述

第一节　特色农业的含义和特征

一、特色农业的含义

特色农业是农业发展到一定阶段的必然产物，也是农业顺应市场经济规律的客观要求。20 世纪 50 年代以来，随着西方发达国家特色农业的快速发展，有关特色农业的理论和实践研究逐渐兴起，特色农业的概念开始被世界各国广泛接受。然而，由于研究者们在研究视角、研究内容、研究重点和研究形式等方面存在差异，对于什么是特色农业至今也没有达成一致的认识。目前，对特色农业含义的界定主要从以下几个方面展开：

一是从特色农业与相关农业形式比较分析的角度，认为特色农业是一个与传统农业、常规农业等农业形式相比具有显著差异和独特性的新兴产业。如窦贤君（1997）等认为，"特色农业是相对常规农业而言的，主要是指农产品及其初加工制品，它包括特种种植业、特种饲养业、特种林果业、特种水产业和特种加工业等。"①张春江（2001）、张强（2012）等认为，特色农业是相对于传统农业而言的，具有明显区域特征和工艺特色的高投入、高风险、高效益农业。②③

二是从资源和结合市场的角度，认为特色农业是市场经济和地方资源条件相适应的产物。如卢学英（2007）认为，"特色农业是按照市场经济的客观要求，依托当地独特的地理、气候、资源、产业基础和条件形

① 窦贤君. 发展特色农业，加快农业市场化进程——安徽发展特色农业的调查[J]. 农村技术经济，1997（5）.

② 张春江. 发展特色农业，促进山区经济增长[J]. 思茅师范高等专科学校学报，2001（1）.

③ 张强. 发展特色农业，推进益阳市社会主义新农村建设[J]. 城市建设理论研究，2012（14）.

成的。”[①]原农业部在《关于加快西部地区特色农业发展的意见》(2002)中将特色农业定义为：“特色农业是指具有独特的资源条件、明显的区域特征、特殊的产品品质和特定的消费市场的农业产业。”

三是从产品的角度，认为特色农业是生产地方特色农产品的农业。如陈印军、杨瑞珍、尹昌斌(2003)认为，“特色农业是指一个地区以其特有的自然、经济条件和生物资源，为繁荣市场、增加收益而从事具有地方特色农产品生产的产业。”[②]

四是从发展模式的角度，认为“特色农业是以追求最佳效益(即最大的经济效益和最优的生态效益、社会效益)和提高产品市场竞争力为目的，依据区域内整体资源优势及特点，突出地域特色，围绕市场需求，坚持以科技为先导，高效配置各种生产要素，以某一特定生产对象或生产目的为目标，形成规模适度、特色突出、效益良好和产品具有较强市场竞争力的非均衡农业生产体系。”“产品特色化和产业规模化是特色农业两大基本特征。”[③]

综合以上观点，我们认为，特色农业有广义和狭义之分。狭义的特色农业是指特色农产品的生产。在我国，狭义的特色农业主要围绕特色蔬菜、特色果品、特色粮油、特色饮料、特色花卉、特色纤维、地道中药材、特色草食畜、特色猪禽蜂、特色水产等10余类特色农产品生产活动。广义的特色农业是指以特色农业资源为基础，为实现农业增效和农民增收目标，根据市场需求，运用现代科学技术和管理方式，生产并提供具有区域特色和竞争优势的农产品或服务的新型农业。其中，特色农业资源是特色农业发展的基础，先进的生产和管理技术是特色农业发展的重要支撑，特色农业产业是特色农业的依托，生产并提供符合市场需要的特色农产品或服务是特色农业发展的核心，实现农业增效和农民增

① 卢学英. 关于发展我国特色农业的探讨[J]. 合作经济与科技，2007(23).

② 陈印军，杨瑞珍，尹昌斌. 西部地区特色农业优势、问题与对策[J]. 中国农业资源与区划，2003(1).

③ 赵敏. 特色农业发展指引[M]. 北京：中国社会出版社，2008.

收，推动农村经济发展是特色农业发展的最终目标。广义的特色农业不仅包括特色农产品的生产，还包括与特色农产品生产相关的新兴特色农业，如特色农业旅游等。

二、特色农业的特征

作为农业体系的重要组成部分，特色农业除了具有农业的基本特征之外，还具有自身独有的特征。具体表现在资源上的稀缺性、产业上的优势性、生产上的地域性、经济上的高效性、产品上的独特性五个方面。

1. 资源稀缺性

特色农业是以独特的资源禀赋为基础的，这种独特的资源禀赋包括自然资源和社会资源两大类。

由于自然界的各种物质和条件不同，特色农业所依托的自然资源的分布和组合具有明显的区域性。不同国家和地区自然资源禀赋在数量上是有限的。随着人类生产和生活需求的持续增长，资源消耗量不断增加，资源总量不断减少。尽管特色农业自然资源大部分属于可再生资源，但仍然表现出稀缺性特征，尤其是当人类需求大于特色农业自然资源再生能力时，资源供给与人类需求之间的矛盾将进一步加剧，特色农业自然资源的稀缺性将日趋凸显。

特色农业的社会资源指在社会、经济和科学技术因素中可以用于特色农业生产的各种要素，一般可以分为人力资源、资本资源和信息资源等。其中，人力资源是特色农业发展最重要的一种资源，特别是掌握一定生产、管理技术的高素质农业人才是目前最稀缺的一种资源。

2. 生产地域性

农业生产总是依附于一定的资源禀赋。由于特色农业资源禀赋在空间地域分布上存在明显的差异性，客观上决定了特色农业生产具有地域性特征。离开了特定的空间地域，特色农业将失去生产和发展所必需的资源和条件。因此，特色农业生产一般局限于特定的区域范围，其产品具有特定的市场，满足特定的消费需求，并在区域内形成专业化和规模化生产。

3. 产品独特性

特色农业所生产的农产品与提供的服务具有与众不同的特色和价值。这是特色农业区别于常规农业的显著标志，也是特色农业发展的关键。特色农产品或服务的独特性体现着“优、新、稀、精”“人无我有、人有我优、人优我特”等多个方面。在产品的品种、结构、形态、品质、功能、加工工艺方面往往具有可被消费者感知的差异，能够得到消费者的认可和青睐。

4. 产业优势性

特色农业是在综合利用区域内生物多样性、气候、土壤、光照和独特的区位等多种优势条件的前提下，以当地特有资源为依托，根据“因时制宜、因地制宜、因物制宜”原则发展起来的具有明显比较优势的农业类型。它注重特色、强调优势、突出差异。特色农业在特定的经济区域内具有明显的生产优势和比较优势，有一定的产业基础和相对完善的生产与服务体系，与其他地区相比，该地区的特色农业能提供更优质的特色产品和服务，实现更好的经济效益和社会效应。

5. 经济高效性

特色农业是针对市场需求开展的农业生产活动，其最终目标是实现农业增效、农民增收。特色农业是建立在充分合理地利用其独特优势资源的基础上的，因而能以最小的资源消耗获得最大的收益。

三、特色农业的类型

按照不同的标准，可以将特色农业划分为不同的类型。

（一）按特色农业生产的对象不同分类

按照特色农业生产的对象不同，可以将特色农业分为特色种植业、特色养殖业、特色水产业、特色加工业和特色服务业。

1. 特色种植业

特色种植业是相对传统种植业而言的，是指人们充分利用一定区域内独特的优势农业资源，开发和生产出品质优、价值高、市场竞争力强的种植品及其加工品，如特色蔬菜、特色果品、特色粮油、特色花卉等具有绿色、无公害等特点的特殊农业类型。特色种植业以“特、优、名、精、新”等为基本特点，具有更强的市场竞争力和营利性。①特色种植业是特色农业的主要组成部分。发展特色种植业不仅是农业和农村经济结构战略性调整的重要方向，也是增加农民收入的主要途径之一。

2. 特色养殖业

特色养殖业是相对一般养殖业而言的。一般养殖业又称传统养殖业，主要是指家畜、家禽、水产等的动物养殖。一般养殖业对技术的要求不高，成本低、风险低，如猪、牛、羊、鸡、鸭、鹅等，一般农户均可饲养，但产品附加值低，经济效益不高。特色养殖业则是指特种畜禽、特种水产以及其他具有特殊用途和价值的动物养殖，如野生动物养殖、珍禽养殖。一般来讲，特色养殖能给养殖户带来较好的经济效益，但成本高、风险大。一般农户很少饲养。

3. 特色水产业

特色水产业是指利用区域自然环境特点和资源优势，采集、栽培、捕捞、增殖、养殖品质优良、价值独特的特种鱼类或其他特色水生动植物产品的行业，如饲养河蟹、龙虾、甲鱼等。特色水产品品种繁多，不同的品种、不同的养殖条件，其养殖技术、方法不尽相同。因此，需要

---

① 寇风梅，冯小琴. 甘肃老贫地区特色种植业永续发展的优势、问题与对策[J]. 兰州学刊，2008（12）.

按照养殖对象的生态习性和特点，采用适宜的饲养技术和设施，一般成本高、风险大，产品市场需求较为稳定。

4. 特色加工业

特色加工业是指以特色种植品、特色饲养品、特色水产品及其加工品为原料进行的工业生产活动。通过加工转化活动，可以进一步提高特色农产品的资源利用效率，增加产品附加值，促进特色农业发展和特色农业经济效益提高。

5. 特色服务业

特色服务业是特色农业与服务业交叉产生的新兴产业。它是以特色农业资源为基础，以特色农业生产经营为特色，利用区域特色农业资源和自然环境，结合特色农业生产、经营活动以及地方特色文化，为人们提供休闲、旅游、体验、观光、度假和科普教育等服务项目的一种新型特色农业形态。这类特色农业适宜于大中城市近郊区或交通便利的地方，以满足城市居民回归自然、休闲娱乐和体验农耕文化等方面的需求。

（二）按特色农业生产经营领域不同分类

按照特色农业生产经营领域不同，可以将特色农业分为生产型特色农业和服务型特色农业。

1. 生产型特色农业

生产型特色农业主要以特色农产品生产为主，面向市场，以提供满足消费者物质需求的各种优质特色农产品，如特色种植品、养殖品和特色水产品等为主要目标。

2. 服务型特色农业

服务型特色农业是利用区域特色农业资源，向消费者提供休闲、旅游、观光、体验等方面服务，满足其精神需求的农业类型。发展服务型特色农业，不仅需要立足区域资源优势和特色开发符合消费者需求的服务项目与服务设施，还需要运用现代服务业的理念提升其整体价值，满足消费者多元化、多层次的精神需求。

（三）按特色农业要素配置不同分类

根据特色农业要素配置的差异，可以将特色农业分为资源密集型特色农业、技术密集型特色农业、劳动密集型特色农业和资本密集型特色农业。

1. 资源密集型特色农业

资源密集型特色农业是指对特定自然资源和环境具有强烈依赖性的农业。在生产要素的构成中，占用和消耗资源，尤其是自然资源的比重大，对地质、气候、水文等环境要求较高。比如特色果蔬、特色中药材、特色林木花卉、特色畜禽和特色水产品都是对资源依赖性很强的农业类型。

2. 技术密集型特色农业

技术密集型特色农业是指在特色农业生产经营过程中，对科学技术和智力要素的依赖程度大大超过对其他生产要素的依赖程度。技术密集型特色农业成本中的研发费用往往占较大份额。这种类型的农业可以存在于种植业、养殖业中，也可以存在于农产品的保鲜和初加工环节。例如特色果蔬、花卉的种植，特色家禽、野禽和肉牛、奶牛的饲养以及特色水产品和海珍品的养殖等。

3. 劳动密集型特色农业

劳动密集型特色农业是指主要依靠大量使用劳动力资源，而对技术和自然资源依赖程度低的特色农业。我国大部分特色种植业、养殖业属于劳动密集型农业，技术含量低，生产效率不高。

4. 资本密集型特色农业

资本密集型特色农业是指产品生产主要依靠资金、机器和设备等资本投入的特色农业。这种特色农业通常需要投入的机械装备多，消耗的能源和资源多，占用资金量大，资金周转率较低，但对劳动力资源需求相对较少。如利用人工建造的设施，在局部范围改善或创造环境气象因素，为植物生长提供良好的环境条件而进行有效生产的设施农业就属于资本密集型特色农业。

（四）按特色农业生产的发展模式不同分类

根据特色农业的发展模式不同，可以将特色农业分为政府主导型特色农业、市场主导型特色农业和中介组织主导型特色农业。

1. 政府主导型特色农业

政府主导型特色农业是指根据区域特色农业自身的特点，在以市场为主配置资源的基础上，充分发挥政府的主导作用，由政府主导确定特色农业发展方向和目标，对特色农业的发展给予规划、指导、支持和规范。比如在国内一些地方建设的特色农业精品园、特色农业示范区、特色农业产业带大多由政府进行顶层设计，对特色产业未来发展方向和产业布局进行规划、引导，并制定、实施相关优惠政策和保障措施，促进特色农业产业发展。

2. 市场主导型特色农业

市场主导型特色农业是以市场需求为导向，根据市场需求进行特色农产品开发、生产与服务设计，为消费者提供特色优质产品的农业类型。由于市场主导型特色农业的形成和发展主要依赖的是市场机制而不是计划机制，因而不可避免地带有自发性、盲目性和滞后性等特点。

3. 中介组织主导型特色农业

中介组织是指在市场经济条件下各有关交易主体为了节省交易费用而选择的一种与市场、企业、政府组织互补的混合性的“制度安排”或

“行动集团”[①]，如行业协会、农业合作社等。在现代农业发展中，中介组织是政府与微观经济活动主体（农户）发生联系的桥梁和纽带。政府制定的产业政策以及配套的财政、税收、信贷、进出口等政策，可以通过中介组织的传导，对微观经济主体的活动进行引导与规范。中介组织主导型特色农业是指特色农业的社会分工、协调以及交易活动的组织主要由中介组织来完成的一种农业发展模式。

（五）按特色农业对外开放的程度不同分类

根据特色农业对外开放的程度不同，可以将特色农业分为外向型特色农业和内向型特色农业。

1. 外向型特色农业

外向型特色农业是以国际市场需求为导向，按照国际专业化分工协作的客观要求，以出口特色农产品及其加工产品而获得比较利益和进行生产要素国际交换来促进本地区经济发展的农业。外向型特色农业面向的是国际市场，国际市场环境复杂多变，竞争对手众多，因此它比任何区域性的国内市场竞争更为激烈。

2. 内向型特色农业

内向型特色农业是以国内市场需求为主导的，通过国内的特色农业资源及其他生产要素的有效配置和流通，生产并提供满足本国人民生活和国内经济发展需要的特色农产品或服务。相对外向型特色农业而言，内向型特色农业面临的市场环境较为稳定，竞争对手较少，市场竞争程度相对不高。

---

① 池泽新，张小有. 中介组织主导型市场农业体制初探——我国“小规模、分散化”农户经营市场化的“制度安排”与政策建议[J]. 农村经济，2004（11）：1.

第二节　特色农业产业化经营的概念和特征

一、农业产业化的概念和特征

1. 产业及产业化

“产业”一词在不同的语境和场合有不同的理解。《辞海》对产业的诠释是：①“私有的土地、房屋等财产”；②“各种生产、经营事业”。[①] 在英语中，“产业”与“工业”是同一个词（Industry）。18 世纪，所谓的产业就是工业。比如，通常所讲的“产业革命”实际上指“工业革命”。后来，随着社会经济的发展，产业的概念才逐渐扩大到一切物质生产部门，用来泛指国民经济各部门、各行业。在经济学中，产业是位于微观经济的细胞与宏观经济的单位之间的一个“集合概念”，是指具有某种同类属性的企业经济活动组成的集合或系统。一个产业可以由多个企业的同类经济活动组成，一个企业也可能从事多个产业的经营活动。

产业化是从“产业”的概念延伸和发展而来的。英文中，“产业化”（Industrialization）是与工业化相同的一个概念，产业化常作“工业化”理解。在经济学研究中，国内外研究者对产业化的概念界定还没有形成一致的观点。联合国经济发展委员会对产业化的定义包括六点：①生产的连续性（Continuity）；②生产物的标准化（Standardization）；③生产过程各阶段的集成化（Integration）；④工程高度组织化（Organization）；⑤机械化（Mechanization）；⑥生产与组织一体化的研究与开发（R&D）。本书认为，产业化是一个动态发展的概念，在不同的国家或地区、不同时期有其特定的内涵。在市场经济条件下，产业化就是指产业的形成和

① 夏征农. 辞海[M]. 上海：上海辞书出版社，1999.

发展过程，它有广义和狭义之分。狭义的产业化是指发明、专利、技术、产品或服务，经过市场化、规模化、规范化、专业化、社会化而不断形成产业的全过程；广义的产业化是指从产业发展的角度出发，一个产业通过产业结构升级、新技术引进、集约化经营、市场化运作、现代化管理等手段，从低级到高级、从传统到现代的不断完善的过程。

2. 农业产业化

（1）农业产业化的概念。

农业产业化是农业发展到一定阶段的产物，最早产生于 20 世纪 50 年代的美国，后来传入西欧、日本等发达国家及地区。它是一种在专业化和协作化的基础上，依靠经济和法律关系将农业生产的产前、产中、产后等环节有机地联系起来，在经济上和组织上建立集生产、加工、销售为一体的经营组织体系。在我国，农业产业化发端于 20 世纪 80 年代中后期，是在我国经济体制改革和农业生产力水平提高的双重背景下出现的一种新的农业生产经营组织形式。党的十一届三中全会以后，我国开始了以家庭联产承包经营为核心的农村经济体制改革，实行以家庭承包经营为基础、统分结合的双层经营体制，确立了农户作为农村经济的经营主体的地位，极大地调动了农民生产的积极性，解放了农村生产力。然而，随着农业生产力水平的不断提高和农民剩余产品的增加，农产品进入市场难的矛盾逐渐凸显出来。如何将小规模的农户生产与大市场实现有效对接，满足城乡居民日益多样化和优质化的农产品需求成为我国农业发展面临的一个重要问题。同时，随着农业生产力水平的不断提高，农业结构逐渐发生变化，农业开始由单一的种植业向农林牧副渔并举转变，农户分工分业快速发展，涌现出很多专业户、专业村，农产品区域化布局逐步发展，产业链不断延长，市场化程度逐步提高。在一些地方，出现了“产加销一体化”“农工商一体化”和“贸工农一体化”等农业产业化雏形，能够克服原有农业生产经营中产前、产中、产后环节割裂所带来的市场风险大、交易费用高、经济效益低、农民实惠少等弊病。20

世纪 90 年代以后，随着农业和农村经济的不断发展，这种经营方式逐步发展起来，并表现出强大的生命力和广泛的适应性。

我国最早实践农业产业化经营的是山东潍坊市的诸城市。当时，为解决农民“买难、卖难”的问题，诸城提出了“商品经济的大合唱及贸工农一体化”的发展思路，得到了山东省委的肯定，并向全省推广。20 世纪 90 年代初，诸城又开始实行以龙头企业带动农户为特色的贸工农一体化发展，取得了很好的效果。随后，寿光市实行以市场带动农户为特色的产加销一体化发展的新路子。1993 年，山东省委、省政府在认真总结潍坊农业一体化发展经验的基础上，提出了农业产业化的概念。农业产业化是在农民家庭经营的基础上，以市场为导向，以效益为中心，以科技为支撑，围绕主导产业，优化组合各种生产要素，对农业和农村经济实行区域化布局、专业化生产、一体化经营、社会化服务、企业化管理，形成市场牵龙头、龙头带基地、基地连农户，集种养加、产供销、内外贸、农科教于一体的农业经济管理体制和运行机制。

1994 年，山东省委印发 1 号文件，号召全省推广潍坊农业产业化经验，并要求按照产业化组织农业生产。山东省农业产业化战略进入全面实施阶段。1995 年 3 月，《人民日报》发表的题为《产业化是农村改革与发展的方向》的文章提出，“产业化是农村改革与发展的方向”“产业化是农村改革自家庭联产承包制以来又一次飞跃”。同年 12 月 11 日，《人民日报》以大社论的规格、超常规的篇幅发表了题为《论农业产业化》的社论，并配发三篇述评。这篇社论的发表，使农业产业化思想迅速在全国广泛传播，为农业产业化在我国的推行和实施起了重要的导向作用。1996 年，中共中央、国务院颁布的《关于“九五”时期和今年农村工作的主要任务和政策措施》中，充分肯定了贸工农一体化、农业产业化在农业商品化、产业化和现代化中的作用，并明确提出了农业产业化改革的方向，即“以国内外市场为导向，以提高经济效益为中心，对当地农业的支柱产业和主导产品实行区域化布局，专业化生产，一体化经营，社会化服务，企业化管理，把产供销、贸工农、经科教紧密结合起来，形成一条龙的经营机制”。同年 3 月，在第八届全国人民代表大会第四次会议通过的《国民经济和社会发展“九五”计划和 2010 年远景目标纲要》中，更明确地指出要“鼓励发展多种形式的合作与联合，发展联结农户与市场的中介组织，大力发展贸工农一体化，积极推进农业产业化经营”。此后，党中央、国务院一直高度重视农业产业化发展，并将其作为我国农业、农村工作中一件全局性、方向性的大事来抓，在党的十五大、十六大、十七大和十八大报告中都对农业产业化发展进行了深刻的阐述，充分肯定了农业产业化在巩固发展农业农村经济、引领现代农业发展方面发挥的重大作用，并明确提出了农业产业化的战略问题和具体的要求。为加快推进农业产业化发展，国家制定出台了一系列强有力的支持政策和措施，各地区、各部门积极推动、大力支持，使我国农业产业化实现了快速发展、健康发展。截至 2011 年底，全国各类产业化经营组织达 28 万多个，其中龙头企业 11 万多家。各类产业化经营组织带动农户达 1.1 亿户，辐射带动种植业面积占全国的 60%以上，畜禽饲养量占全国的 70%以上，养殖水面占全国的 80%以上。[①]农业产业化的迅速发展，为加快推动我国现代农业建设和农业发展方式转变提供了强有力的支撑，也为促进经济社会发展、保障和改善民生作出了重大贡献。

（2）农业产业化的基本要素。

农业产业化在国外称农业一体化（Agricultural Integration），是由美国哈佛大学商学院戴维斯（John H. Davis）教授和戈德伯格（Roy A. Goldberg）于 20 世纪 50 年代后期提出的，当时用“农业”（Agricultural）和“工商活动”（Business）两个词合成的“农业综合经营”（Agribusiness）来表示，是指农业生产从种子、肥料及机械等投入品，到产品加工和销售的有关生产单元与流通环节组成的产业链条。目前，国内学术界对农业产业化的概念还没有形成统一规范的认识。陈吉元（1996）将农业产

① 回良玉．在中国农业产业化龙头企业协会成立大会上的讲话[N]．农民日报，2012-11-29.

业化界定为“市场化、社会化、集约化的农业”。[1]徐观华（1996）将围绕一个或多个相关的农副产品项目，组织众多主体参与，进行生产、加工、销售一体化的活动，并在发展过程中逐渐形成一个新的产业体系的过程称之为农业产业化。[2]中国农业科学院牛若峰教授（1997）则认为，“农业产业化的提法不科学，不如用农业产业一体化准确”。所谓农业产业一体化是“农工商、产供销一体化经营”的简称，“是以市场为导向，以加工企业或合作经济组织为依托，以广大农户为基础，以科技服务为手段，通过将农业再生产过程的产前、产中、产后诸环节联结为一个完整的产业系统；是实现种养加、产供销、农工商一体化经营，引导分散的农户小生产转变为社会化大生产的组织形式；是系统内‘非市场安排’与系统外市场机制相结合的资源配置方式；是市场农业自我积累、自我调节、自立发展的基本经营方式；是以多元参与者主体共同利益为基础的经济共同体”。[3]董岳（2009）强调农业产业化是一个过程，是现代农业与相关产业系列化、社会化、一体化的发展过程。[4]北京大学中国经济研究中心林毅夫教授（2000）提出，“农业产业化作为一种在市场经济条件下适应生产力发展需要的崭新生产经营方式和产业组织形式，实质上是生产的专业化”。[5]侯军歧（2003）认为，农业产业化是以市场为导向，以提高经济效益为中心，以资源开发为基础，围绕支柱产业，优化组合各种生产要素的生产体系。[6]此外，还有不少学者从农村组织创新的角度来解释农业产业化的含义，认为农业产业化作为一种产业的组织形式，本质上是对传统的农业产业组织的创新。

大多数专家认为农业产业化应当包含六个要素：一是生产的产品面向国际、国内两个市场；二是主要依托当地自然优势、产品优势和经济

① 陈吉元．关于农业产业化的几点看法[J]．浙江学刊，1996（5）：54.
② 徐观华．试论农业产业化[J]．中国农村经济，1996（5）.
③ 牛若峰．农业产业一体化经营的理论框架[J]．中国农村经济，1997（5）：4.
④ 董岳．中国林业产业化发展问题研究[D]．泰安：山东农业大学，2009.
⑤ 林毅夫．再论制度、技术与中国农业发展[M]．北京：北京大学出版社，2000.
⑥ 侯军歧．论农业产业化的组织形式与农民利益的保护[J]．农业经济问题，2003（2）：31-33.

优势发展农业产业；三是生产过程实行专业化分工；四是产业经营和发展要有一定规模；五是在生产环节采取农工商、产供销密切结合的方式；六是在经营管理上尽可能地采取现代化的企业经营管理方式。①

以上关于农业产业化的论述，尽管表述方式不同，但其目的和实质是相同的，都是要改变农业产前、产中与产后相互分割和对立的传统状态，将农业产业链的延伸，农业与非农产业的整合、农业产业组织创新等作为农业发展的重要内容。根据产业化的概念，结合以上观点，本书认为，农业产业化应从广义和狭义两个不同角度来理解。狭义的农业产业化是指把一个农产品经过市场化、规模化、规范化、专业化、社会化而不断形成包括生产、加工、销售在内的完整产业系列的全过程。广义的农业产业化是指以农业为基础，以市场为导向，以提高农业综合效益为中心，以利益为联结纽带，围绕区域性支柱产业，发挥资源产业优势，合理配置生产要素，实行区域化布局、专业化生产、一体化经营、社会化服务、企业化管理，使之形成种养加、产供销、贸工农、经科教一体化的生产经营组织体系。

二、农业产业化经营的概念和特征

1. 农业产业化经营的含义

“经营”一词有筹划、谋划、计划、规划、组织、治理、管理等多重含义。农业产业化经营是以农业为基础，用工业化的理念谋划农业，用产业化的思路发展农业，用企业化的方式管理农业。其内涵是指以市场为导向，以家庭承包经营为基础，依靠各类龙头企业或各种中介组织的带动与联结，把生产、加工、销售等环节紧密连接为完整的产业链，实行多种形式的一体化经营，形成系统内部有机结合和相互促进的利益机制，以在更大范围内实现资源优化配置的一种新型农业生产经营组织形

① 韩俊，陈劲松，张庆東. 产业化：中国农业新趋势[M]. 北京：中国农业出版社，1997.

式。农业产业化经营是农业和农村经济发展中带有全局性、方向性的重大战略，是培育农业市场竞争新主体、转变农业增长方式、持续增加农民收入的关键环节，也是推进与实现“一体化”“四化同步”的现实选择和重要途径。

2. 农业产业化经营的特征

与传统封闭的农业经营不同，产业化经营下的农业是对传统农业的革命性变革，具有以下五个典型特征。

（1）生产专业化。

农业产业化经营是一个从无到有、从较低水平向较高水平不断发展的动态过程。这一过程也是农业生产专业化不断发展的过程。在这一过程中，各农业经营主体（包括农业企业和农户）逐步摆脱“小而全”的生产结构，开始面向市场，专门或主要从事某种（或某类）农产品的生产。比如在我国农业产业化经营中涌现的各类专业户、专业生产合作社、专业农场等就是这种专业化的典型代表。与此同时，农产品生产全过程中传统小而全的生产模式被更为细化的产前、产中、产后诸多环节的专业化分工和“种养加”[①]、产供销相互独立的系列化生产经营方式所取代，不同生产环节、不同工艺阶段开始由若干具有优势的专门经营主体分别承担完成，出现了一些专门从事生产资料供应、技术信息服务、农产品加工运输服务的公司企业、合作社、专业协会等。

（2）经营一体化。

农业产业化经营是在一定利益机制基础上形成的经济利益共同体，围绕主导产业、支柱产业或新的经济增长点，将农业生产的产前、产中和产后各个环节，如供应、生产、加工、储运、销售等环节有机地结合起来，形成“农工商一体化、产供销一条龙”综合经营体系。各环节参与主体风险共担、利益均沾、互惠互利、共同发展，这是农业产业化经营的核心内容和本质特征。

① 种养加即种植业、养殖业、农产品加工业。

（3）管理企业化。

在农业产业化经营过程中，借鉴工业企业管理的经验和方式，对农产品生产的产前、产中、产后各环节进行企业化系统管理，如开展生产计划管理、组织管理、技术管理、质量管理、设备和工具管理、人力资源管理、物资管理、营销管理、财务管理和产业文化建设，使农户分散生产经营向一体化、规范化和标准化转变，以提高农业综合效益，增加农户收益。在农业产业化经营联合体内部，为培育和壮大龙头企业，强化龙头企业与基地农户的利益联结，增强对基地和农户的带动能力，更需要按照现代企业制度的要求，规范企业经营管理，以带动农业产业经营企业化。如因地制宜对联合农户采用合同（契约）制度、参股分红制度、全面经济和成本核算制度等，互惠互利，自负盈亏，讲求效益。

（4）服务社会化。

农业产业化经营通过一体化经营的组织形式，使龙头企业、产业协会、农村合作经济组织、科研机构以及各种社会服务机构能充分发挥各自的优势，对共同体内部各组成部分提供产前、产中、产后的信息、技术、资金、物资、经营、管理等方面的全程综合服务配套服务，促进各生产经营要素直接、紧密、有效地结合和运行，提高农业综合开发效益。

（5）布局区域化。

农业产业化经营是根据农业生产的地域分布规律和区域比较优势原则，采取区别差异性和归纳相似性的方法，对农业专业化生产进行空间安排和地域分工，确立区域发展重点和支柱产业，生产适合区域环境、具有比较优势和市场竞争力的农产品，以打破传统“小而全”的农业生产布局，形成相对集中的农产品区域化布局，促进农业资源优化配置，降低成本，以规模优势和成本优势提高农业比较效益。近年来，在我国农业产业化进程中出现的“农产品基地”和“农业产业带”等就是农业生产区域化的典型代表。

三、特色农业产业化经营的内涵及特征

1. 特色农业产业化经营的内涵

特色农业是依托区域内独特的农业资源，开发、生产名优特农产品，并将其转化为特色商品的农业类型。产业化是将特色农业资源优势转化为经济优势的有效手段，也是我国农业升级转型与农村经济发展的重点和突破口。特色农业资源开发、技术推广、品牌建设、市场开发、规模扩张和资本运作等方面都离不开产业化经营。作为农业产业化经营的重要组成部分，特色农业产业化经营是以特色农业为基础，以市场需求为导向，以追求特色农产品综合效益最大化为目的，以特色农业生产基地为依托，通过合同、契约等形式将特色农产品的生产、加工、销售等各环节有机结合，实行特色农业生产经营一体化，以在更大范围内实现特色农业资源优化配置的一种农业生产经营组织形式。特色农业产业化经营不仅是推动特色农业持续健康发展的重要途径，也是深入推进农业产业化经营、促进现代农业发展的重要组成部分。

2. 特色农业产业化经营的特征

特色农业产业化经营的基本理论和实践，都是在农业产业化经营的理论框架和实践基础上发展起来的，它既具有农业产业化经营的一般属性和特征，又具有自身显著的特点。

（1）资源依赖性强。

特色农业产业化经营是以特色农业资源为基础，以特色农产品市场需求为导向，以特色农业技术为支撑，围绕特色农产品的生产、加工和销售等环节形成的有机结合的组织形式和经营机制。其中，特色农业资源是特色农业产业化经营的基础，它为特色农业产业化体系中各条产业链提供了加工或生产对象，是特色农业产业化经营的基本保障。如果离开特色农业资源的支撑，特色农业及其产业化经营就失去了存在和发展的基础。

（2）科技支撑力强。

特色农业产业化经营是一个巨大的、复杂的、开放的系统工程。在

特色农业产业化经营过程中，优质特色农产品的培育、创新和研发，优良品种的引进、试验、繁育，先进生产工具、生产加工技术的推广和运用，科学管理方法的探索和应用乃至经营主体素质的提高都需要科技的支撑。因此，与传统农业经营方式相比，特色农业产业化经营更强调科技的基础性作用。依靠科技创新驱动特色农业产业化经营是国内外发展特色农业的共同选择。

（3）区域特色鲜明。

由于特色农业资源分布呈现区域化特点，各地在推进特色农业产业化经营的过程中，会依托区域各自的特色农业资源和发展环境，合理选择与开发主导产业和优势农产品，通过规模化发展，专业化生产，逐渐形成特色鲜明、优势突出、竞争力强的特色农业集中发展区和产业带。在特色农业产业化运作和管理中，区域的社会、经济和文化环境也会深刻影响其组织形式、运行机制和管理方式，从而形成特色鲜明的农业产业化经营模式。

（4）生态效益突出。

良好的生态环境是特色农业可持续发展的重要条件。特色农业产业化经营以市场为导向，不仅注重经济效益目标和社会效益目标，还突出生态效益，要求遵循生态规律，充分考虑生态环境的承载能力，注重特色农业资源开发与保护、特色农产品生产、经营与节能环保的有机结合，以实现特色农业经济效益、社会效益和生态效益的全面提高。

第三节　特色农业产业化经营的重要意义

农业是国民经济的基础。目前，我国农业正处于由传统农业向现代农业转变的关键时期，发展特色农业不仅是改造传统农业，调整农业产业结构，实现农业增效、农民增收和农村发展最直接、最有效的途径，也是顺应国内外农业市场竞争、减缓国际竞争压力的必然选择。在人类面临资源与环境的双重约束下，发展特色农业可以有效节约集约利用自然资源和生产要素，减少环境污染，保护生态环境，缓解传统农业对资源环境的不利影响，满足人们日益增长的多样化需要，从而提高农业的综合效益，实现农业的可持续发展。具体来讲，发展特色农业的现实意义主要体现在以下几个方面。

一、特色农业产业化经营是推进特色农业转型升级、加快发展现代农业的现实选择

当前，我国农业正处于由传统农业向现代农业转型的关键时期，转变农业发展方式，发展现代农业和促进农民增收是当前和今后农业和农村经济工作的主要任务。作为我国农业的重要组成部分，特色农业依托区域特色优势农业资源，因地制宜发展具有地方特色的农产品和产业，可以实现农业资源多层次、多途径的开发利用，满足多样化、优质化的市场需求，促进区域农业结构优化和升级，使区域资源优势向产业优势、经济优势转化。国内外特色农业发展实践经验表明，经过扶持和培育，具有一定产业基础和历史传统的特色农业能逐渐摆脱传统农业的路径依赖，按照现代经营理念的要求，用现代物质条件装备特色农业，用现代科学技术改造特色农业，用健全的农业产业体系提升特色农业，从而推动特色农业生产经营逐渐走向专业化、标准化、规模化和集约化，并带动相关产业转型发展。因此，发展特色农业是促进农业发展方式转变、加快推进农业现代化建设的有效路径。

二、特色农业产业化经营是解决农业增效、农民增收问题的有效举措

近年来，我国粮食生产连年获得丰收。到 2012 年，我国粮食产量实

现了连续九年增产。然而，全国普遍存在的主要农产品总量供大于求，导致农业增产不增效、农民增产不增收问题日益突出。为此，国家从政策层面采取了一系列强农、惠农、富农的政策措施，促进农业增效、农民增收。但从农民农业收入的构成来看，来自粮食的收入呈现比重下降的趋势，来自非粮食生产，特别是畜牧业、林业和渔业的收入呈现比重提高的趋势。随着我国农业结构调整的推进和城乡居民消费结构多元化趋势的不断加强，农业市场化程度明显提高，农产品供求格局将发生根本变化。在这种情况下，要解决农业增效、农民增收问题，必须挖掘农业内部增收潜力，扬长避短，面向市场需求，突出地方特色，充分利用区域特有农业资源生产特色农产品满足多元化的市场需求，实现“以特兴农、以特富农、以特强农”，确保农业经济效益提高和农民收入持续稳定快速增长。

三、特色农业产业化经营是推动乡村振兴的重要途径

党的十八大提出，“要深入推进新农村建设和扶贫开发，全面改善农村生产生活条件”。党的十九大提出了实施乡村振兴战略，并提出了乡村振兴的总要求，即“产业兴旺、生态宜居、乡风文明、治理有效、生活富裕”。产业振兴是产业兴旺的根本，农业振兴是农村产业振兴的基础。近年来，国家在加大对农村基础设施和社会民生项目投入的基础上，政策和扶贫资金的投入逐渐向农业，尤其是特色农业产业发展方面倾斜。在新的历史条件下，抓住机遇，以特色农业为突破口，以促进特色农业产业化发展为切入点，提高特色农业现代化水平，可以进一步增强农业造血功能，引导和带动整个农村经济的发展，从而加快乡村振兴步伐。

四、特色农业产业化是提升农业核心竞争力的重要手段

农业核心竞争力是一个国家或地区获取和保持可持续性竞争优势所

拥有的关键农业资源与核心能力的有机结合。农业自然再生产和经济再生产相结合的特点，决定了农业资源是培育与构筑农业核心竞争力的前提和基础。因此，对农业资源的整合利用能力是农业核心竞争力形成的关键。由于特色农业是立足区域资源禀赋，利用区域独特的核心自然资源和条件来生产特色农产品，在一定的条件下，生产出的产品具有独特性，市场竞争力强，难以被其他地区的竞争者模仿和替代，所以更容易形成比较优势，为培育农业核心竞争力和建立竞争优势奠定基础。

五、特色农业产业化经营是农业可持续发展的内在要求

农业是一个对自然资源和环境依赖性很强的产业。当前，随着我国工业化、城市化进程的不断推进，农业受到的资源制约和环境承载压力越来越突出。要保障农产品有效供给、促进农民增收和实现农业可持续发展，更加有赖于有限资源的高效、持续利用。发展特色农业，有利于农业资源优化配置和节约集约利用，防止粗放式生产带来的资源过度消耗，减少环境污染，并通过将区域优势农业资源转化为经济资源，实现有限资源综合利用效率的最大化，进而增强农业发展的协调性和可持续性。

第二章 特色农业产业化经营的理论基础

第一节　农业产业化经营相关理论

一、分工与协作理论

分工与协作是人类社会生产发展的客观必然，也是生产社会化、一体化和社会生产力发展的标志。在人类社会发展过程中，人们对于分工协作理论的研究一直没有停止过。其中，比较有代表性的是亚当·斯密、卡尔·马克思、亨利·法约尔和埃米尔·涂尔干等人的分工协作理论。

1776 年，亚当·斯密在其《国富论》一书中首次提出了劳动分工的观点，并系统全面地阐述了劳动分工对提高劳动生产率和增进国民财富的巨大作用。他指出，“劳动生产力上最大的改进，以及劳动时所表现的更多娴熟程度、技巧和判断力，似乎都是分工的结果。有了分工，同样数量的劳动者就能完成比过去多得多的工作量。原因有三个：第一，劳动者的技巧因为专业而日益精进；第二，通常从一种工作转到另一种工作会损失不少时间，分工可以避免这种损失；第三，由于专门机械的发明，使一个人能够完成许多人的工作”[①]。此外，亚当·斯密还明确指出，劳动分工是由交换能力引起的，由此分工的程度就要受到交换能力大小的限制。

马克思深入研究了分工协作在生产力发展和劳动过程进化中的作用，及其对社会关系发展的制约性。在《经济学手稿（1861—1863）》中，马克思第一次系统地阐述了他的分工协作思想。他指出，“分工是一种特殊的、有专业划分的、进一步发展的协作形式，是提高劳动生产率，在较短的劳动时间内完成同样的工作，从而缩短再生产劳动能力所必需的

① 亚当·斯密. 国富论[M]. 陈星，译. 西安：陕西师范大学出版社，2006.

劳动时间和延长剩余劳动时间的有力手段”。[①]在马克思看来，分工最基本的形式是工场内部的分工和社会内部的分工，他称之为“个别分工”和“一般分工”。社会内部的分工和工场内部的分工有着本质上的差别。社会分工以生产资料分散在许多互不依赖的商品生产者中间为前提，而工场手工业分工则以生产资料积聚在一个资本家手中为前提。“协作是一般形式，这种形式是一切以提高社会劳动生产率为目的的社会组合的基础，并在其中任何一种协作中得到进一步的专业划分。”[②]在分析批判亚当·斯密、色诺芬、柏拉图、威廉·配第等人思想的基础上，马克思把分工协作纳入生产力运动变化的过程中，分析考察了分工协作与劳动生产力提高之间的关系，指出分工协作不是机械地取决于生产力的发展，在一定条件下，它也可走在生产力发展的前面，形成生产要素技术结合的新形式，从而成为推动生产力发展的重要力量。马克思的分工协作思想对特色农业产业化经营具有重要的指导意义。因为特色农业产业化经营的基本生产方式是分工协作，可以用马克思的分工协作理论对特色农业产业化经营的组织形式进行科学解释。

法国古典管理理论学家亨利·法约尔根据自己多年的企业管理实践，总结出著名的 14 项管理原则，其中劳动分工是 14 项管理原则中的首项原则。法约尔认为，“劳动分工属于自然规律。它表现在动物界，生物越是完善，越具有担负不同功能的高度分化的器官；表现在人类社会中，社会组织越是重要，职能和机构的关系就越是紧密。劳动分工的目的是用同样的努力却生产得更多更好。”[③]法约尔明确指出，劳动分工不仅适用于技术工作，在管理方面和职能的权限划分方面也同样适用。此外，法约尔还进一步指出劳动分工有一定的限度，不能超出这个限度，如果分工过细或过粗，效果都不好。

---

① 马克思，恩格斯. 马克思恩格斯全集：第四十七卷[M]. 北京：人民出版社，1979.

② 马克思，恩格斯. 马克思恩格斯全集：第四十七卷[M]. 北京：人民出版社，1979.

③ 亨利·法约尔. 工业管理和一般管理[M]. 周安华，林宗锦，等译. 北京：中国社会科学出版社，1982.

法国社会学家埃米尔·涂尔干对劳动分工进行了系统研究，他注意到“分工并不是经济生活所特有的情况，我们看到它在大多数的社会领域里都产生了广泛影响”。[①]涂尔干认为，劳动分工以个人活动的专门化为前提，它的最大作用，“并不在于功能以这种分化方式提高了生产率，而在于这些功能彼此紧密的结合”，构成了社会和道德秩序本身。涂尔干否认了社会分工的产生是为了创造更多财富的观点，认为个体间的差异性是社会分工的根本原因，而社会容量和社会密度是分工变化的直接原因。

进入 21 世纪，随着社会生产力和科学技术的飞速发展，经济全球化和世界经济一体化趋势日益增强，企业面临的竞争环境更加复杂多变，全球化市场竞争日趋激烈。在这种背景下，人们对全球化竞争条件下的社会经济发展和企业生存进行了更深入的思考，使传统的社会分工协作理论又有了新的发展。其中影响比较大的有英国经济学家阿伦·杨格、澳大利亚经济学家杨小凯、美国著名的经济学家加里·贝克尔和墨菲等。

阿伦·杨格在亚当·斯密分工理论的基础上，对分工和市场的关系做了进一步研究，并提出了著名的杨格命题：递增报酬来源于分工和专业化；市场的大小决定分工程度，同时也受分工程度所制约；需求和供给是分工的两个侧面等。[②]杨小凯继承并发展了杨格的分工思想，并从微观层面解释了分工对经济增长的促进作用。他认为，经济增长是一个动态过程，其增长水平内生于分工水平。分工的演进扩大了市场规模，而市场规模的扩大反过来促进了分工的发展。随着分工的不断加深，个人专业化所带来的知识积累使个人的生产经验不断积累，产生递增报酬，从而导致经济的内生增长。[③]此外，杨小凯还注意到交易费用对分工水平的影响，指出随着市场的扩大，各项分工之间的交易费用上升，但只要劳动分工所带来的经济收益增加超过了交易费用的增加，分工就有进一

---

① 埃米尔·涂尔干. 社会分工论[M]. 渠东，译. 北京：生活·读书·新知三联书店，2009.

② 阿伦·杨格，贾根良. 报酬递增与经济进步[J]. 经济社会体制比较，1996(2)：53-57.

③ 杨小凯. 经济学——新兴古典与新古典框架[M]. 北京：社会科学文献出版社，2003.

步演进的潜力。

加里·贝克尔与墨菲在 1992 年发表了《劳动分工，协调成本和知识》一文，文中提出了研究劳动分工、协调成本以及知识之间关系的一个框架。贝克尔认为，通过分工与专业化生产，可以使那些从事专门化生产的工人获得比非专门化工人更多的报酬。①与亚当·斯密强调分工受市场范围的限制所不同，贝克尔认为，分工与专业化的程度不仅受到市场规模的限制，还要受到分工深化导致的分工协调成本以及知识进展的影响。

二、比较优势理论

比较优势理论最早是由英国古典政治经济学家亚当·斯密于 18 世纪中叶提出来的。亚当·斯密用绝对优势概念来解释国际贸易的基础。他认为，当一国相对另一国在某种产品的生产上有绝对优势，但在另一种产品生产上有绝对劣势，那么两国就可以通过专门生产自己有绝对优势的产品，并用其中一部分来交换其有绝对劣势的产品。这样，生产效率大大提高，资源得到有效利用，两种产品的产出都会增加，增加的产出可用来测度两国分工及贸易所带来的利益，适当地分配这种利益就可以使两国都受益。亚当·斯密的绝对优势理论，后经大卫·李嘉图、约翰·斯图亚特·穆勒、戈特哈德·贝蒂·俄林等人的充实和发展，从“绝对比较优势”“相对比较优势”等古典经济理论发展到“资源禀赋论”等新古典经济理论。

比较优势理论主要包括四种基本理论：绝对优势理论、比较成本理论、资源禀赋理论、比较优势阶段理论。以亚当·斯密为代表人物的绝对优势理论认为，贸易并不是像他的前人所说的，只对单方有利，而是一个双赢的安排。以大卫·李嘉图为代表人物的比较成本理论认为，即使一个国家在生产上没有任何绝对优势，只要它与其他国家相比，生产

① Gary S, Becker, Kevin M Murphy. The division of labor, coordination costs, and knowledge[J]. The Quarterly Journal of Economics, 1992, CVII(11).

各种商品的相对成本不同，那么，仍可以通过生产相对成本较低的产品并出口，来换取它自己生产中相对成本较高的产品，从而获得利益。因此，在各种产品的生产上都占绝对优势的国家，应集中资源生产优势相对更大的产品，而在各种产品的生产上都处于劣势的国家，应集中资源生产劣势更小的产品，即“两优取其重，两劣取其轻”。比较成本理论说明，无论是生产力水平高还是生产力水平低的国家，只要按照比较优势的原则参加分工和贸易，都可以得到实际利益，从而为世界范围内更大规模地开展国际贸易奠定了理论基础。资源禀赋理论的代表人物是埃里·赫克歇尔（Eli F. Heckscher）和俄林。该理论认为现实生产中投入的生产要素不只是劳动力，而是多种。在各国生产同一种产品的技术水平相同的情况下，两国生产同一产品的价格差别来自产品的成本差别，这种成本差别来自生产过程中所使用的生产要素的价格差别，这种生产要素的价格差别则取决于各国各种生产要素的相对丰裕程度，即相对禀赋差异，由此产生的价格差异导致了国际贸易和国际分工。因此，一国应该出口密集使用其丰裕要素生产的商品，进口密集使用其稀缺要素生产的商品，这样的分工与贸易对各国都有利。

比较优势阶段理论是贝拉·巴拉萨在新古典贸易理论的外贸优势转移假说基础上创立的。他认为，在国际贸易和国际生产中，不同国家之间客观上存在着比较优势的差别，但这种差别并不是一成不变的。每个国家的经济发展都是一个动态的过程，在这一过程中，包括生产要素禀赋在内的一切经济因素都会发生变化，这种变化体现在物质资本和人力资本的相对密集使用程度不断提高的动态过程中。在国际分工的类型和经济发展阶段之间排列着许多阶梯，比较优势的替代在不同国家间是逐级进行的，产品的竞争不会集中于狭窄的领域内，相应于国际生产和贸易分工的深化，国际贸易的数量和比较利益会日益扩大。

比较优势理论不仅深刻揭示了国际贸易的动因和流向，而且论证与强调发挥一个国家和地区经济发展的比较优势所带来的效益。该理论对发展农业特别是发展特色农业具有重要的指导意义。特色农业生产要素中的土、热、光、水等自然要素具有不可流动性，区域间差异明显。不同国家和地区在自然资源禀赋和社会经济发展水平方面的差别，使其在发展特色农业过程中都可能有自己先天或后天的比较优势。发展特色农业，需要按照区域的比较优势整合特色农业生产要素，充分发挥区域特色农业生产的优势资源和条件，加快资源优势向经济优势转化。即使无自然资源优势的国家或地区同样可以在经济再生产过程中创造和发挥比较优势，发展特色农业。

三、产业结构理论

产业结构是指在社会生产过程中，一个国家或地区的产业组成、产业发展水平以及产业间的技术经济联系与联系方式。有关产业结构理论的思想渊源最早可以追溯到17世纪英国的经济学家威廉·配第。通过对多个国家数据的考察，他发现世界各国的国民收入水平差异及其形成不同的经济发展阶段，关键在于产业结构的不同。他对各个产业收入不同进行了描述，指出“比起农业来，工业的收入多，而商业的收入又比工业多”[①]。也就是说，工业比农业的附加值高，而商业比工业的附加值高。这一发现揭示了产业间收入相对差异的规律性，被后人称为配第定理。但由于时代的局限性，配第未能看到产业结构的变动和人均国民收入水平的内在联系。之后，法国经济学家、重农学派的创始人弗朗斯瓦·魁奈分别于1758年和1766年发表了重要论著《经济表》和《经济表分析》，提出了“纯产品”学说。这一学说将社会阶级结构划分为生产阶级、土地所有者阶级、不生产阶级。生产阶级是从事农业可创造纯产品的阶级，包括租地农场主和农业工人。土地所有者阶级是通过收取地租和赋税，从生产阶级那里取得“纯产品”的阶级，包括土地占有者和依附于他们的家仆，君主和所有由国家付给薪俸的官吏及其仆从、君主官吏等。不

① 威廉·配第. 政治算术[M]. 北京：商务印书馆，1975.

生产阶级，即不创造“纯产品”的阶级，包括工商资本家和工人。在此基础上，魁奈通过图解清楚地说明了一个国家每年的总产品如何在这三个阶级之间流通，并为每年的再生产服务。

进入 20 世纪后，经济学家和学者们对产业结构的研究逐渐从实证分析转向理论研究。其中对产业结构理论的形成做出突出贡献的有英国经济学家阿伦·格·费尔希、德国经济学家霍夫曼、日本经济学家赤松要、英国经济学家克拉克和美国经济学家库兹涅茨等人。费尔希以统计数据为依据，结合威廉·配第的论断，于 1935 年首次提出了三次产业的划分理论。他指出，人类经济活动可以分为三次产业，即产品直接取自自然界的部门称为第一产业；初级产品进行再加工的部门称为第二产业；为生产和消费提供各种服务的部门称为第三产业。霍夫曼以消费品工业和资本品工业的净产值相对份额的变化为基础，对 20 多个国家工业化过程进行了实证分析，把工业化进程分为四个阶段：第一阶段，消费品工业占主导地位；第二阶段，资本品工业迅速发展，消费品工业趋于下降；第三阶段，资本品工业继续增长，并已达到与消费品工业相平衡状态；第四阶段，资本品工业占主导地位，工业化得以实现。霍夫曼指出，各国工业化无论开始于何时，一般具有相同的趋势，即随着一国工业化的进展，消费品部门与资本品部门的净产值之比趋于下降，霍夫曼比例呈现不断下降的趋势，这就是著名的“霍夫曼定理”。日本经济学家赤松要从一国的经济发展需要有完善的内贸与外贸相结合的全方位的产业结构出发，在对 19 世纪 70 年代以后日本产业发展实证研究的基础上，提出日本的产业通常经历从进口到当地生产直至出口增长等阶段并呈周期循环。随着进口的不断增加，国内生产和出口的形成，将某一产业不同阶段标示在图表上，其图形犹如三只飞翔的大雁，故被称为“雁形形态理论”。该理论说明，后进国家可以通过进口利用与消化先进国家的资本和技术，同时利用低成本优势进入先行国市场。

1940 年，英国经济学家克拉克在《经济进步的条件》一书中，按照三次产业分类法，以若干国家在时间的推移中发生的变化为依据，分析了劳动力在三次产业间移动的规律性，指出劳动人口从农业向制造业，进而从制造业向商业及服务业移动的规律，这就是所谓的克拉克法则。美国经济学家库兹涅茨通过对大量历史经济史料的研究，揭示了国民收入与产业结构间的重要联系，即产业结构受人均国民收入变动的影响。这一理论亦被称为库兹涅茨人均收入影响论。他将产业结构重新划分为农业部门、工业部门和服务部门，并使用产业的相对国民收入的概念对产业结构进行分析。

20 世纪 50、60 年代，产业结构理论得到了较快发展，里昂惕夫、库茨涅茨、霍夫曼等沿着主流经济学经济增长理论的研究思路，分析了经济增长中的产业结构问题。刘易斯、赫希曼、罗斯托、钱纳里和希金斯沿着发展经济学的思路，进一步深化了产业结构的理论研究，取得了丰硕的成果。其中，刘易斯提出了二元经济结构模型，指出在发展中国家农村中以传统生产方式为主的传统部门和城市中以制造业为主的现代部门并存。经济发展的实质，就是现代部门的不断扩张和传统部门的不断萎缩。在这个过程中，劳动力由农村向城市转移，直至城市和农村的二元经济结构转变为一元经济结构，实现工、农经济平衡发展。赫希曼则从资源稀缺的角度，提出了不平衡增长模型，认为发展中国家应当集中有限的资源，首先发展一部分重点产业即“诱发投资”效应较大的产业部门，然后扩大对其他产业的投资，带动其他产业的发展。美国经济学家罗斯托提出了著名的主导产业扩散理论和经济成长阶段理论，认为产业结构的变化对经济增长具有重大的影响，在经济发展中要重视发挥主导产业的扩散效应。钱纳里从经济发展的长期过程中考察了制造业内部各产业部门的地位和作用的变动，揭示了制造业内部结构转换的原因，即产业间存在着产业关联效应。同时，他还根据人均国内生产总值，将不发达经济到成熟工业经济整个变化过程划分为三个阶段六个时期，指出从任何一个发展阶段向更高一个阶段的跃进都是通过产业结构转化来推动的。加拿大经济学家希金斯也对二元经济结构做了一些研究，描绘了发展中国家二元经济结构的特征。

四、竞争优势理论

竞争优势理论是由美国哈佛大学迈克尔·波特提出的。波特认为，一国的贸易优势并不像传统的国际贸易理论宣称的那样简单地取决于一国的自然资源、劳动力、利率、汇率，而是在很大程度上取决于一国的产业创新和升级的能力。他认为，一国产业竞争优势的获取关键在于四个基本要素和两个辅助要素的整合作用。这四个基本要素分别是生产要素，需求条件，支持性产业和相关产业，企业战略、企业结构和同业竞争。

要素是动态的，可以被升级创造、被特定化，可以通过具有影响力的战略和刺激性的发明来缓解以至消除劣势。此外，机遇和政府的作用也是影响国家竞争优势的两个重要变量。这几个因素相互作用，构成了互相影响、互相制约的系统，即“钻石模型”。波特根据竞争中不同因素所起的作用不同，将国家竞争优势的发展分为要素推动、投资推动、创新推动、财富推动四个不同的阶段。后来，波特将竞争优势理论和区位理论相结合，提出了产业集群的概念。他指出，产业集群是“在某一特定领域内互相联系的、在地理位置上集中的公司和机构集合，它包括一批对竞争起着重要作用的、相互联系的产业和其他实体；在结构上，产业集群经常向下延伸至销售渠道和客户，并侧面扩展到辅助性产品的制造商，以及与技能技术或投入相关的产业公司；还包括专业化培训、教育、信息研究和技术支持的政府和其他机构”。[①]一个国家竞争优势的获得，关键在于产业的竞争，而产业的发展往往是在国内几个区域内形成有竞争力的产业集群。

竞争优势理论不仅大大深化了人们对国际分工、贸易和竞争的理解，而且突破了传统比较利益理论的局限，弥补了传统贸易理论对国内需求的忽略，强调动态竞争优势、国内需求对竞争优势的影响。此外，波特的竞争优势理论强调政府在企业竞争优势培育和促进方面的关键作用，

---

① 陈柳钦. 波特产业集群竞争优势理论述评[J]. 北华大学学报，2008（1）：94.

指出政府对四个要素中的任何一个方面都可以产生积极或消极的影响。政府是推动产业竞争力提升的外在动力，机会则是影响产业竞争力的外在客观基础。波特的竞争优势理论得到国际学术界的广泛认可，不但成为解释产业国际竞争力的最有影响的理论，而且还被广泛应用到区域产业竞争力研究中。这一理论为特色农业竞争优势分析提供了一个基础性的分析框架，它表明一个具有较强竞争优势的特色农业产业的培育与形成，不仅需要生产要素，需求条件，支持性产业和相关产业，企业战略、企业结构和同业竞争四大要素的互动与有机结合，也需要政府扮演好自身的角色，制定合理的产业政策，创造生产要素，为产业发展和创新提供良好的环境。

五、规模经济理论

规模经济是指由生产规模的扩大而产生单个企业的生产效率的显著改进或生产成本的大幅节约，它是规模报酬递增结果的货币表现。规模经济理论反映的是大规模的生产所带来的经济性。真正意义上的规模经济理论起源于美国，典型代表人物有阿尔弗雷德·马歇尔、爱德华·哈斯丁·张伯伦、约翰·罗宾逊和贝恩等。马歇尔在《经济学原理》一书中论述了大规模生产的优势，他指出“企业大规模生产的优势主要表现在技术、机械、原料以及企业管理等诸多方面”。[①]这种大规模生产的优势在工业上表现得最为明显。马歇尔将规模经济形成的途径归结为两种，即依赖于个别企业对资源的充分有效利用、组织和经营效率的提高所形成的“内部规模经济”，依赖于多个企业之间因合理的分工与联合、合理的地区布局等所形成的“外部规模经济”。此外，他还进一步研究了规模经济报酬的变化规律，即随着生产规模的不断扩大，规模报酬将依次经过规模报酬递增、规模报酬不变和规模报酬递减三个阶段。马歇尔发现

① [英]阿尔弗雷德·马歇尔. 经济学原理[M]. 彭逸林，等译. 北京：人民日报出版社，2009.

了由“大规模”而带来的垄断问题，以及垄断对市场价格机制的破坏作用。这种规模经济与市场垄断之间的矛盾就是著名的“马歇尔冲突”。它说明企业规模不能无节制地扩大，否则所形成的垄断组织将使市场失去“完全竞争”的活力。之后，英国经济学家罗宾逊和美国经济学家张伯伦针对“马歇尔冲突”提出了垄断竞争的理论主张，使传统规模经济理论得到补充。

美国哈佛大学乔·贝恩在其《产业组织》一书中，对规模经济进行了分析研究。乔·贝恩认为，企业之间不是完全同质的，存在规模差异和产品差别化，产业内不同企业的规模差异将导致垄断。乔·贝恩强调不同产业具有不同的规模经济要求，因而它们具有不同的市场结构特征。市场竞争和规模经济的关系决定了某一产业的集中程度，产业集中度是企业在市场竞争中追求规模经济的必然结果。一旦企业在规模经济的基础上形成垄断，就会充分利用其垄断地位与其他垄断者共谋限制产出和提高价格以获得超额利润。

保罗·萨缪尔森进一步推动了规模经济理论的发展。在其《经济学》一书中，萨缪尔森指出：“生产在企业里进行的原因在于效率通常要求大规模的生产、筹集巨额资金以及对正在进行的活动实行细致的管理与监督。”[①]在分析规模报酬问题时，他将规模报酬分为三种情况：规模报酬不变、规模报酬递增和规模报酬递减。他认为，“当所有投入的均衡增加导致了更大比例、更小比例或同比例的产出增加时，生产表现为规模报酬递增、递减或不变。”[②]当规模报酬递增时，称作规模经济。当规模报酬递减时，称作规模不经济。

以美国学者科斯为代表的交易成本理论从市场交易成本的角度出发，对企业规模经济进行了一系列有价值的分析。在其《企业的性质》一文中，科斯指出市场和企业是两种不同的资源配置方式，而且可以相

①② [美]保罗·萨缪尔森，威廉·诺德豪斯.微观经济学[M]. 17版. 萧琛，译. 北京：人民邮电出版社，2004.

互替代。企业存在规模经济的原因是企业规模增长而节约的交易费用大于组织管理费用的增加。规模经济和企业规模既有密切的联系又有明显的区别，企业规模大并不意味着企业达到了规模经济，只有在企业的规模扩张时其投入的增加和产出规模的扩大导致单位投入的水平提高，或者单位产出的平均成本降低，才产生了规模经济。相反，在没有效益情况下的扩张可能带来的是规模不经济。

规模经济理论告诉我们，规模经济是由以技术进步为主体的生产诸要素的集中程度决定的。以科技创新为特征的特色农业产业化经营通过一体化、专业化、集中化生产，将传统分散的、孤立的个别生产过程转变为互相联系的协作化生产过程，从而推动农业生产规模不断扩大和关联产业群体形成，使得千家万户分散的农户生产与大市场紧密联系起来，能有效降低产品生产成本，增强市场竞争力，提高农业经济效益。

六、交易费用理论

交易费用理论是西方新制度经济学的核心范畴之一，其思想渊源最早可以追溯到古希腊哲学家亚里士多德。亚里士多德认为有三种致富技术：交易、畜牧业以及矿业、木材采伐业。交易作为三种致富技术之一，可以分为商业交易、货钱交易和人工交易三种。[①]尽管亚里士多德的“交易”概念与现代经济学中的“交易”概念相去甚远，但是他事实上指出了“交易”是人与人之间的经济活动。1934 年，美国经济学家约翰·罗杰斯·康芒斯出版了《制度经济学》一书。该书中，康芒斯从法律的观点来解释社会经济关系，认为经济关系的本质是交易，交易是经济活动的最基本形态。康芒斯把“交易”划分为三种类型：买卖的交易、管理的交易和限额的交易。康芒斯认为，这三种活动单位包罗了经济学里的

① 亚里士多德. 政治学[M]. 吴寿彭，译. 北京：商务印书馆，1983.

一切活动。而且，由于这些交易是地位平等的人们之间或者上级和下级之间的社会活动的单位，它们的性质是伦理的，也是法律的、经济的。他认识到交易不是实际“交货”那种意义的“物品的交换”，而是以财产权利为对象，人与人之间对自然物的权利的出让和取得关系，是人与人之间的关系。

1937 年，英国著名经济学家罗纳德·科斯在其《企业的性质》一文中首次提出了交易费用理论。该理论认为，企业和市场是两种可以相互替代的资源配置机制，由于存在有限理性、机会主义、不确定性与小数目条件，市场交易费用高昂，为节约交易费用，企业作为代替市场的新型交易形式应运而生。交易费用决定了企业的存在，企业采取不同的组织方式的最终目的也是节约交易费用。在科斯的基础上，威廉姆森等许多经济学家进一步对交易费用理论进行了完善。威廉姆森进一步阐释了交易费用的内涵和外延，将交易费用分为事前的交易费用和事后的交易费用。事前的交易费用是指由于将来的情况不确定，需要事先规定交易各方的权利、责任和义务，在明确这些权利、责任和义务的过程中就要花费成本和代价，而这种成本和代价与交易各方的产权结构的明晰度有关。事后的交易费用则是指交易发生以后的成本。比如交易双方为了保持长期的交易关系而所付出的代价和成本，双方发现事先确定的交易事项有误而需要加以变更所要付出的费用以及交易双方由于取消交易协议而需支付的费用和机会损失等。在威廉姆森之后，诺斯通过对交易形式历史演变的分析，补充了威廉姆森等人的交易理论，提出人格化交易和非人格化交易两种交易形式。其中，人格化交易形式是建立在个人之间相互了解的基础之上，当事人之间拥有对方的完全信息，彼此之间的利益也依赖于这种稳定的伙伴关系，因而不需要建立正式的制度规则来约束人们的交易行为。非人格化交易形式是由于专业化和分工的发展，交易对象选择范围广，存在信息不完全、不对称现象，导致交易过程中容易出现各种机会主义行为。因此，需要建立正式的制度规则来约束人们的交易行为。

从交易费用理论的角度看，特色农业产业化经营通过生产、加工、销售的有机结合：一方面使得交易对象及交易关系趋于稳定，从而减少中间环节和利益流失，降低组织管理费用；另一方面则节约大量的费用，提高交易效率。特色农业产业化经营使农户从原来的与市场交易变为与企业交易，相应的搜集、加工、整理信息及协商、谈判和敦促履约的费用下降，从而提高了交易效率，节约了交易费用。所以，特色农业产业化经营能通过发挥外部规模经济优势和内部协作效应，克服了传统分散经营交易不经济的缺陷。

七、制度变迁理论

新古典经济增长模型在分析经济增长问题时，将技术创新、规模经济、教育和资本积累看作是经济增长的源泉，而将制度因素排除在外。20 世纪 70 年代前后，以美国著名经济学家道格拉斯·诺斯、阿夫纳·格雷夫等为代表的新制度学派将制度纳入经济学研究，利用主流经济学方法分析促进经济发展的制度因素，从而形成以制度分析为核心的新制度经济学理论框架。从新制度经济学的角度看，制度是“一系列被制定出来的规则、守法程序和行为的道德伦理规范，它旨在约束追求主体福利或效用最大化利益的个人行为”[①]。在决定一个国家经济增长和社会发展方面，制度具有决定性的作用。一般来讲，制度是由正式制度、非正式制度和实施机制构成的。其中，正式制度往往与国家权力或某个组织相联系，指人们在一定条件下有意识地制定出的政策法规，包括政治规则、经济规则、契约等。非正式制度是指人们在长期的社会生活中逐步形成的习惯习俗、伦理道德、文化传统、价值观念及意识形态等对人们行为

---

① 道格拉斯·诺思. 经济史中的结构与变迁[M]. 上海：上海三联书店、上海人民出版社，1994.

产生非正式约束的规则。实施机制则是指实施制度的环境和条件，离开实施机制也就谈不上制度。

制度变迁是制度的替代、转换与交易过程，其实质是一种效率更高的制度对另一种效率较低的制度的替代过程。制度变迁分为诱致性制度变迁和强制性制度变迁。诱致性制度变迁是个人或一群人在寻求由制度不均衡引致的外部利润时产生制度需求，进而引致的自发性制度变迁，是一种自下而上的制度变迁。强制性制度变迁是由政府命令和法律引入而强制实施的制度变迁，是一种自上而下的制度变迁。制度变迁的动因在于人们对制度安排的预期收益和预期成本的比较。只有在预期收益大于预期成本的情形下，行为主体才会推动制度变迁，否则，就会维持原有制度不变。因此，制度变迁的主要经济动机是获得制度收益，减少制度成本或节约交易费用。当制度变迁一旦走向某一路径以后，就会产生朝着既定方向发展下去的惯性，并得到逐步强化，逐步形成路径依赖。这种路径依赖使得制度变迁既可能进入良性循环，也可能进入恶性循环，甚至被锁定在某种低效率状态下而停滞不前。为了更深入地理解制度变迁的过程，诺斯将人类行为的意向性作为关键的分析变量，他指出人类面对的是一个非各态历经的世界，其演进的本质特征是不确定性。人类社会的一切制度都旨在应付非各态历经世界中的不确定性。制度变迁的根源是环境的不确定性、当事人对这种不确定性的信念以及平抑或消除这种不确定性的努力与能力。因此，制度变迁在很大程度上是社会成员基于环境的变化和自身行为结果的感知而进行重新塑造的过程。

阿夫纳·格雷夫运用比较历史制度分析方法，深入研究了制度的起源、本质以及制度变迁问题。他把制度看作一个系统，认为“制度是规则、信念、规范和组织共同作用并导致（社会）行为秩序产生的一个系统”[①]。制度由规则、信念、规范以及作为其表现形式的组织等要素构成，

---

① 阿夫纳·格雷夫. 大裂变：中世纪贸易制度比较与西方兴起[M]. 郑江淮，等译. 北京：中信出版社，2008.

它们外生地影响着人们的行为，激励、引导并促使人们根据社会情景采取某一行为，并产生行为秩序。制度的发展与变迁是一个前后有序的过程，过去的制度要素是新制度产生的部分初始条件，人们不可能跨越过去的制度要素等诸多约束条件来创建新的制度要素。此外，格雷夫还强调了文化在制度变迁中的作用。他指出："文化是决定社会结构、影响制度发展、在不同社会之间形成制度竞争的一个重要因素。"[①]通过研究马格里布人与热那亚人不同文化信念的起源与表现，分析不同文化信念与不同社会制度的联系，格雷夫进一步发现文化传统，尤其是文化信念与组织在导致特定的制度要素、形成制度路径，从而实现经济增长这一历史过程中发挥了重要作用。

基于制度变迁的视角考察我国特色农业的发展历程，不难发现，制度在我国特色农业发展中发挥着基础性、导向性作用。特别是自 20 世纪 70 年代末 80 年代初以来，我国特色农业经历了两次较大的制度变迁和相应的组织创新：一是废除人民公社，建立以家庭联产承包责任制为基础、统分结合的双层经营体制，解决了生产效率中的激励问题；二是在家庭联产承包责任制基础上，充分利用工业化的方法，积极发展特色农业产业化，解决特色农业规模经营和效益问题。第一次制度变迁改变了农业经营权、收益分配权，回归了农户组织，为现代经营模式转变创造了微观组织主体。第二次制度变迁则突破了以农户家庭分散经营为唯一组织载体的经营方式，形成了包括龙头企业、农民专业合作社、合作专业协会、产业协会等多种形式在内的组织，为构建新型经营体系、促进特色农业现代化发展奠定了重要的物质基础。从制度变迁的角度看，特色农业产业化是分散的农户和经济组织之间根据最大化原则，比较成本和预期收益，实现规模经济，降低市场风险和节约交易成本的必然选择，是新形势下一种更合乎经济发展规律的制度变迁。

---

① 阿夫纳·格雷夫．大裂变：中世纪贸易制度比较与西方兴起[M]．郑江淮，等译．北京：中信出版社，2008.

第二节　国内外特色农业产业化经营研究现状

农业产业化经营起源于市场经济发达、农业生产力先进的西方发达国家。1955 年，美国哈佛大学教授戴维斯提出了农工综合体的概念，指在农业生产中产供销三个环节的业务有机结合而形成的综合体。此后，伴随着农业综合企业模式的推广和应用，有关农业产业化经营的研究不断深入，一些国家经过几十年的探索和发展，已经形成了丰富的研究成果，概括起来主要有以下方面。

一、农业产业化的内涵阐释

目前，国外关于农业产业化的概念还没有形成一致的看法。研究者倾向从农业产业化过程和环境作用的角度界定产业化的内涵。如 Hamilton（1997）根据畜牧业生产过程，将农业产业化界定为四个方面：① 生产集中到大单位；② 一体化组织或公司以及非业主运营设施的增加；③ 生产向非传统地区转移；④ 雇佣劳动力或合同种植公司增加。Boehlje 和 Schrader（1998）等将食品生产和分销系统出现的企业联结和联合现象称之为农业产业化。Sofranko（2000）认为，农业产业化是生物技术、信息技术、经济增长、机械化、组织规模增加、生产、加工和分配现代化等环境因素综合作用的产物。Christopher B. Barrett（2001）指出，农业产业化包括三组相关的变化：① 商业，非农业农产品加工，分配和投入物供应活动的增长；② 上下游农场与企业之间关系的体制和组织变化；③ 产品组成，技术以及行业和市场结构的相关变化。John Wilkinson（2000）认为，广义的农业产业化是收获后的活动，包含为了中间或最终消费进行的农业生产加工转化、保存和准备活动。其中，农产品加工涵盖手工初制加工、包装、中间产品的技术密集加工和最终产品制造。

二、农工综合体发展与竞争力提升问题研究

农工综合体作为农业产业化经营的重要组织形式，其成长和发展受到国外学者的广泛关注。其中，R. J. Macrae，J. Henning ，S. B. Hill（1993）探讨了农业综合体在加拿大农业可持续发展中的作用和发展策略。João Gilberto Mendes dos Reis（2014）提出要加强农工综合体的供应链质量管理体系建设。Larry Martin（2018）认为随着经济驱动力从农业转向工业和服务业，需要构建农工综合体竞争力评价指标，对农工综合体竞争力进行评价，从而使决策者了解农业领域的差距，并突出显示有增长潜力的领域，提高农工综合体的竞争力。Irina A. Morozova，Tatiana N. Litvinova（2019）研究了农工综合体在网络经济中的发展问题，并结合俄罗斯的情况，提出了俄罗斯发展农工综合体的方案。Constantine Iliopoulos（2009）研究了农业综合企业合作社治理结构中的成本问题。

三、农业生产经营主体发展问题研究

农民合作社、家庭农场和农户是农业产业化经营的重要主体，在农业产业化经营中发挥着不同的作用。国外研究者高度关注不同农业生产经营主体发展和经营中的突出问题并结合实际提出了解决的思路。在农民合作社研究中，Glynn McBride（1986）论述了农业合作社的地位和作用。W. Krasachat 和 K. Chimkul（2009）从财务分析的角度评价了农业合作社的绩效。Matthew T. G. Meulenberg（1996）分析了农业合作社营销组织的创新。Chrysa Morfi（2015）分析了影响农业合作社成员忠诚度

的因素，认为农民的合作观念，农民对合作社在市场渠道保障方面的认知，农民对合作社业务定位的看法以及对合作社提供的信息的信任是影响农民合作社成员忠诚度的重要因素。Fabio R. Chaddad（2017）探讨了美国农业合作社的退出策略。Daniel Imhoff（2019）研究了美国农业补贴对家庭农场和公司大农场的影响，提出农业政策应转向关注社区福祉体系，帮助符合条件的家庭农民赢得公平的产品价格、支付上限、管理奖励，并激发出适应性和再生性更强的农场经营方式。农户的发展和利益保障是农业产业化经营研究中的重要方面。John Humphrey（2006）认为非传统农产品的生产和出口为发展中国家的经济增长和减贫提供了巨大潜力，但由于全球农业产业价值链的日益复杂，小农户的市场准入受到了阻碍，必须重视小农的需求和价值，完善相关支持小农发展的政策。Luitfred Kissoly，Anja Faße & Ulrike Grote（2017）研究了小农户参与传统农业价值链活动的性质和程度及其相关的福利影响，指出小农户融入农业价值链是提高农民福利（包括粮食安全）的重要途径。

四、农业产业化经营中的伦理道德问题

农业经营的伦理道德问题受到国外研究者的长期关注，他们在农业产业化经营中不同农业生产经营主体的道德原则和伦理规范方面形成了较为丰富的成果。如 Jeffrey Burkhardt（1986）重点研究了农业综合体的道德问题，认为商业道德可以扩展到农业生产领域，应结合农业生产系统的特点，提出具体的农业综合体道德原则。Mary K. Hendrickson，Harvey S. James Jr.（2015）探讨了农业产业化经营中的道德伦理约束问题，认为农业产业化经营中受市场集中程度不断提高的影响，农民的生产经营决策受到越来越多的限制，导致农民道德行为受到侵蚀。Henrike Luhmann（2016）探讨了企业社会责任在农业企业中的特殊地位，并指出要借鉴一般企业社会责任框架，完善农业企业的社会责任研究。

从国外农业产业化经营研究的现有成果看，尽管对于农业产业化经营没有形成一致的看法，但在对农业产业化经营涉及的主要领域和特征上存在共性的方面，如强调农业产业化的过程性，农业产供销的一体化和横向的协作等。国外研究者对农业产业化经营中具体问题的分析，对农业产业化经营创新及伦理道德问题的重视对我们开阔视野，结合我国农业产业化经营实践，推进农业产业化经营理论研究具有重要的参考和借鉴价值。

五、国内的研究现状

20 世纪 80 年代中期，伴随着我国家庭联产承包责任制的不断推行和农村非农产业的快速发展，农村经济开始向商品经济转型发展，越来越多的农产品开始走向市场。在这一过程中，以单个农户为基本生产单位的农产品小生产与大市场的矛盾日益突出，农产品“买难卖难”、农产品产销脱节、生产波动大等问题进一步凸显，深刻制约着农村改革发展步伐和农民增收致富目标的实现。在这种背景下，在山东诸城等地积极探索计划经济与市场经济相结合的新途径，逐渐兴起了以中介组织为纽带的农贸工一体化经营模式，并提出了农业产业化发展的概念。这一概念提出后便引起了学术界的高度关注和广泛探讨。经过几十年的持续研究，国内研究者对农业产业化经营内涵、特征和规律的认识不断深化。从研究的内容和侧重点来看，有关农业产业化经营的研究大致经历了从最初的概念争论、基础理论构建到实证研究的发展阶段，取得的主要成果概括起来，体现在以下五个方面。

1. 农业产业化的理论基础、发展模式和运行机制研究

在当时的历史条件下，农业产业化是一个新生事物，组织农业产业化经营也没有现成的模式。国内学者结合我国农工贸一体化的实践，提出了农业产业化的理论基础、发展模式和运行机制。在理论基础研究方

面，汪艳（1996）、刘明（2015）探析了农业产业化经营相关的组织创新与制度变迁理论、规模经济理论、利益引力理论、比较效益理论、分工协作理论等；倪斋晖（1999）提出农业产业化属于产业经济学的研究范畴，应运用产业经济学的理论和方法研究农业产业化问题；周震虹（2005）提出了农业产业化发展的核心理论和支撑理论。在农业产业化模式方面，窦宪君（1994）提出了以市场牵龙头、龙头带基地、基地连农户的形式，逐步形成种养加、产供销、农工商、内外贸、农科教一体化的生产经营体系；王志军（1994）将农业产业化发展模式总结为“贸工农一体化、产加销一体化”的“龙型”经济模式；杨江峰（2003）对我国农业产业比较典型的“龙头”企业带动型、市场带动型、主导产业带动型、股份合作型等经营模式进行了归纳和概括，并分析了各种经营模式的适应条件、经营风险、优缺点；曹林奎（2013）总结和分析了“农民合作社+家庭农场”的农业产业化经营新模式。在运行机制方面，刘卫锋（1995）提出了农业产业化的六大运行机制：龙头组织机制、利益分配机制、合同约束机制、矛盾协调机制、风险共担机制和股份合作机制；庄丽娟（2000）、范亚东（2005）、任建中（2007）、李英奎（2019）等重点分析了我国农业产业化经营中利益分配机制；孙正东（2015）、段海波（2014）分别探讨了农业产业化的联合机制和融合机制。

2. 农业产业化经营主体研究

谁是农业产业化经营的主体？对于这个问题，学术界一直有不同的看法。有的研究者主张市场主体论，有的研究者赞同加工企业主体论或农民主体论。王昀（1998）、高学芳（1998）、路小昆（2012）认为农业产业化经营的主体只能是农民。李强、冯中朝（1999）认为服务型合作社是发展中国家农业产业化经营的主体。彭炳忠（2004）提出农户、农业企业和农业合作经济组织是三元并联的农业产业化经营主体，这种农业产业化经营主体多元论逐渐得到广泛的认同。近年来，农业产业化经营新型主体的培育和发展问题引起了国内研究者的关注。李振东（2016）

针对甘肃农业和新型农业经营主体发展实际问题，从创新投融资机制、加快人才培养、强化整合提升等方面提出了培育和发展新型农业经营主体的措施。陈凡（2018）结合对国内 1 104 个农业综合开发县的 7 734 个新型农业经营主体的调研数据，分析了农业产业化经营主体状况及影响因素。沈君立（2002）、洪名勇（2017）研究了新型农业经营主体融资矛盾问题，提出了具体的政策建议。姜长云（2018）对家庭农场、普通农户和公司农场在农业经营形式选择中的定位进行分析，提出应鼓励龙头企业、农民合作社、家庭农场加强合作，创新对新型农业经营主体的支持方式。

3. 国内外农业产业化经营模式与经验借鉴研究

国外农业产业化经营起步早，发展水平较高，经验模式较为成熟。总结国外农业产业化发生、发展的规律，借鉴他国经验推动我国实现农业产业化经营是国内研究者研究的重要内容之一。徐勇（1996）、马翠玲（1997）、赵曙光（1998）、王淑萍（2001）、袁建岐（2006）、徐振宇（2014）等众多研究者对国外农业产业化经营的组织形式、发展模式、经营机制、发展趋势进行了总结和概括。蒋明殿（1997）、衣保中（2006）、王艳（2009）、薛建改（2016）、刘松涛（2017）等分别研究了日本的农协、服务体系以及六次产业化的经验和模式。土戈和章英（1997）、王浩（1999）、李荣光（2008）、朱立志（2014）等从产业整合、资源整合、产业化体系建设等角度研究了美国的农业产业化进程，提出我国应借鉴美国的经验，做大做强一批有实力的农业企业，加强合作社的发展。同时农业产业化经营要考虑到市场容量和市场区位，避免产能过剩，要建设一个综合系统的、有充足竞争力的农业产业化体系。农言（1996）、张明亮（1997）、戴蓬军（2000）、祁彪（2010）等人研究了法国农业产业化经营模式，总结了法国在加强农产品质量控制与管理、发展食品工业和社会服务体系建设和政府政策支持等方面的经验，提出我国应加快发展农产品加工业，完善农产品市场体系。李长云（2009）比较了美国、日本、欧洲等发达国家农业产业化经营组织，分别从资源投入机制、产业链连接机制等方面分析各种组织模式的适应条件。柳一桥（2013）分析了荷兰、日本、澳大利亚、巴西等国特色农业产业化发展经验，提出在推进农业产业化经营中要发挥政府的主导作用，推进适度规模经营，不断健全服务体系，注重特色品牌塑造和科技创新。

4. 农业产业化联合体建设与发展研究

农业产业化联合体是我国农业产业化经营的最新实践成果，也是近年来国内研究者关注的热点。目前对于农业产业化联合体的研究还处于起步阶段，主要探讨和研究农业产业化联合体的内涵、本质特征、理论依据、形成机理和影响因素等。周仲和、王兴华（1998）结合江苏东台市农业产业化实践，研究了农户股份制联合体的形成和运行机制。郑定荣（2003）首次提出了农业产业化联合体的概念，并将其作为社会主义初级阶段农村经营新体制，分析了农业产业化联合体的主要形式、经营权限和管理机制。芦千文（2017）根据对安徽省宿州市的调研情况，分析了农业产业化联合体的组织架构、经营模式、组织创新动因、成长路径和内生发展机制。徐长春（2018）总结了安徽省滁州市凤阳县农业产业化联合体发展模式。蔡海龙、炎天尧（2019）探讨了农业产业化联合体形成背景、本质特征及理论基础，提出农业产业化联合体是新形势下新型农业经营主体为满足市场需求而创新的农业产业化经营组织模式，它符合市场规律和经济发展理论，应对其进行合理引导和规范发展。

5. 区域特色农业产业化经营实践与模式研究

特色农业是我国农业产业体系的重要组成部分。为提高特色农业产业竞争力，推动特色农业产业可持续发展，国内研究者结合区域特色农业资源和产业条件，深入研究特色农业产业化经营实践及问题，形成了很多有价值的成果。刘成玉（2003）分析了特色农业、产业化经营与农业竞争力的关系，提出了“特色农业+产业化经营=农业竞争力”的理论逻辑。刘华周（2001）、杨建国（2005）、袁力（2006）将特色农业与产业化经营有机结合，分别对江苏、甘肃、成都等地特色农业产业化经营模式进行了分析，并提出了相应的发展建议。江明峻（1997）、寇全安（2000）、黄胜利（2001）、赵秀娟（2005）、剡谨（2004）、熊吉陵（2007）分别对梧州地区松香产业、陕西苹果产业、慈溪市花卉产业、甘肃马铃薯产业、广东蔬菜产业、婺源县茶业的产业化经营现状、问题进行了分析，并提出了推进各地特色农业产业化经营的措施。

纵观国内外有关特色农业产业化经营的研究成果，不难发现，研究者已经在农业产业化经营的内涵、特征、理论依据、形成条件、发展模式等方面达成越来越多的共识。这些研究成果为本书的研究提供了重要的理论支撑。但对比国内外的研究成果，可以看出国外研究者研究的范围更广、内容更为丰富，尤其是侧重农业产业化经营微观领域和具体问题的研究，主要涉及经营主体的培养和发展、企业竞争力、经营伦理道德、社会责任以及影响因素等多个方面。国内的研究是从规范研究开始的，更多倾向理论基础、农业产业化实践以及国际经验借鉴等方面。结合特色农业产业化经营实践的实证分析、系统研究较少，特别是针对贫困地区的资源、环境双重约束条件，将贫困地区特色农业与农业产业化经营结合起来进行系统研究的成果还不够丰富。

陕南特色农业资源丰富，特色农业产业化起步较晚，有关陕南特色农业的研究成果散见于陕西农业、陕南特色农业发展问题研究的相关论述，且研究内容主要集中于少数产业的现状考察和对策探讨方面，缺乏对陕南特色农业发展历史梳理、经营模式和未来创新道路的深入研究。基于此，本书将从陕南特色农业发展的历史梳理入手，深入考察陕南特色农业产业发展的过去、现在，并结合农业产业化经营的一般规律和农业现代化发展趋势，探讨陕南特色农业产业化经营创新的思路和实现路径，为丰富特色农业产业化经营的理论研究，助力陕南脱贫攻坚和乡村振兴实践，提供理论依据和参考借鉴。

第三章 陕南特色农业产业化经营的历史演进

第一节　陕南特色农业发展历史

一、陕南古代特色农业发展的演变

陕南位于陕西省南部，北依秦岭，南屏巴山，汉江自西向东流贯其间。境内山峦连绵，岭谷相间，河谷交错，丘陵起伏，是我国典型的丘陵山区之一。由于地跨暖温带和北亚热带，四季分明，气候温润，雨量充沛，陕南发展特色农业具有得天独厚的自然环境和地理优势。早在新石器时代，陕南先民就已从事农耕活动，生产稻类、粟类和豆类等原始农产品。根据在陕南李家村、何家湾、松树岭等新石器遗址的考古发现，七千多年前，陕南人不仅掌握了稻、粟、白菜的种植方法，而且还具备初步的粮食加工技术。遗址出土的杵臼、石磨等粮食加工工具表明，当时陕南原始居民在粮食加工中已经普遍使用磨制石器。随着生产工具的不断改进、生产技术的日益进步，到殷商时期，陕南粮食生产已经达到一定规模，粮食生产出现剩余，以稻、粟为主要原料的酿酒业逐渐发展起来。西周时代，陕南的巴人就已开始人工栽植茶树，从事茶叶种植、生产、加工，发展茶饮。此外，陕南桑树种植、生漆生产也在这一时期出现。据《石泉县志》记载，该县在西周时代就有兴桑养蚕的记载。周武王伐纣时，巴蜀（秦巴山地）一带已用所产的茶、桑、蚕、漆作为“纳贡”之珍品。战国时期，陕南已经成为与关中平原、成都平原齐名的重要产粮区，茶、桑、蚕业已相当普遍。秦时，政府奖励耕织，重视发展茶叶、蚕丝业和柑橘种植业，进一步推动了陕南特色农业的发展。

秦汉以后，陕南农业生产工具和农业技术持续改进，土地开发和农业生产规模不断扩大。随着漫长的历史变迁，陕南农业经历了秦汉的兴盛、魏晋的衰退、隋唐的繁荣、宋元的持续发展和明清的衰落，呈现出缓慢延续、艰难起伏、曲折发展的特征。

两汉时期，陕南农田水利建设全面兴起，通过修堰开渠、蓄水引水，推动陕南水稻种植面积不断扩大，农业耕作技术进一步提高，粮食产量不断增加。在长期的水稻种植和渔猎生产中，陕南人创造性地将种植技术与养殖技术相结合，将草鱼、鲫鱼等驯化后放养在稻田里繁殖生长，发展稻田养鱼。稻鱼共生、种养结合，既有效利用了空间，节约了土地，又减少了所需的劳动力投入，成为生态农业发展的重要创举。西汉时期，陕南养蚕业十分兴盛，养蚕缫丝业发展迅速，石泉县成为当时蚕桑丝绸生产的重要产区和丝绸外贸商品出口基地，被誉为“蚕桑之乡”。到东汉末期，陕南农业经济十分发达，成为远近闻名的富庶之地，当时有“厥壤沃美，赋贡所出，略侔三蜀”[①]这样的描述。

三国时期，诸葛亮利用陕南优越的自然条件，推行“务农殖谷”政策，休士劝农，分兵屯田，兴修水利，开拓农田，增加粮食生产。同时，诸葛亮因地制宜，利用汉中盆地的自然地理优势，积极发展塘库和稻田养鱼，鼓励发展鸡、鸭、猪、羊等家畜家禽养殖业。此外，诸葛亮还非常重视茶叶、魔芋等汉中特色农产品种植和生产。诸葛亮曾指派专人在今汉中勉县小河庙、黑龙潭、漆树坝一带广泛种植茶树，形成规模化种植，不仅带动了周边地区茶叶发展，也使汉中逐渐成为知名的茶乡。以诸葛亮命名的“武侯茗茶”外形独特、品质卓越、口味清醇雅淡，是我国绿茶中的精品。在休士劝农其间，诸葛亮还积极推广魔芋栽培种植技术，发展魔芋生产和加工，为汉中后来成为我国魔芋生产的重要产地奠定了良好的基础。时至今日，当地民间还有流传下来的“诸葛魔芋宴”，从一个侧面反映了当时魔芋种植、加工和利用的状况。

魏晋南北朝时期，社会动荡不安，百姓流离失所，农业生产遭到严重破坏。为躲避战乱，关中人口大量侨寄陕南，大批北方人口向南迁移，其中一部分移民流入陕南，导致陕南人口增加，人地矛盾紧张。据统计，

① 常璩．华阳国志・汉中志[M]．北京：中华书局，1985.

南北朝时期北方少数民族迁居到川北、汉中、安康一带的人口多达20万户。[①]这些少数民族迁入后，在延续渔猎生产传统的同时，在部分平川谷地边缘开垦荒地，种植粮食，从事农业生产，在一定程度上促进了陕南山地开发和土地的恢复性垦殖，对陕南农业发展起到了一定的推动作用。这一时期，北方旱田作物不断南移，促进陕南农业从传统单一的水田农业逐渐向水旱兼作、稻麦轮种的农业结构转变。关中的植桑养蚕技术也在这一时期引入陕南，蚕桑种植开始兴起。同时陕南生漆生产在这一时期已具有相当规模。陕南农业整体上呈现衰退趋势，土地荒芜，水利废弛，生产萧条，加之自然灾害频发，农民流离失所，农业发展基本上处于停滞状态。

隋唐时期，随着南北由分裂走向统一，社会政治逐渐稳定，具有良好发展基础和自然地理条件的陕南农业生产很快得到恢复，并有了显著发展。农田灌溉技术和农具进一步改进，农业耕作方式不断变革，极大地提高了农业生产力。这一时期，陕南农业耕作方式更加多样，既有一年两熟的稻麦轮作制、一年一熟的连种制，也有采用刀耕火种的畲田制。除水稻、小麦等粮食作物种植外，桑、麻、茶、生漆等经济作物也在这一时期得到发展。其中，陕南茶叶在唐代已经成为朝廷贡茶，上至王公贵族，下至士庶百姓以饮山南道茶为时尚，西乡的“团月”“毛尖”一度被列入宫廷御品，名噪一时。茶叶成为人们生活的必需品后，中原与周边少数民族地区的茶马贸易也在这一时期发展起来。陕南是西北“茶马贸易”的重要基地和经济枢纽。随着茶马贸易的不断繁荣，陕南茶叶进入西北少数民族地区，甚至被运往中亚、西亚、欧洲等地。隋唐时期，政府大力鼓励种桑养蚕，给每丁二十亩“永业田”，专门用于植桑养蚕，从而推动陕南桑蚕业达到前所未有的高峰。《唐书·地理志》载“丝，兴元府贡”，说明当时陕南桑蚕业已具相当规模，蚕丝制品质量上乘，也成为朝廷重要贡品，陕南茶、桑、蚕等特色农业由此进入前所未有的繁荣阶段。

---

① 郭声波. 四川历史农业地理[M]. 成都：四川人民出版社，1993.

宋元时期，陕南地区农业发展相对平稳。伴随着人口的快速恢复增长和传统农业技术持续改进，陕南农田水利建设再度兴起，山地开发利用规模不断扩大，新的耕田方式——梯田开始兴建，较好地解决了农业生产中人地矛盾突出的问题，推动陕南农业生产水平进入一个新的发展阶段。从其养活的人口可以看出（如表 3-1 所示），北宋时期，陕南人口已达 20 万户，接近历史上的最高值。

表 3-1　不同历史时期陕南人口分布情况

地区		汉中	安康	商洛	合计
面积/km^2		24 412	23 191	16 730	64 333
（西汉）2 年	人口数 密度（人/km^2）	151 428 （6.20）	75 173 （3.24）	86 538 （5.17）	313 139
（东汉）140 年	人口数 密度（人/km^2）	160 230 （6.56）	59 422 （2.56）	57 114 （3.41）	276 766
（隋）612 年	户数 密度（户/km^2）	11 910 （0.49）	14 341 （0.62）	8 413 （0.50）	34 664
（唐）742 年	户数 密度（户/km^2）	61 391 （2.51）	18 812 （0.81）	5 951 （0.36）	86 154
（北宋）1097 年	户数 密度（户/km^2）	117 035 （4.79）	36 181 （1.56）	48 255 （2.88）	201 471
（元）1290 年	户数 密度（户/km^2）	1 535 （0.063）	307 （0.013）	771 （0.046）	2 613
（明）1522 年前后	户数 密度（户/km^2）	4 510 （0.18）	6 270 （0.27）	8 030 （0.48）	18 810
（清）1820 年前后	人口数 密度（人/km^2）	1 261 337 （51.67）	1 214 239 （52.36）	591 986 （35.38）	3 067 562

数据来源：鲁西奇. 历史时期汉江流域农业经济区的形成与演变[J]. 中国农史，1999（1）：38.

在发展传统稻麦两熟制的基础上，陕南充分利用丘陵山区多样的自然地理环境和气候条件，积极发展桑、茶、麻、果树等特色农业产业。从宋代地理总志所载各州县的贡赋来看，陕南的兴元府（今汉中）、洋州（今洋县）等地均为当时蚕桑业、茶叶十分发达的地区。[①]陕南的蚕丝制

① 吴宾. 宋元时期陕南地区农业开发研究[J]. 西安电子科技大学学报（社会科学版），2006（6）：101.

品和茶叶不仅是重要的贡赋输纳之物，也是重要的战略物资，承担着换取马匹满足国家军事需求和巩固边防的重要使命。《宋史·食货志》记载了北宋后期独特的“汉中买茶，熙河易马”贸易方式。当时兴元府万春、瑞金、大竹、洋州的“四色纲茶”在茶马互市中占有十分重要的比重。《宋会要辑稿·职官》记载的一份枢密院奏折称，“自建中靖国元年，后来为买马数多，名山茶数少，又以兴元府万春、瑞金、大竹、洋州四色纲茶相兼应副博马，仅能足办”。可见，陕南茶区在北宋时期具有十分重要的战略地位。在输往蕃、汉广大地区的同时，陕南茶叶和茶文化继续沿丝绸之路输往西亚、中亚、阿拉伯和欧洲，成为最先走向世界的茶文化。元朝时期，陕南油菜种植已广泛种植，并成为人们的主要食用油之一。元朝末年，陕南受战争波及，农业经济发展遭到严重破坏，人口损失巨大，社会经济一直没有得到恢复。

明朝时期，陕南长期处于人少地多的状态，流民聚集，农业耕作技术粗放，农业经济没有得到深入发展。在政府移民垦荒和屯田政策的推动下，移民开荒种田，进行农业耕种，并从事挖煤、采金、烧炭、造纸、制茶等手工业生产。明朝陕南茶叶、棉花种植规模已蔚为可观。嘉靖年间，陕南紫阳、西乡等县成为著名的茶叶生产基地。这一时期，褒城建立了全国最早的茶厂，汉中也成为全国重要的茶马贸易中心，当时用汉中茶三百万斤，可得马三万匹。明朝陕南棉花种植十分普遍。据有关档案记载，宣德元年（公元 1426 年）全国征收棉花 120 455.5 千克，当时汉中一府（辖安康）就达六分之一。[①]明清鼎革之际，陕南因地处军事战略要地，兵祸连年，战乱不断，加上频繁的自然灾害，导致人口锐减，农业破败。据清代王穆的《西乡县志》记载，清代初年，陕南田地大多被荒置，百姓逃散。曾经“人户殷繁、闾阎富庶，有小三元之称”的西乡县“所存仅十之二三，遂致虎狼成窟，田荒赋逋者三十余年矣。”为恢复和发展农业生产，清政府颁布《垦荒令》，推行“摊丁入亩”政策，召

① 刘清河. 汉水文化史[M]. 西安：陕西人民出版社，2013.

集流民垦地，数以百万计的南方流民迁入陕南，从事农耕生产。据统计，康熙中期陕南人口仅有 49.7 万人，到道光三年（1823 年）已增长至 384.5 万人，增长了近 7 倍。[①]大规模移民的迁入为陕南农业发展提供了充足的劳动力，并带来了先进的农耕技术以及优良的农作物品种，不仅有力地推动了陕南水稻、小麦等传统粮食作物发展，也促进了陕南玉米、马铃薯等新农作物的推广种植，使陕南的粮食作物产量和生产技术有所提高。清中期，陕南茶叶、桑蚕等传统特色产业继续发展，烟草、生姜、棉花种植发展较快，漆、木耳、芝麻、桐油、中药材、葛根等土特产品采集和种植逐渐兴盛。据清代严如熤的《三省边防备览》记载，当时“汉川民有田地数十亩之家，必栽烟草数亩。田则栽蕫或药材数亩，烟草亩摘三四百觔，卖青蚨十千以外，蕫、药材亩收八九百觔，卖青蚨二三十千”。由此可见，陕南部分特色农业已走出自然采挖的阶段而进入人工培植的商品化时期。

二、陕南近代特色农业发展概况

鸦片战争后，陕南不断遭受帝国主义、封建主义和官僚资本主义的多重欺凌，传统农业遭到干扰破坏，农业生产停滞，大量农民被迫逃散，农村凋敝，农业倒退。民国初期，因鸦片种植成风，鸦片烟田挤占粮田、桑地、茶园，加之军阀割据，战乱频繁，旱灾连年，陕南粮食生产遭受严重影响，桑、蚕、茶等特色产业徘徊不前。当时“兴安（安康）、汉中两府以及商洛地区共有 25 县，几乎到处都有鸦片，洋县一县烟田即有 1.2 万亩”。[②]这一时期，陕南桑、中药材、棉花等特色种植业仍然沿袭传统的种植方式，技术落后，种植规模均有不同程度缩减。同时，受国内生丝出口量锐减和人造生丝兴起的双重影响，陕南蚕丝业衰退严重。以安康为例，据《安康古今蚕桑著述》中的记载，“县西恒口各乡蚕丝一项，昔日年值二十余万元，系农户男妇老幼特种副收入，自近数年人造丝入

① 萧正洪. 清代陕南种植业的盛衰及其原因[J]. 中国农史，1988（4）：72.
② 陕西省地方志编纂委员会. 陕西省志 · 农牧志[M]. 西安：陕西人民出版社，1993.

口，此项蚕茧价值大贱（每一斤一角多点），不够成本，产额竟一落千丈（年值不过三万元），十之八九已放弃此项副收”。在中药材方面，陕南出产的中药材种类繁多，产量丰富，且多为自然繁殖的野生药材，品质优越，每年外销数量较大，如表 3-2 所示，陕南每年外销万斤以上的药材多达 14 种。除药材外，陕南生漆、木耳、桐油等特色农产品产量亦十分可观。如表 3-3 所示，陕南各地生漆、桐油、木耳、茶叶、麻等土特产品均有产出且产量较高。其中，陕南的生漆除满足国内市场需求外，还远销新加坡、爪哇、日本及中国香港等地。无论其品质、产量还是外销量，陕南生漆均在当时全国的生漆生产和对外贸易中占有重要的地位。从 1931 年起，陕西大力提倡和鼓励棉花种植，当时陕南南郑、城固、宁强、勉县、西乡和安康等地都推广种植了棉花，但总体规模不大，品种比较单一。这一时期，陕南南郑、西乡、洋县、城固等地仍普种烟草。20 世纪 40 年代，受省内卷烟加工业的刺激，陕南洛南、城固、山阳、宁强、佛坪等县烟草种植面积均超过 1 万亩，勉县、洋县、西乡、镇巴等地也达到 4 000～5 000 亩。

表 3-2　1932 年陕南 2 500 千克以上药材外销统计表

药材名称	数量/千克	药材名称	数量/千克
当归	150 000	黄柏	12 000
棓子	150 000	甘草	10 000
党参	103 500	紫苏	8 000
蒿木	34 000	白芷	4 000
杷叶	25 000	苍术	3 500
厚朴	23 435	桂皮	3 500
乌药	20 000	黄连	3 000
杜仲	20 000	木贼	2 500
全皮	17 500	天麻	2 500
大黄	15 000	芍药	2 500
柴胡	12 890	秦艽	2 500

数据来源：陕西实业考察团. 陕西实业考察[M]. 陇海铁路管理局，1933.

表 3-3　陕南部分县农特产品产量统计表

县名	品名	产量/千克	县名	品名	产量/千克
南郑	生漆	40 000	西乡	生漆	1 500
	木耳	3 500		木耳	7 500
	桐油	200 000		桐油	4 000
汉阴	生漆	1 000	城固	生漆	2 500
	茶叶	3 500		木耳	3 500
	麻	1 500		桐油	100 000
商县	生漆	22 800	留坝	生漆	500
	木耳	11 450		桐油	15 000

数据来源：张研，孙燕京. 民国史料丛刊·经济·概况[M]. 郑州：大象出版社，2009.

全面抗战爆发后，陕南成为全国抗战的大后方和战略要地，华北、关中一些工厂、机关、学校内迁至陕南，带来了农业生产新知识、新技术和优良的农作物品种。为增加粮食生产，陕南的各种农业改良与推广机构在这一时期相继建立起来。1937 年，城固建立嵩山寺油桐试验区，种植油桐 70 多万株。1938 年，汉中农业推广所成立，开始推广棉花、小麦良种以及鸡、羊、猪等新品种。1939 年，陕西省农业改进所陕南农场和陕南农业推广所在城固成立，专门从事优良稻、麦、棉种在汉中、安康各县的选点、选种、示范、繁殖和推广工作，并广泛宣传农业技术和病虫灾害防治。1940 年南郑开办省第六区“农业讲习班”和“模范农场”，开展水稻、小麦优良品种示范繁殖工作。1941 年，汉中中心农业推广所成立，进行小麦良种示范繁殖。1942 年，南郑设立农业技术推广所，向农民推广、兑换稻、麦、棉良种，推广作物播种和中耕锄草技术。1943 年，汉中成立省农业改进所第六农业区辅导站。1946 年，南郑设立植棉指导区，指导农民改进栽培技术，进行棉花害虫防治。这些农业研究机构的建立，农业新技术、新品种的引进及推广，冲击和打破了陕南传统农业自给自足、封闭落后，靠天吃饭的局面，促进了粮食产量的提高，在一定程度上改变了陕南农业破败和农村凋敝的境况。但由于陕南农业生产技术落后，抗战期间，陕南城乡又多次被日军轰炸，旱涝、霜雹灾害不断，农业生产极不稳定，这些农业技术改良并没有改变陕南农村经济困境，陕南特色农业发展举步维艰，出现不同程度的倒退。以安康为例，1936 年安康桐油产量达到 936 万千克，到 1949 年降至 290 万千克，减少 70%左右；生漆从抗战前的年产 50 万千克减至 1949 年的 10 万余千克，减少 80%；药材生产也从抗战前的繁荣全盛转入战时的大萧条阶段，大量野生药材无人采集，多数药园荒芜，产量大幅度下降，到 1949 年，仅安康镇坪县留黄连棚 1.35 亩左右，党参年产量仅有 5 万千克，下降 70.3%，厚朴年产仅 2.5 万千克，下降 50%，其他各种药材下降得更多。

三、1949—1978 年陕南特色农业发展概况

中华人民共和国成立后，为解放农村生产力，发展农业生产，先后进行了土地改革和社会主义农业改造，废除了封建剥削的土地制度，确立了土地的社会主义集体所有制，并相继采用农户家庭经营和集体统一经营两种方式，推动农业生产恢复和发展。陕南农业经过初期调整和恢复，粮食种植面积增加显著，传统的栽培技术得到改进，水稻、小麦、玉米等优良品种陆续推广，蚕、茶、果、生漆、油桐、药材等特色农产品得以恢复和发展。其主要成就概括起来，主要体现在以下几个方面。

1. 特色农作物种植规模扩大，产量提高显著

中华人民共和国成立后，在陕南水稻、小麦、油菜、玉米等传统粮食作物生产快速发展的同时，陕南茶叶、蚕桑、水果、生漆、油桐、药材、烤烟、棉花、果酒等特色农业也得到不同程度的发展。除 1959—1961 年期间有所回落外，1949—1978 年陕南农业特色产业发展总体上呈现稳步上升态势，部分特色农产品规模化种植优势逐渐凸显。以茶叶为例，1949 年，陕南茶园面积仅 2.13 千公顷，产量 736 吨。到 1957 年，陕南茶园面积增加到 4.64 千公顷，产量 1 783 吨，增长超过 1 倍之多。1978

年，陕南茶园面积已经突破 31 千公顷，为 1949 年的茶园面积的 14 倍，如表 3-4 所示。

表 3-4　1949—1978 年陕南茶园面积和产量统计表

年份	面积/千公顷	产量/吨
1949	2.13	736
1952	2.55	933
1957	4.64	1783
1962	2.16	970
1965	4.71	1 578
1970	5.05	1 454
1975	10.71	1 450
1978	31.07	1 408

数据来源：陕西省统计局. 陕西统计年鉴（2002）[M]. 北京：中国统计出版社，2002.

这一时期，政府倡导将药材种植纳入生产计划，鼓励大面积人工种植。陕南药材适种地区相继建立集体药场，根据国家指令性计划种植、采集商品药材，药材种植和生产得到迅速恢复与发展。以安康为例，从 1957 年起宁陕、白河、平利、岚皋、镇坪等多个地方先后建立国营药场和药用动物养殖场，到 1979 年，安康中药材种植场和药用动物养殖场达 632 个，固定药农达 5 000 多人，种药面积达 7.85 万亩。商洛药材种植面积也从 1953 年的 0.02 万亩猛增到 1977 年的 1.52 万亩。这一时期，陕南果酒生产开始起步，并通过技术改造，产量增加迅速。以商洛为例，1969 年商洛果酒产量仅百吨，到 1977 年已突破千吨。此外，陕南棉花生产也有一定增长。1953 年，商洛棉花种植达 6.59 万亩，单产皮棉 10.5 千克，产量 699 吨。1954 年，安康棉花达到顶峰，种植面积超过 16 万亩，产量 2 839.5 吨。随后，1955 年汉中棉花面积也达到历史最高峰 32.66 万亩。此后，陕南棉花种植规模逐年下降，到改革开放前，只有少数农户种植棉花，棉田面积不足万亩。

2. 良种引进、推广稳步推进，特色农产品品质不断提升

优化品种、改良技术、实验推广是陕南推动特色农业发展的重要手段。从 20 世纪 50 年代初开始，陕南各地先后建立种子站（公司），配备专业技术人员，从事水稻、小麦、玉米、油菜、棉花、烟草、桑树、茶叶、中药材等农作物品种的引进、培育和开发，推广更新适合陕南自然环境和地理条件特点的优良品种。其中，水稻品种改良经历了从农家品种、高秆品种、矮稻品种到杂交稻品种的更新。小麦种植也前后引进推广 “金大 2905”“南大 2419”“碧蚂 1 号”“蜀万 8 号”“阿勃”“阿夫”“6601”“甘麦 8 号”“召麦 2 号”等多个品种。在改良传统地方桑树、茶树品种的基础上，陕南从浙江、四川、山东、关中等地引进十多个优质、高产的桑树和茶树品种。20 世纪 70 年代后，伴随着陕南各地烟厂相继建成投产，陕南烟草种植面积迅速扩大，为提高烟叶品质，陆续从河南、四川、云南等地引进优良品种，并在陕南多个县区建立烟草基地，使陕南烟草业有了长足发展。

3. 农产品加工业初步发展

中华人民共和国成立前，陕南农产品加工业基础十分薄弱，仅有几家面粉厂、米厂。中华人民共和国成立后，为适应农业统购统销政策和粮食统一经营、统一管理需要，陕南兴建了一批农产品加工企业。如表 3-5 所示，1951—1965 年，陕南相继建立了粮油加工企业 20 多家。1969 年起，陕南一些尚未建立面粉加工企业的县，均建立了面粉厂或面粉加工车间。在发展粮油加工企业的同时，陕南利用当地的特色农业资源，发展农副产品加工业，兴建了一批茶厂、烟厂、酒厂、服装厂、制纸厂等，初步形成了粮油、茶叶、烟草、果品、桑麻等多个具有加工潜力的重点产业，为陕南农产品加工业向产业化、规模化发展奠定了良好的基础。

表 3-5　1951—1965 年陕南新建粮油加工企业统计表

汉中	安康	商洛
汉中地区米厂	汉阴县粮食加工厂	商县面粉厂
洋县城关粮食加工厂	镇坪县粮食加工厂	洛南县面粉厂
宁强县城关粮食加工厂	安康县粮食加工厂	商南县面粉厂
镇巴县粮食加工厂	平利县粮食加工厂	柞水县面粉厂
汉中市杂粮加工厂	紫阳县粮食加工厂	山阳县面粉厂
略阳县粮油加工厂	安康县油脂厂	镇安县面粉厂
城固县粮食加工厂	—	—
勉县粮食加工厂	—	—
南郑区周家坪米面加工厂	—	—
西乡县沙河粮油加工厂	—	—
汉中地区油脂化工厂	—	—
汉中市油脂厂	—	—

4. 现代农业科学技术逐步推广，农业机械化程度不断提高

中华人民共和国成立后，在充分发挥传统农业技术的基础上，陕南紧密结合农业生产实践，不断改进农业耕作技术，逐步推广、使用现代农业技术装备，提高劳动生产率和土地生产率，使农业耕作方式开始从传统的铁犁牛耕向现代机械化、半机械化转型。从 20 世纪 50 年代初开始，陕南各地相继建立农业工作站和农业技术指导站，负责农业技术推广工作，主要从施肥技术、耕作技术、良种选择与种子处理技术、灌溉技术、栽植技术、病虫防治技术等多个方面，改进传统技术和耕作习惯，推广、使用现代农田耕作机械和现代农业技术。这一时期，农具改革成果显著，植保器械、新式畜力农具、山地犁、双轮双铧犁、马拉收割机、播种机、锄草机等半机械化农具得到推广。陕南各地建立拖拉机站，开始利用拖拉机动力开展犁、耙、碾场、拖运、抽水等农业作业。70 年代后，为加快实现农业机械化，陕南加大现代农机具开发、生产和推广，

并逐步建立起相对完整的农机管理体系，形成了集农机科研、生产、销售、管理、培训和维修为一体的网络体系，基本实现了农业机械化、半机械化。以汉中为例，到 70 年代末，区以上农机管理站达 212 个，社营农机站达 308 个，大队营农机管理站达 377 个，有拖拉机的生产队 8 038 个，占生产队总数的 40%。农业机械的种类共计 17 大类、上百个分类、近千个品种型号。农田作业机械化程度不断提高，汉中平川区农副产品加工基本实现了机械化。①

5. 农田水利建设兴起，农业发展基础设施显著改善

水利是农业发展的基础。陕南水资源丰富，兴修水利不仅是保障农田灌溉的需要，也是防洪排涝，维护农业生产、社会生活和人民生命财产安全的需要。中华人民共和国成立后，陕南一方面加强对被洪水损毁的水利工程修复，补修加固原有渠道，改建引水坝和进水口，扩建老堰渠；另一方面兴建了一批中小型水库、抽水站、机井和引水灌渠工程。以商洛为例，从 20 世纪 50 年代初至 70 年代末，兴建百万立方米水库近 20 个，渠道工程 7 194 处，抽水站 1 273 处。其中，最大的二龙山水库坝高 63.7 米，库容量达 8 100 万立方米，设施面积 1.13 万亩。水利建设的兴起极大地改善了陕南水利基础设施的落后面貌，为充分利用陕南的水资源与水力资源、增强防御自然灾害的能力、保障粮食生产安全、促进农业发展创造了良好的条件。

综上所述，1949—1978 年陕南农业生产力获得了迅速恢复和发展，特色农业无论在种植规模上还是在生产质量上都有了显著提高，呈现出前所未有的生机和活力。但从整体上看，这一时期陕南农业还没有形成现代化的综合生产能力，特色农业生产基本上还停留在传统农业阶段，以手工工具、人畜力和自然肥料为基础，农业耕作依赖传统的经验，生产规模狭小，布局分散，产业发展相对封闭。因此，加快陕南传统特色

① 汉中地区志（第一册）[M]. 西安：三秦出版社，2005.

农业改造，提高农业综合生产能力，推进陕南特色农业规模化、产业化和市场化发展，就成为陕南农业现代化的重要突破口。

第二节　陕南特色农业产业化经营的历史演进过程

1978 年，党的十一届三中全会作出重大决策，将全党的工作重点转移到社会主义现代化建设上来，并提出了发展农业生产的一系列政策措施和经济措施，为特色农业发展创造了极为有利的环境。随着农村经济体制改革的不断推进和商品经济的迅速发展，陕南农民从事农业生产的积极性空前提高，农产品种植规模不断扩大，一些具有资源优势和地方特色的农产品生产逐渐向专业化、商品化转变，特色农产品加工业兴起，形成了“产供销一条龙、贸工农一体化”的发展思路，出现了特色农业产业化雏形。1997 年，党的十五大报告提出要积极发展农业产业化经营，形成生产、加工、销售有机结合和相互促进的机制，推进农业向商品化、专业化、现代化转变。陕南立足区域农业资源禀赋和产业比较优势，以市场为导向，积极发展农业多种经营，桑蚕、茶叶、魔芋、食用菌、水果、药材、柑橘、黄姜、蔬菜等农产品产量进一步增长，商品率不断提高，产、加、销一体化初步形成。2002 年，党的十六大报告进一步提出，要积极推进农业产业化经营，提高农民进入市场的组织程度和农业综合效益。陕南各地因地制宜，确定特色农业发展重点，科学规划、合理布局，形成了一批优势突出、特色鲜明的特色农业产业集群，特色农业产业化、规模化、集约化发展成效显著。党的十八大以后，伴随着我国农业整体上进入提质增效的新阶段，陕南特色农业也进入调整产业结构和产品结构、提升产品质量和产业竞争力的新阶段。

一、探索起步阶段（1978—1997 年）

1. 特色农业生产专业化、商品化、社会化发展迅速

党的十一届三中全会以后，陕南农村改革和农业发展取得了巨大成就和历史性进步，农业生产经营方式从集体统一经营向以家庭联产承包责任制为基础的双层经营转变。到 1983 年初，陕南基本上全面实行了家庭联产承包责任制。这种新的农业生产经营方式在保持生产队体制不变，基本生产资料公有制不变的前提下，将集体全部或大部分耕地按比例合理搭配，承包给农户，生产工具也采用分户管理使用或作价归户所有，实行分户经营、自负盈亏、合同管理，极大地调动了农民生产的积极性。农户在完成公购粮任务和集体提留后，剩余粮食及农产品归农户所有，即“交够国家的，留足集体的，剩下全是自己的”。 随着家庭联产承包责任制的发展，陕南农业劳动生产率不断提高，农业生产迅速发展，一些农户家庭有了剩余劳动力和剩余时间，开始从事种植业、养殖业、加工业、运输业等农副业生产活动，涌现出一批农副业生产专业户、重点户和经济收入“万元户”。为适应商品经济发展的要求，各地专业户在自愿互利的原则上联合组成经济实体，将分散的资金、技术、劳动力和自然资源等生产要素结合起来，合作经营，并采取按劳分配或按股分红的方式，共担风险，共享收益。以汉中为例，到 1984 年底，各类专业户达 104 776 家，占总农户数 15.46%。到 1984 年底，汉中各类经济联合体达 369 个，从业人员 2 795 人，固定资产达 98.26 万元，总收入 349.07 万元，纯收入 140.22 万元。农业经济联合体的出现，为陕南农村合作经济注入了新的活力，有力地促进了陕南特色农业生产向专业化、商品化、社会化方向发展。

2. 特色农业产供销一条龙、贸工农一体化格局初步形成

家庭联产承包责任制普遍推行以后，为进一步提高农业生产力，充分发挥集体经济的优越性，进一步调动农民生产积极性，陕南各地不断

发展和完善家庭联产承包责任制，逐步建立起了集体经营与家庭联产承包责任制相结合的双层经营体制。通过延长土地承包期限，保障生产周期长的树木、果园、茶园、桑园、荒山坡造林以及幼林管护等承包期 50 年不变，赋予农民更加充分而有保障的承包经营权，增强了农民长期从事特色农业生产的积极性和主动性。1979 年，陕西省根据陕南自然特点，制定了陕南农业生产方针，即“要大力发展林特产品，在实现粮食自给的同时，逐步建设成林业、牧业和土特产品基地”。随着联产承包责任制和其他各项经济政策的推行，陕南在发展粮食生产的同时，大力发展以林、牧和土特产品生产为主的多种经营，取得了显著成效。到 1982 年，陕南粮食基本实现自给，茶叶、蚕桑、水果、棉花、油菜、药材等多种传统特色农业发展十分迅速，成为陕西省茶叶、蚕茧、水果、油菜、药材等农产品生产的重要基地。其中，茶叶产量从 1978 年的 1 408 吨增加到 1986 年的 3 112 吨，增长超过 120%，出现很多种茶大户和知名茶叶品牌。“午子仙毫”“秦巴雾毫”等一批茶叶品种，多次被评为国家级、部省级名优茶，受到市场消费者的欢迎。为适应茶叶商品生产的发展，陕南西乡等茶叶主产县先后成立了茶叶技术开发公司，实行产供销一条龙经营，茶叶生产经营水平逐年提高。与此同时，陕南的蚕桑、水果、棉花、油菜、药材等产业化进程不断加快。到 1997 年，陕南三市已经初步形成了各具特色的特色农业产业化运作体系，产供销一条龙、贸工农一体化的新格局开始显现。其中，安康以秦巴医药、安康丝绸、富硒食品等为重点，汉中以茶叶、中药材、蔬菜、丝绸、烟草、水果等产业的系列化开发为目标，商洛以核桃、板栗、肉牛、食用菌等山地优势产业为方向，通过引导建立“公司+农户”“公司+基地+农户”“社区+农户”等多种经营方式，积极推动特色农业的生产、加工、贮运、销售等各环节有机结合，解决特色农产品供给相对分散与需求相对集中的矛盾，为陕南特色农业走向专业化、商品化、现代化创造了有利的条件。

3. 乡镇企业兴起，龙头企业培育加快

20 世纪 80 年代，我国乡镇企业兴起，发展十分迅速。陕南各地在原有的社队企业的基础上，利用集资、引资和贷款兴办了一大批乡镇企业。其中，农业领域的乡镇企业大多是在原乡、村、组兴办的农场、林场、茶场、药场、食用菌场、菌种场、果园、鱼场等基础上发展起来的，主要从事茶叶、药材、果树、林木种植以及特色农产品加工。到 90 年代中后期，陕南乡镇企业中的农业企业接近 2 000 个。随着乡镇企业的发展壮大，企业参与特色农业产业化的过程不断深入，一些乡镇企业在原有特色农产品加工的基础上，不断延伸产业链，向种植、储藏、保鲜、运输、销售等环节拓展，发展成为农业产业化经营的龙头企业。1995 年，农业产业化经营从地方实践上升成为国家战略，培育龙头企业成为这一时期发展农业产业化经营的关键。在国家及地方政策的引导和扶持下，陕南各地积极推动乡镇企业股份制改造，培育和发展农业龙头企业，促进传统特色农业模式向现代产业化经营模式转变。

这一时期，尽管陕南特色农业逐步摆脱了计划经济的观念和体制束缚，恢复和发展了长期以来被阻断的特色农业与市场、与商品经济的联系，开始自主地面向市场，走向专业化、商品化、产业化。但受自然环境、地理条件、经济水平等多方面因素的影响，陕南特色农业产业发展仍然存在着基础薄弱、结构不合理、布局分散、规模偏小、发展动力不强、组织化程度低、龙头企业带动力不强等诸多问题，严重制约着陕南特色农业现代化发展步伐。

二、蓬勃发展阶段（1998—2010 年）

进入 21 世纪，随着我国农村经济结构的不断调整和西部大开发战略的实施，陕南特色农业进入加快发展的重要战略机遇期，特色农业产业化经营跨入了一个新阶段。2001 年，《中华人民共和国国民经济和社会发

展第十个五年计划纲要》中，将“合理调整农业生产区域布局，发展特色农业，形成规模化、专业化的生产格局，提高商品率”作为农业和农村经济结构调整的重要方向和推进农业现代化的重要途径。国家鼓励采取“公司加农户”“订单农业”等多种形式，大力推进农业产业化经营。陕西省政府立足陕南生物资源、农业资源、水资源丰富的优势，以建设绿色产业基地为重点，不断引导和推动陕南特色农业突破发展。2004年，陕西省人民政府《关于进一步推进我省西部大开发的若干意见》（陕政发〔2004〕39号）中将陕南药材作为陕西省壮大优势产业和培育新的经济增长极的重点之一，提出建立陕南现代中药产业基地，构建陕南现代中药产业体系，形成陕南以“药业为主、多业并举”的绿色产业发展新局面。2006年陕西省人民政府《关于陕南突破发展的若干意见》（陕办发〔2006〕33号）中进一步将中药产业作为陕南突破发展的重要支撑，并确定以茶、桑、畜、果、菜等农副产品为重点，做精做专陕南绿色农业产业。在国家战略及各级政府政策的引导和扶持下，陕南特色农业产业规模不断壮大，经营质量和效益显著提高。到“十一五”末，陕南特色农业基本实现产业布局区域化、基地建设规模化、生产品种良种化、优势农产品加工工业化、生产经营集约化。

1. 农业结构调整不断推进，特色农业集约化、规模化、集群化发展加快

为了改善农业产业布局不均衡不合理的状况，陕南各地按照高产、优质、高效的原则，在推动粮食总产量稳定增长、提高单产和改善品质的同时，充分发挥区域比较优势，因地制宜，利用本地资源、经济、市场、技术等方面的优势，加快发展具有本地特色的优势农产品，逐步形成了具有区域特色的农业主导产品和支柱产业。到2010年，汉中形成了以“猪、药、茶、菜”等为重点的主导产业，安康形成了以“烟、菜、果、茶、魔芋”等为重点的主导产业，商洛形成了以“核桃、栗、药、茶、烟”等为重点的主导产业，特色农业产值占农业总产值的比重超过

50%。在此基础上，一系列地理位置接近的生产和加工特色农产品的企业及辅助机构在一定的空间范围内聚集，形成一批特色农业产业集群，如茶叶产业集群、魔芋产业集群、烤烟产业集群、蚕桑产业集群等。通过产业集群内部不同组织的分工、合作，整合资源，降低交易成本，延伸产业链，打造区域品牌，发挥集群效应。在政府的引导和支持下，陕南以申请地理标志产品保护工作为契机，加强区域特色农产品公共品牌建设，打造了“汉中仙豪”“平利绞股蓝”“岚皋魔芋”“商洛丹参”等国家地理标志保护产品，形成以区域公共品牌为主导、企业自主品牌为特色的立体化品牌发展格局，推动陕南特色农业向集约化、规模化和集群化方向发展。

2. 绿色农业兴起，特色农业绿色化进程加速

20世纪90年代以来，面对农业生态环境的日趋恶化和绿色消费趋势的悄然出现，以绿色农产品经营为核心，强调生态效益和社会效益相结合的绿色农业在我国逐渐兴起。这种具有可持续发展特征的新型农业生产经营方式成为推进我国特色农业经营体系变革的重要方向。与关中和陕北地区相比，青山绿水、碧草蓝天是陕南最大的优势和特色，这种独特的资源环境不仅为陕南特色农业提供了良好的发展条件，也为发展绿色农业奠定了基础。在发展绿色产业、建设绿色陕南战略目标的引导和支持下，陕南以保护生态环境为前提，以加快发展为主题，以绿色产业为主攻方向，依托资源禀赋，制订了茶叶、中药、魔芋、食用菌、蔬菜等区域特色农业产业发展规划，开发绿色产品，推广绿色生产技术，建设绿色基地，推动传统特色农业向绿色化方向转型。以汉中为例，到“十一五”末，汉中绿色植物种植企业548家，加工企业100余家，药、茶、菜、果规模种植企业（户）305家。汉中的山茱萸、天麻通过国家GAP认证，汉中附子、略阳天麻、佛坪山茱萸、略阳杜仲、略阳猪苓等获得国家原产地地理标志认定。与此同时，一大批优质特色农产品通过无公害、绿色、有机产品认证。以商洛为例，到2007年，商洛认定无公害农

产品生产基地已达 32 个，认证农产品 26 个。伴随着陕南特色农业绿色化进程的推进，以现代中药、绿茶、无公害蔬菜和绿色核桃等为主导的陕南特色农业不断向更宽广的领域、更开放的市场扩展。

3. 新型农民合作经济组织快速发展，功能不断完善

陕南传统的农民合作经济组织是在计划经济体制下逐步建立起来的，主要包括供销合作社、信用合作社和社区集体经济组织。中华人民共和国成立初期，这些合作经济组织在改造陕南小农经济、推动陕南农村经济发展方面发挥了十分重要的作用。然而，受计划经济体制的影响，这些合作经济组织行政色彩比较浓厚，合作属性较弱，功能和作用有限。在市场经济条件下，如何发挥合作社的功能，推动分散的小农户在生产经营中与市场对接一直是困扰陕南特色农业产业化经营的突出问题。进入 21 世纪后，在政府相关政策的引导和支持下，陕南围绕茶叶、食用菌、蔬菜、干果、蚕桑、魔芋、药材等特色农业的生产经营型合作社发展很快，呈现出数量规模快速增长，覆盖范围不断扩大，功能和作用不断延伸的良好态势。截至 2010 年底，陕南农民专业合作社达 1 978 个，入社社员超过 8 万户，带动农户超过 15 万人。与传统的农民合作经济组织相比，新型农民专业合作组织不仅向农户提供准确及时的市场信息，推广新生产种植技术，提供专业技术培训指导，而且还帮助农户获得订单合同，提供特色农产品销售、加工、运输、贮藏等方面的服务。这种新型农民合作经济组织不仅为农户架起了连接市场的桥梁，提高了农民生产经营的组织化程度，而且极大地降低了农民生产经营成本，增强了农民防灾抗灾、抵御风险的能力，提高了陕南特色农业产业化经营的整体水平。

4. 龙头企业不断壮大，示范带动效应增强

龙头企业是陕南特色农业发展的重要支柱，充当着外联市场、内结农户的双重角色。龙头企业的生产经营规模和水平，直接决定着整个农业产业化经营的规模和水平。21 世纪初，为加快特色农业产业化龙头企

业发展，陕南各地立足实际，依托资源优势，以茶叶、食用菌、中药材、桑蚕、蔬菜、魔芋、烤烟、干果等优势特色产业为重点，通过市场引导、政策扶持和产业吸引等措施，着力扶持和培育了一批竞争力强、带动性显著的龙头企业，逐步形成依托龙头、培育品牌、带动基地、拓展市场的发展格局。以汉中为例，2010 年汉中各类农业产业化企业接近 400 个，其中国家级重点龙头企业 1 个、省级重点龙头企业 27 个、市级以上重点龙头企业 131 个。各级龙头企业总资产达 53.5 亿元，固定资产 18.7 亿元，销售收入超过 65 亿元。与 2009 年相比，龙头企业的总资产、固定资产和销售收入分别增长 29.4%、14%和 17.9%。在龙头企业的引领和带动下，汉中"猪、药、茶、菜"等四大农业主导产业 2010 年完成产值 113.69 亿元，占汉中全市农业总产值的 59.7%。特色农业产业成为汉中农业增效、农民增收和农村发展的重要支撑。这一时期，在政府的引导和扶持下，龙头企业牵引、规模化生产、集约化经营逐渐成为陕南推进特色农业产业化经营的新模式。

总之，21 世纪初期是陕南特色农业产业化发展的关键时期，也是各类经营主体成长和壮大的重要时期。这一时期，随着社会主义市场经济体制的不断完善和农村经济体制改革的持续推进，陕南特色农业与市场的对接更加紧密，特色农产品的市场化水平和综合生产能力显著提高，产业化水平大幅提升，形成以农业龙头企业为核心、农民合作社为纽带、农户为基础的多种形式的产业化经营模式，极大地促进了陕南特色农业产业化、现代化进程。同时，绿色发展成为这一时期陕南特色农业最突出的目标追求和最鲜明的发展底色。但是，受资金、人才、管理、服务、科技等多方面因素的影响，陕南特色农业产业化经营仍然存在着经营规模小、生产管理粗放、销售渠道单一、产业集群集聚度低、专业人才匮乏、产业创新能力弱、服务体系不健全、市场竞争力不强等多方面的问题，严重制约着陕南特色农业产业化经营向纵深发展。

三、创新提高阶段（2011 年至今）

进入“十二五”后，随着工业化、城镇化的快速推进，陕南特色农业进入从传统向现代转型的关键时期。一方面，陕南城镇化过程中城市人口的持续增长，导致绿色优质特色农产品市场需求迅速增加，消费者对特色农产品质量和安全提出更高要求。另一方面，基于移动互联网、大数据、云计算、物联网等新一代信息技术与农业的跨界融合形成的互联网农业蓬勃发展，这种建立在产品标准化基础上的新型农业发展模式倒逼特色农业生产标准化和特色农产品质量稳定化。更为重要的是，传统粗放的农业生产方式对陕南脆弱的生态环境造成严重的破坏，难以为继。陕南特色农业发展已经到了转型发展的重要节点，进一步转变观念，调整优化特色农业的品种结构、产业结构和区域布局，势在必行。《全国主体功能区规划》和《陕西省主体功能区规划》相继发布，根据规划，陕南除汉中的汉台区、城固县和安康的汉滨区为省级重点开发区域外，大部分地区均属于限制开发区域。转变开发方式，优化农业生产布局和品种结构，修复生态、保护环境，提供生态、安全、优质的农产品成为陕南特色产业发展的新方向。在这种背景下，为了顺应市场需求的新变化和特色农业发展的新趋势，保护陕南生态环境，推动陕南绿色循环发展，陕西省政府在《陕西省农村经济发展“十二五”规划》中，明确提出要通过进一步加强生态建设，大力发展循环农业，大力培养现代农业经营主体，促进农业生产经营专业化、标准化、规模化和集约化，并要求因地制宜地发展陕南中药材、茶叶、蚕桑、特色经济林等区域性特色产业，提高“粮、果、畜、菜”产业化水平。在国家相关规划和政府政策的引导下，陕南特色农业产业化经营进入向绿色循环转型发展的新阶段，农业生态环境不断改善，生产要素持续更新，经营方式不断优化升级，走向了可持续发展的良性循环轨道。

1. 新型农业经营主体快速发展，全产业链农业经营体系建设兴起

集约化、规模化、组织化、社会化是现代农业对经营方式的内在要求，也是特色农业向现代化发展的必然选择。“十二五”以来，面对传统农业经营体系存在的诸多问题，陕南各地以构建现代农业经营体系、生产体系和产业体系为重点，加快转变特色农业的经营方式、生产方式、资源利用方式和管理方式，推进特色农业现代化发展。一方面，加快培育家庭农场、生产大户、专业户、专业合作社、农业龙头企业等新型农业经营主体，推动特色农业向规模经营发展。目前，陕南市级以上农业产业化重点龙头企业达 541 家，市级以上现代农业园区达 506 个，农民专业合作社总数达 7 186 个，家庭农场、达 1 531 个，如表 3-6 所示。另一方面，加强职业农民培训，新型职业农民快速成长。新型职业农民一般分为生产经营型、专业技能型、社会服务型和新生代型四类。截至目前，陕南职业农民总数超过 11 万人，以生产经营型和专业技能型为主。为引导职业农民与特色产业发展融合，陕南根据不同特色农业发展特点和要求，建立了不同特色农业产业的实训基地，对各产业职业农民开展全程化实训、全方位指导、全链条服务，不断提高职业农民的发展能力和创新水平。此外，各级职业农民协会也在陕南各地相继成立，着力于带动陕南特色农业发展，提升职业农民的组织化程度，促进特色农业产业扶贫，推广先进农业技术服务。现阶段，陕南部分农业龙头企业、农民合作社、家庭农场及其他利益相关者，按照优势互补、分工协作、合作共赢原则，组建了一些集生产、加工、服务于一体的新型农业产业化经营组织联盟。各类新型农业经营主体依托陕南优势特色主导产业，共同致力于特色农业原料端、生产端、加工端、流通端以及消费端等各个环节的开发，推动特色农业产业上、中、下游的有效衔接，特色农业全产业链农业经营体系正在形成。

表 3-6　2017 年陕南新型农业经营主体数量统计表

地区	市级以上 龙头企业/家	市级以上 现代农业园区/个	农民专业 合作社/个	家庭农场 /个	职业农民 /个
汉中	213	191	3 783	794	2 393
安康	192	267	1 190	286	5 940
商洛	136	48	2 213	451	3 346
合计	541	506	7 186	1 531	11 679

数据来源:《2017 年安康农业稳步发展 主导产业三升两降》，安康统计局;《2017 年商洛农业工作呈现十大亮点》，商洛市人民政府网;《2017 年汉中市政府工作报告》，汉中的统计数据为 2016 年数据。

2. 土地流转规模不断扩大，特色农业规模化经营进入新阶段

土地是最根本的农业生产资料，土地规模化经营是特色农业规模化经营的前提和基础。“十二五”以来，伴随着工业化、城镇化的快速推进以及农村土地承包经营权确权登记颁证的相继完成，陕南农民土地流转的意愿不断提高，农村土地流转面积逐渐加大，流转速度不断加快。到 2017 年底，陕南三市农村土地承包经营权登记工作全面完成，累计流转土地近 300 万亩，部分地区土地流转率超过 30%。与以往的土地流转方式相比，这一时期陕南土地流转主体日趋多元化，流转方式趋于多样化、复杂化。一方面，土地流转主体从过去的以亲友邻居为主，转向以专业大户、合作社、家庭农场等新型农业经营主体为主。另一方面，土地流转的方式从过去的代耕代种，转向土地转包、土地使用权转让、土地互换、土地入股、土地租赁等多种方式。此外，除农民的土地经营权参与流转外，村集体也直接将集体经济组织直接经营的机动地和集体林地、草地、果园、渔塘以及“四荒地”（即荒山、荒沟、荒丘、荒滩）等农村土地参与土地流转。土地流转规模的不断扩大，不仅盘活了陕南大量闲置的土地资源，提高了土地利用率，而且改变了陕南传统的一家一户分散经营的状况，使土地向新型农业经营主体集中，直接推动了茶叶、蔬菜、园林水果、食用菌和特色中药材等产品的生产逐渐向规模化、专业

化的农户、农民专业合作社和农业企业聚集，促进了陕南集约化、专业化、组织化、社会化相结合的新型农业经营体系的建设和发展。以安康为例，“十二五”期间，安康共流转土地 127.8 万亩，其中土地流转到现代农业园区 69.5 万亩、农民专业合作社 18.6 万亩、家庭农场 1 万亩、种养大户 24 万亩。土地经营的规模化、集约化水平不断提升，有力地推动了安康的蔬菜、魔芋、茶叶、烤烟、园林水果、中药材等特色农业规模化、产业化发展。到 2017 年，除烤烟的种植面积和产量有所回落外，安康的蔬菜、魔芋、茶叶、水果、中药材的种植面积和产量均呈现大幅度增长。其中，魔芋的种植面积、产量均超过 100%。目前安康的魔芋种植规模位居陕西第一，产量已经占到全国魔芋产量的 1/10，成为全国魔芋四大核心产区之一，如表 3-7 所示。

表 3-7　2010 年、2017 年安康特色农产品种植面积和产量对比情况

年份	2010 年		2017 年		增长率	
种类	种植面积/万亩	产量/万吨	种植面积/万亩	产量/万吨	面积增长率/%	产量增长率/%
蔬菜	92	108.3	117.5	160.8	27.72	48.48
茶叶	40	0.84	75.18	2.36	87.95	180.95
魔芋	12.6	19	35.6	38	182.54	100
园林水果	3.94	16.76	52	23.9	1 219.80	42.60
烤烟	14	2.19	14.2	2.06	1.43	−5.94
中药材	36.7	19.3	70	25.32	90.74	31.19

数据来源：《2010 年安康市国民经济和社会发展统计公报》《2017 年安康市国民经济和社会发展统计公报》。

3. 特色农业与精准扶贫紧密结合，特色农业产业化经营新模式不断涌现

陕南属于秦巴集中连片特困区和川陕革命老区，其中 27 个县（区）属于国家级集中连片特殊困难县（区）及扶贫开发工作重点县（区），贫困面积大、贫困人口多、贫困程度深、脱贫难度大。近年来，根据国家

和陕西省扶贫攻坚战略要求，陕南各地将特色农业产业作为推进精准扶贫、提升脱贫“造血”功能的重要途径，按照“一村一品、一镇一业、一县一业”的发展思路，依托茶叶、蔬菜、魔芋、食用菌、中药材、园林水果等多个带动能力强的特色产业，以特色农产品的规模化种植和深度开发为重点，通过政府主导推动、龙头企业带动、合作组织互动、农业园区牵动、能人大户联动、扶贫干部扶助促动等措施，引导各类市场主体与贫困户建立起紧密的利益联结机制和合作帮扶机制，鼓励和带动贫困户广泛参与特色农业产业发展各环节的生产经营活动，帮助贫困户增加收入，实现精准脱贫。截至目前，陕南借助贫困村和贫困户的土地、林地等资源，结合市场主体的资金、技术、管理、市场优势，在贫困村建设了一批规模化、高质量的特色农业产业基地，形成了以茶叶、食用菌、油菜、柑橘、中药材、蚕桑、特色林产等为主的特色农业产业带，带动几十万贫困人口从事特色农业生产经营活动，产生了良好的经济和社会效益。以汉中为例，2017 年，汉中 94 家农业龙头企业分别带动 1.3 万户贫困户脱贫增收，龙头企业、农民专业合作社等新型经营主体带动贫困户覆盖率达 60%左右。在产业扶贫的具体实践中，陕南各地立足实际，因势利导，在传统扶贫模式的基础上，探索创造出“一村一品一社一园（合作社）+贫困户”“龙头企业+大户+农户（贫困户）”“合作社+基地+能人大户+贫困户”“政府+能人大户+贫困户”“电商企业+农民专业合作社+贫困户”“农产品加工企业+基地+贫困户”“龙头企业+农业园区+贫困户”等多种扶贫模式。特色农业产业化经营新模式的不断涌现，不仅为陕南贫困人口稳定增收脱贫提供了重要保障，而且也极大地推动了陕南贫困乡镇、贫困村特色农业向规模化、市场化、产业化方向发展，提升了陕南特色农业产业化经营的整体水平。

4. 特色农业与互联网对接，特色农产品电子商务发展迅速

长期以来，产品销售难一直是阻碍陕南特色农业发展的突出问题，也是制约陕南特色农业产业化经营的重要因素。近年来，随着互联网和

信息技术的快速发展，陕南特色农业开始与互联网对接，通过利用各种信息通信技术以及互联网平台，推动特色农业生产、组织、营销、管理、金融和服务等各环节网络化、信息化、智能化发展，从而不断延伸和拓展特色农业产业链，提高农业组织化程度，降低农产品的交易成本，促进特色农业资源优化配置。到 2017 年底，陕南三市共注册电商企业超过 2 500 家，建成县级电商服务中心 30 个，镇、村电子商务服务站（点）2 000 多个，初步形成了由县级电商服务中心、镇级电商服务站、村级电商服务点构成的农村电子商务综合服务体系。与此同时，陕南积极推进与阿里巴巴、京东等国内知名电商平台的合作，建成了一些以陕南特色农产品、名优特食品、工艺品、旅游产品等为主的地方特色产品专馆专区。目前，陕南农特产品的交易额占电商产品交易总额的比重达 30% 左右。在省市级现代农业园区中，陕南 80% 以上的园区都通过淘宝、微信搭建起农产品电子商务平台。其中，汉中仙毫、紫阳富硒茶、商洛香菇等具有地方特色的优质农产品线上销售走俏，深受消费者欢迎。“互联网+特色农业”的对接融合，打破了陕南传统特色农业发展的局限，不仅使陕南特色农产品通过互联网走向大市场，提升了陕南特色农产品的知名度，而且也极大地推动了陕南特色农业经营体系的变革和发展。在互联网时代，特色农产品的互联网化，倒逼陕南特色农业提高自身的标准化、规模化和组织化程度，从而在一定程度上推动了特色农业产业化经营体系向标准化、规范化和现代化转型。

5. 特色农业与相关产业互动融合，全产业链开发进程加快

农业与二、三产业融合是现代农业发展的重要趋势。“十二五”以来，陕南在加快发展农产品加工业的同时，依托特色农业资源，挖掘特色农业的生产、生活、生态功能，推动特色农业与旅游产业、文化产业、服务产业之间打破产业边界，相互交叉，彼此渗透，走融合共生、协同发展的新道路。通过与相关产业的互动融合，陕南特色农业被赋予了新的附加功能和市场价值，产业链条持续延伸，特色农业功能加快拓展，不

仅促进了传统特色农业产业创新，推进特色农业产业结构转换与升级，而且还孕育和催生了一大批融合型的产业新业态、新模式，为陕南特色农业产业化经营体系变革和创新奠定了坚实的基础。当前，特色农业与旅游业、文化创意产业融合呈现加速发展态势，休闲农业、特色农业旅游、特色农业创意产业等新业态、新模式相继涌现，规模不断扩大，成为陕南特色农业转型升级中最突出的亮点。以休闲农业为例，通过挖掘陕南特色农业的休闲观光、农事体验、生态保护、文化传承等功能，延伸和拓展特色农业产业链，培育多元化、市场化的融合主体，陕南特色农业新型经营主体规模持续扩大，经营模式逐渐从传统的“产加销”向现代产业联合经营转变。截至 2017 年，陕南休闲农业经营主体发展到 4 500 多家，休闲农家、休闲观光农庄园 4 700 多家，建成全国休闲农业与乡村旅游示范县 4 个。与此同时，陕南农产品加工业快速发展，产业集聚程度明显提高，科技创新能力不断增强。截至 2017 年，陕南农产品加工企业超过 1 500 家，农产品加工产值比接近 2∶1。特色农产品加工从传统的初制加工向精深加工延伸，产品附加值不断提升，以食品加工为主的特色农产品精深加工业产业园区规模不断扩大，形成了特色农业上中下游一体、协同发展的良好格局。

当前，陕南特色农业逐渐摆脱了传统分立、孤立的发展模式，进入跨界融合、互动协同、全产业链开发的新阶段，新型经营主体规模不断壮大，组织方式和运行机制更加完善，特色农业生产经营的专业化、标准化、规模化、集约化、组织化程度进一步提高，综合效益大幅度提升。但是，由于受地域环境、生产条件、加工技术、资金、人才等多方面因素的制约，陕南特色农业产业化经营还存在经营主体整体素质不高、带动辐射作用不强、产业链之间关联与合作不强、产品供求结构不够合理、产品附加值低、市场竞争能力不强等诸多问题。

第三节　陕南特色农业产业化经营演进的内在逻辑和主要特征

独特的自然地理环境、悠久的生产种植历史是陕南特色农业绵延千年的基础。立足市场、不断创新是陕南特色农业产业化发展的动力和源泉。在不同的历史时期，明确优势、突出特色、扬长避短是陕南特色农业由小到大、由弱到强发展的重要特征。在市场经济的推动下，陕南特色农业产业化经营经历了从探索起步、快速发展到创新提高的不同发展阶段，基本完成了从产品经营向产业经营转换，并开始向资本运营阶段发展。纵观陕南特色农业产业化经营的历史演进，不难发现，陕南特色农业产业化经营的过程本质上是对陕南传统特色农业进行改造的过程，也是农业产业适应社会主义市场经济体制的自我调整和发展创新的过程。以市场为导向，以消费者不断提高的优质特色农产品需求为出发点，围绕特色农业的价值识别、功能发掘和市场开发，推动特色农业现代化是陕南特色农业产业化经营内蕴的主要逻辑和根本使命。在这一过程中，陕南特色农业表现出产业主体多样化、经营动力多元化、经营模式集约化、运行机制市场化等多方面特征。

一、陕南特色农业产业化经营演进的内在逻辑

农业产业化经营是市场农业的必然产物，也是农村经济发展由计划经济向市场经济转轨的重要趋势。我国农业产业化经营发轫于 20 世纪 80 年代中期。与国内发达地区相比，受经济条件、地理环境等多方面因素的制约，陕南特色农业产业化经营起步较晚。直到 90 年代初，随着市场

经济的不断发展和完善，陕南才开始进入农业产业化经营阶段。经过 30 多年的探索和实践，陕南特色农业产业化经营的规模、层次和综合效益均实现了历史新突破，达到了前所未有的新高度。纵观陕南特色农业产业化经营历程，不难发现其具有以下三个方面的特征。

1. 特色农业产业化经营与农村市场经济发展紧密结合

我国农业产业化经营发展早期主要集中在市场经济发育较早、产业基础较好的发达地区。陕南受传统观念、地理环境和经济基础等多方面因素的制约，市场经济发展较为迟缓，传统的小农经济思想和农户的小生产观念转换相对较慢，龙头企业与农户的利益联结不稳定，导致特色农业产业化经营的动力不足、活力不强、运行约束机制不健全。进入 21 世纪后，随着我国市场经济体制改革的不断推进，陕南市场经济发展较快，市场机制对特色农业资源配置、产品开发、价格形成、供求调节等方面的作用不断增强，使得特色农业生产经营活动的市场化程度不断提高，特色农业资源市场化进程不断加快，特色农业产业布局和产业结构不断优化。农业龙头企业、农民专业合作社、种植大户、家庭农场等一大批农村新型市场主体快速成长和发展。通过与农户建立稳定的利益共同体，有力地促进了陕南特色农业经营方式和产业组织形式向产业化、市场化、现代化转型。因此，从陕南特色农业产业化经营发展的过程来看，陕南特色农业产业化经营与农村市场经济发展具有高度的相关性。市场经济的发育和发展程度在一定程度上影响和决定着陕南特色农业产业化经营的发展水平。当市场经济发展处于较低水平时，特色农业产业化经营也处于缓慢发展阶段。随着市场经济发展的不断加快，陕南特色农业产业化经营也随之进入加快发展的新阶段。

2. 特色农业产业化经营与政府规划、发展政策紧密结合

推进特色农业走产业化发展道路是我国调整农业和农村经济结构的重要战略方向。陕南特色产业化经营的每一阶段与国家经济发展战略和农业政策调整密切相关。特别是进入 21 世纪后，随着我国经济发展战略

从非均衡发展战略向区域统筹的均衡发展战略转变，为陕南区域经济发展和产业结构调整创造了前所未有的机遇和环境。陕西省政府立足陕南的区位、自然和资源禀赋条件，提出了陕南突破发展的战略构想和绿色循环发展的基本方向。根据国家和陕西省经济发展战略调整方向和目标要求，陕南各地的特色农业产业化经营从最初的“培育发展专业种植户、鼓励产供销、贸工农一体化”发展到现阶段的“发展壮大龙头企业，构建全产业链体系”，每一个发展阶段都离不开政府的规划引导和政策扶持。实践证明，只有遵循科学合理的战略规划，因地制宜，培育、选择和确定主导产业，制订特色农业产业发展规划，确定发展方向、发展目标和发展重点，扶持发展农产品加工业，壮大龙头企业，培育优质名牌农产品，塑造陕南特色农产品整体品牌形象，推进特色农业与旅游产业、文化产业融合发展，陕南特色农业产业化经营才能进入更高层次的发展阶段。

3. 特色农业产业化经营与扶贫攻坚紧密结合

陕南地处秦巴山区，贫困人口多、贫困程度深，大部分贫困人口主要集中在农村，扶贫任务十分艰巨。长期以来，面对家庭分散经营生产规模小、要素配置不优，贫困人口发展动力和能力弱，技术和资金匮乏等问题，陕南各地依托独特的农业资源和悠久的历史文化，将发展特色农业作为扶贫减贫和农民增收致富的重要途径。20 世纪 80 年代，陕南鼓励和支持贫困户从事茶叶、蚕桑、中药材、烤烟等传统优势特色农业种植、生产、加工活动，帮助贫困户拓展增收渠道、增加收入。近年来，陕南积极创新扶贫方式，将帮扶的重点从资金救助向产业深度扶贫转变，把贫困户嵌入特色农业产业链条的各个环节，通过各种产业组织化形式，使贫困人口深度融入特色农业产业化经营活动中，与农业龙头企业、专业合作社、生产基地、种植大户等构建起合理的利益联结机制，形成稳定的利益共同体，共同发展，共享特色农业产业化经营红利。

二、陕南特色农业产业化经营的主要特征

特色农业产业化经营是陕南特色农业和农村经济发展到一定阶段的必然产物。在不同的发展阶段，陕南特色农业产业化经营水平始终与陕南农业生产力发展水平、社会化服务程度紧密相连。随着陕南市场经济的不断发展和农业生产力及社会化服务水平的不断提高，陕南特色农业产业化经营的主体、动力、模式以及发展方式将发生深刻变化。

1. 经营主体多样化

农户、农业龙头企业是陕南特色农业产业化经营早期的最重要的主体和利益相关者。其中，农户是特色农业产业化经营的基础，农业龙头企业则是产业化经营的核心。农业龙头企业与农户合作，形成的“龙头企业+农户”的生产经营模式是陕南特色农业产业化经营早期的主导模式。随着市场经济体制的不断发展和完善，农民专业合作社、种植大户、家庭农场、职业农民等新型经营主体快速成长，陕南特色农业经营主体日益多样化。与此同时，为加快特色农业产业化发展，近年来陕南各地允许、鼓励民间和社会资本进入农业领域，从事特色农业生产、加工和流通活动，使陕南特色农业产业投资主体也呈现出多元化趋势。

2. 经营动力多元化

市场是特色农业产业化经营的原动力，政府是特色农业产业化经营的重要推动力。自 20 世纪 90 年代以来，陕南特色农业产业化经营经历了从农户生产导向向市场主导的巨大转变，逐渐形成了市场主导、政府引导的发展模式。一方面，在特色农业资源配置、特色农产品价格形成中，市场机制的决定性作用进一步扩大；另一方面，陕南各地政府通过不断深化改革和创新，制订规划，建立引导机制，完善政策，加强社会服务，积极为特色农业产业化经营提供一个宽松的政策和生态环境。在这一过程中，以农民专业合作社、行业协会等为代表的中介组织逐渐发展壮大，成为推动陕南特色农业产业化经营不可或缺的重要力量。

3. 经营模式综合化

20 世纪 90 年代初，陕南开始发展的特色农业产业化经营通过“龙头企业+农户”的方式，联结特色农业再生产的产前、产中、产后环节，引导分散的农户小生产逐渐转变为社会化大生产。经过 30 年的持续推进，逐渐形成农民专业合作组织、特色农产品基地、加工企业、家庭农场、种植大户、农贸市场、特色农产品协会及农民经纪人等多种经济实体相互依存、相互促进、互惠互利的特色农业产业化经营模式。不同经营主体立足市场需求和自身优势，与相关主体建立合作关系，在“龙头企业+农户”经营模式的基础上，探索形成了“龙头企业+基地+专业合作社+农户”“家庭农场+专业合作社”“龙头企业+合作社+种植大户”“龙头企业+基地+农户”“协会+农户+农贸市场”等功能更完善、联结更紧密的综合性经营模式。通过不同主体联合生产经营，促进陕南特色农业资源合理配置，建立和完善相关利益主体之间的分配机制，极大地调动了各主体生产经营的积极性，在一定程度上解决了农户分散经营与大市场需求之间的矛盾。

4. 经营技术现代化

现代科学技术是推动陕南特色农业产业化经营的关键要素。在陕南特色农业产业化经营早期，科学技术尤其是现代农业科学技术的作用并没有发挥出来，科研成果转化率较低，科学技术服务供给与特色农业生产需求的矛盾较为突出。随着市场经济的不断发展，科研机构与陕南特色农业产业化经营主体在特色农业研究领域的科研合作逐渐加强，越来越多的科研成果被应用到特色农业生产、加工、流通的全过程。特别是近年来，随着“互联网+”和大数据革命的兴起，新一代信息技术开始向陕南特色农业生产、经营、服务领域渗透，陕南农村电子商务、农商直供、产地直销、食物短链、会员配送、个性化定制等新型经营理念逐渐得到实践和推广。现代科学技术已成为引领陕南特色农业产业化发展，推动陕南特色农业规模经营的一个重要支撑。

5. 服务体系社会化

陕南特色农业产业化经营早期的社会化服务主要由政府涉农行政部门和涉农事业单位提供，服务体系不健全，服务能力不强，对特色农业产前、产中、产后各环节所需的信息、技术、资金、物资、经营、管理等服务和支持有限。进入 21 世纪后，在政府的引导下，农民专业合作社、专业协会、涉农企业等新型经营主体开始参与公共服务，搭建特色农业社会化服务平台，逐渐形成多层次、多形式、多元化的农业社会化服务体系，有力地促进了特色农业各生产经营要素更直接、更紧密、更有效的结合和运行。

总之，陕南特色农业历史悠久，种类丰富。在漫长的发展过程中，陕南农业历经秦汉的兴盛、魏晋的衰退、隋唐的繁荣、宋元的持续发展和明清的衰落，在艰难曲折中缓慢前行。中华人民共和国成立后，陕南特色农业逐步得到恢复和发展，特别是在改革开放后，随着农村市场经济的不断发展，陕南特色农业进入产业化发展的新阶段。从初期的探索起步、快速发展到现阶段的转型发展，陕南特色农业产业化经营规模不断壮大，经营水平持续提升。纵观陕南特色农业产业化经营的历史演进过程，不难发现，陕南特色农业产业化经营不仅与陕南农村市场经济发展紧密结合，也同国家经济发展战略调整和产业发展规划紧密相连。此外，随着陕南扶贫攻坚的不断推进，特色农业产业化经营和陕南贫困人口减贫脱贫紧密结合在一起。当前，陕南特色农业产业化经营呈现出产业主体多样化、经营动力多元化、经营模式综合化、经营技术现代化、服务体系社会化等多方面特征。

第四章 陕南主要特色农业产业化经营现状

特色农业是陕南农村经济发展的重要支撑，也是陕南农业产业结构调整的核心环节。在陕南经济转型发展的关键时期，特色农业产业化经营不仅是推进陕南农业和农村现代化的重要途径，也是实施乡村振兴战略的必然要求。经过长期的历史积淀和市场选择，陕南逐渐形成了以茶叶、蔬菜、中药材、水果、烤烟和蚕桑等为主导的特色农业产业，并创造了多种产业化经营模式。本书基于陕南特色农业的历史传统、产业基础和比较优势，重点选择茶、桑、果、菜、药、烟六大产业，总结和概括陕南特色农业产业化经营情况和经营模式，不仅为客观认识和评价陕南特色农业产业化经营的阶段性特征提供依据，而且也为全面推进陕南特色农业产业化经营提供参考。

陕南特色农业发展历史悠久，茶、桑、果、菜、药、烟种类繁多，充满了浓郁的地域特色和丰富的文化内涵。长期以来，深入发掘和利用陕南特色农业资源，推动陕南特色农业资源优势转化为产业优势和经济优势一直是陕南特色农业发展的重要目标。历经几十年的探索实践，陕南从特色农业的众多种类中选择具有一定导向性和带动性的产业，作为区域主导产业，并进行培育和发展。当前，陕南的茶叶、桑蚕业、林果业、蔬菜、中药材、烤烟等都已经进入规模化、产业化发展阶段。其中，在市场上拥有较高知名度和较大影响力的主要有陕南的茶叶、蚕桑、水果和绿色蔬菜等特色产品。

第一节　陕南茶叶产业化经营现状

陕南属于我国产茶北区，是陕西省茶叶主产地。大部分茶园分布在丘陵、高山地带，土壤有机物含量高，富含硒和氨基酸等多种微量元素。由于产茶季节温度适中，不易发酵，陕南茶叶自古以来大都按照绿茶生产工艺加工，茶叶种类主要以绿茶为主。近年来，在各级政府的引导和支持下，陕南依托茶叶绿色天然优势，一方面积极优化茶类和茶树品种结构，不断加大茶叶新产品开发力度，使得红茶、黑毛茶、白茶、乌龙茶相继研制成功并进入市场，逐渐形成了绿茶、红茶、黑茶、白茶、黄茶、乌龙茶等多个茶类相互补充的发展格局；另一方面积极发展“汉中仙毫”“紫阳毛尖”“秦岭泉茗”等名优茶生产，建设高产密植生态茶园，强化绿色有机认证，推行茶叶绿色生产技术，不断提升陕南茶叶品质。此外，陕南加快完善茶叶产业链步伐，大力培育产加销龙头企业，鼓励、引导具有一定实力的企业联合协作，抱团经营，形成了多种经营模式，促进陕南茶叶产业化经营水平全面提高。

一、陕南茶叶生产规模与分布情况

茶叶是陕南传统特色产业之一，种植历史悠久，栽培技术和加工技术已较为成熟，茶园面积和茶叶产量大，产品品质优良。目前，陕南 3 市 28 个县区 447 个乡镇（办）中，有 21 个县区、241 个乡镇（办）118.5 万茶农从事茶叶生产。如图 4-1 所示，自 2010 年以来，陕南茶叶种植面积和产量均呈现稳步增长态势，截至 2017 年底，陕南茶园面积达到 228.6 万亩，产量达到 7.42 万吨，同比 2016 年分别增长 11.98%、19.41%。其中平利、紫阳、西乡、商南四个茶叶主产县的茶园面积和产量分别占陕南茶园面积和产量的 45% 左右，先后获得了“中国茶叶百强县”和“中国名茶之乡”等美誉。在茶叶种植面积和产量稳步增长的同时，陕南茶叶加工、销售企业规模也不断壮大。据不完全统计，陕南现有茶叶加工企业已经超过 1 400 家，茶叶专业合作社超过 420 家。以汉中为例，到 2016 年，汉中茶叶产销企业 1 832 家，其中，加工企业 918 家，经营企业 761 家，茶叶专业合作社 153 家。规模以上茶叶企业 42 家，占汉中规模以上工业企业总数的 9.4%，市级以上重点龙头企业 49 家，其中省级龙头企业 11 家。茶叶生产实现了从传统手工加工到机械加工，从以往分段加工到清洁化生产线加工的转变。目前，陕南拥有清洁连续化生产企业 40 家，生产线 81 条。汉中已经建成省市级茶叶现代产业园区 36 个，其中省级 10 个。茶产业已成为陕南农村经济发展的重要引擎和农民脱贫致富的主要渠道之一。

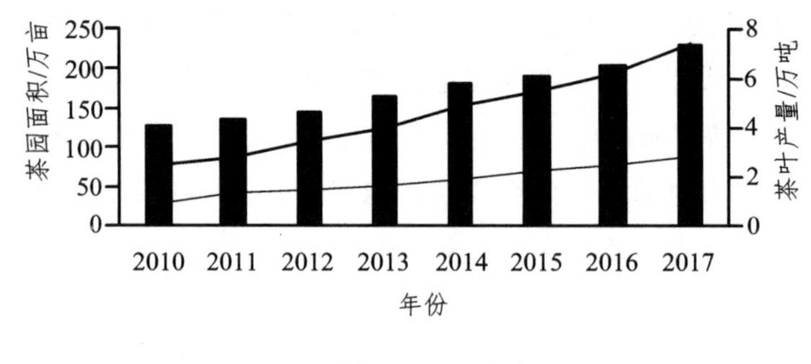

图 4-1　陕南茶叶种植面积和产量增长趋势示意

二、陕南茶叶产业化经营的主要模式

在陕南茶叶产业化实践的过程中，各地因地制宜，创建了多种产业化经营组织形式，逐渐改变了陕南茶产业组织形式从“千家万户”种茶制茶卖茶的原始经营模式。根据经营内容和参与主体的不同，产业化经营模式大体上可以分为龙头企业带动型、合作经济组织带动型、专业市场带动型和混合型四种。

1. 龙头企业带动型

龙头企业带动型指以茶园种植、茶叶加工、运销企业为“龙头”，围绕茶产业，实行供应、生产加工、销售一体化经营，主要包括“龙头企业+农户”“龙头企业+基地+农户”“龙头企业+专业合作社+种茶大户”等多种类型。陕南茶叶龙头企业大多为茶叶加工流通企业，主要通过与茶农、茶叶生产基地、专业合作社、种茶大户建立有机的联系，进行一体化经营，形成利益共同体。

2. 合作经济组织带动型

合作经济组织带动型指主要依托陕南各地的茶叶种植专业合作社、茶叶协会等合作经济组织，通过构建“专业合作社+农户”“专业协会+专业合作社+农户”等组织形式，以提供茶叶产前、产中、产后一条龙技术配套服务为纽带，与茶农建立联系，形成产、供、销一体化的利益共同体。

3. 专业市场带动型

专业市场带动型指以汉中、安康、商洛等地的茶叶专业交易市场为核心，与茶叶生产基地或农户建立沟通联系，以合同形式或联合形式，将茶农纳入市场体系，从而带动茶产业发展壮大。

4. 混合型

混合型是兼有龙头企业带动型、合作经济组织带动型、专业市场拉动型特征的组织形式。如行业协会、龙头企业、专业合作社、专业大户根据各自的比较优势，建立合作关系，形成产、供、销一体化的利益联合体，带动陕南茶叶产业化经营向更深更广的领域发展。

目前，龙头企业带动型是陕南茶叶产业化经营的主要模式。在这一模式中，龙头企业与农户建立联结的方式主要有三种类型：一是松散型。一般由农户自建茶园，自主管理，生产茶叶鲜叶，并按市场价格向龙头企业提供鲜叶原料。二是反租倒包型。企业将建好的茶园承包或租赁给农户，农户负责日常管理，双方依照合同约定的鲜叶价格进行交易。三是紧密型。农户以自有茶园与企业建立联结关系，企业制定茶叶种植生产规范和标准，并统一向农户提供相关生产资料、技术服务，农户按照企业标准和规范进行生产管理，鲜叶按双方约定的合同价格进行交易。松散型是现阶段陕南茶农与企业联结的主要方式。

三、陕南茶叶产业化经营的经济绩效

陕南茶叶通过产业化经营将分散农户的生产和经营活动组织起来，依托龙头企业、经济合作组织、茶叶专业市场等新型主体，将茶农纳入市场体系，实现茶叶种植、生产、加工、销售一体化经营，不仅带动了陕南茶叶专业化、规模化生产，也为增加陕南农村劳动力就业、拓宽农民增收提供了重要渠道。2017 年，陕南三市实现茶叶产值超过 130 亿元。以汉中为例，2017 年，汉中茶农仅种茶一项，人均收入 9 398 元，户均收入 3.8 万余元。投产茶园亩均收入 9 253 元。汉中从事茶叶种植、加工、贮藏、流通的人员近百万人。在西乡、紫阳、平利、商南等产茶大县，茶叶平均每亩产值在 5 000 元以上，茶叶收入占当地农民总收入的 50% 以上，茶产业总产值占到地区生产总值的 20% 以上。此外，伴随着生产经营规模的不断扩大，陕南茶叶的知名度和市场影响力显著提高。“汉中仙毫”“紫阳富硒茶”“秦岭泉茗”等已经成为在全国有影响力的区域公用品牌。“汉中仙毫”荣获 2017 年首届中国国际茶叶博览会优秀区域公用品牌，品牌价值超过 20 亿元。在国际茶叶市场上，陕南茶叶远销美国、马来西亚、印度、越南、澳大利亚、韩国等，深受国外消费者欢迎。其中西乡县、平利县是陕南茶叶出口主力军，在推动陕南茶叶出口创汇、提高陕南茶产业综合经营效益方面发挥了良好的示范带头作用。

第二节　陕南蚕桑产业化经营现状

陕南是陕西省蚕桑种植生产主产区，也是我国优质原料茧生产的最佳适宜区之一。自古以来，陕南人植桑养蚕、剥茧抽丝、织丝成帛，积累了丰富的栽桑养蚕技术和缫丝制绸经验。历史上，陕南曾是古丝绸之

路的源头，陕南丝绸制品经子午古道到达长安，沿丝绸之路远销至西亚、中亚和欧洲等，成为沟通中国与世界的重要媒介。近年来，陕南以市场需求为导向，紧抓国家“东桑西移”的战略机遇，推动蚕桑产业发展壮大。经过多年的积累和实践，陕南蚕桑产业在传统的蚕茧生产、缫丝加工的基础上，积极引进优良桑品种，优化药用桑、果桑、蚕桑结构，加强多元化技术研发和精深加工力度，大力拓展桑、蚕、丝在食品、医药、化工、饲料和材料等领域的应用，推动陕南蚕桑产业迈向复兴发展的新阶段。

一、陕南蚕桑生产规模及区域分布情况

陕南自然条件优越，适宜兴桑养蚕。早在 3 000 多年前，陕南蚕桑种植生产已颇具规模和影响力。安康市西部的石泉县自古就被誉为“蚕桑之乡”，在西汉时期是我国蚕桑丝绸的重要产区和丝绸外贸商品的重要基地。目前，陕南 28 个县区中有 21 个县区仍保留着植桑养蚕的传统，从事养蚕的农户超过 7 万户。其中，安康市所辖的 10 个县区均有大量桑树种植、桑蚕养殖和收烘及缫丝加工企业，养蚕农户突破 5 万户。当地流行的一句顺口溜“密植桑、简养蚕，十七八天见现钱”，生动反映了安康蚕产业投资少、见效快的特点。截至 2016 年底，陕南三市桑园面积达 87.93 万亩，占陕西省桑园总面积的 73.77%。如图 4-2 所示，安康市是陕南最大的蚕桑生产基地，其桑园面积占陕西省桑园总面积的一半以上。安康有 8 个县区基本达到国家基地县标准，其蚕茧产量占全省的 85%以上。如表 4-1 所示，安康的汉滨区、紫阳县、旬阳县的桑园面积均超过 10 万亩。其中，安康的石泉县已发展成为西北地区第一蚕桑产业大县，该县现有桑园面积 6.89 万亩，其中优质桑园 5 万亩，养蚕农户近万户。

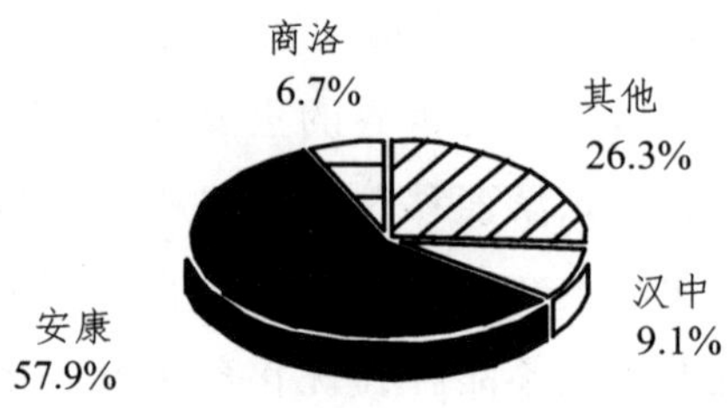

图 4-2　2016 年陕南桑园面积及其比例分布

表 4-1　2016 年安康市及各县区桑园面积统计表　　单位：亩

地区	桑园面积	地区	桑园面积	地区	桑园面积
全市	691 026	宁陕县	7 450	镇坪县	108
汉滨区	170 000	紫阳县	104 933	旬阳县	106 889
汉阴县	38 116	岚皋县	49 512	白河县	63 224
石泉县	68 903	平利县	7 882		

数据来源：安康统计年鉴 2017[M]. 北京：中国统计出版社，2017.

二、陕南蚕桑产业化经营的主要模式

陕南蚕桑产业化经营的传统模式以“龙头企业+农户”为主，由企业（收烘站或缫丝企业）与农户签订鲜茧收购合同，建立稳定的购销关系，农户按照企业的要求进行鲜茧生产，企业实行保护价收购。近年来，陕南各地结合市场需求变化和自身优势，不断创新蚕桑产业化经营模式，探索出“龙头企业+基地+农户”“龙头企业+养蚕大户”“龙头企业+合作社+农户”“龙头企业+合作组织+基地”“行业协会+公司+合作社+农户”等多种经营模式，逐步建立了龙头企业、合作组织、专业协会与蚕农风险共担、利益共享的利益连接机制，促进了陕南蚕桑产业发展的市场化、产业化、标准化。

1.“企业+基地+农户”模式

通常以缫丝加工企业或茧丝绸厂为龙头，建立蚕桑种植基地，龙头企业和基地农户签订合同，并为农户提供优质蚕种、生产原料，并进行技术指导和鲜茧回购。“龙头企业+养蚕大户”主要依托陕南各地的养蚕大户，由龙头企业与养蚕大户签订收购合同，实行最低保护价收购。比如 2018 年，石泉县境内两个缫丝企业继续与养蚕大户签订《蚕茧收购合同》，约定春季蚕茧收购价格为 50 元/千克，当市场价格高于合同价格时，企业按市场价格收购，上不封顶。当市场价格低于合同价格时，企业按合同价格收购。

2.“龙头企业+合作社+农户”模式

该模式主要由龙头企业与蚕桑合作社签订稳定的供销合同，实行最低收购价、利润返还，并通过合作社为农户提供生产资料、技术服务。合作社与蚕农签订《蚕桑生产购销合同》，向农户承诺保护价收购、二次返利、发放蚕种、技术指导、物资扶持等服务。如石泉县大阳蚕桑合作社、西乡县唐御锦蚕桑专业合作社、洛南县华阳蚕桑专业合作社等新型经营主体，一方面代表农户对接茧丝企业，签订订单合同；另一方面统一向社员提供蚕茧生产相关原料、小蚕共育、技术服务、综合利用、产品加工等服务，与企业、农户共同面对市场，形成相互依托的利益整体。

3.“合作社+基地+农户”模式

该模式依托蚕桑合作社提供的桑园管理、养蚕、蚕茧收购及所需的物资、技术信息和销售服务，建立合作社与基地、农户的机制联结和利益共享关系，解决农户“一家一户”生产与销售脱节的矛盾。如镇安县以合作社为中介，由该县百盛茧丝绸公司培育蚕种，实行保护价收购，蚕桑合作社负责小蚕集中供育和养蚕技术指导，农户按照合作社和企业要求组织生产，从而将蚕桑产品生产、加工、销售各个环节有机联系起来。

4. “行业协会+龙头企业+合作社+农户”

该模式是在政府引导下，由龙头企业、蚕桑专业合作社和养蚕大户等组建蚕桑协会，为农户提供蚕具、蚕药、技术信息和蚕茧收购等方面的无偿服务。龙头企业以保护价回收鲜茧和蚕沙，解决农户蚕茧销售问题。如西乡县组织龙头企业茧丝绸公司、蚕桑专业合作社和养蚕大户成立了西乡县蚕桑协会，按照“行业协会+公司+合作社+农户”的经营模式，保障农户增收脱贫，促进蚕桑产业化经营效益不断提高。

三、陕南蚕桑产业化经营的经济绩效

随着蚕桑生产经营模式的不断创新，陕南蚕桑产业逐渐摆脱了多年的低迷发展状态，进入复兴发展的新阶段。蚕桑生产基地规模迅速扩大，蚕桑技术和蚕茧质量普遍提高，蚕桑资源综合利用水平不断提高，产业综合产值大幅度增加，市场竞争力显著增强，产生了良好的经济效益、生态效益和社会效益。以安康为例，2017 年安康新建桑园 1 万亩，植桑 1 000 万株，丝绸实现产值 17.26 亿元，比 2016 年增长 11.7%。在素有“金蚕之乡”之称的石泉县，经过多年的开发建设，已经形成了从育苗植桑、养蚕缫丝、捻丝织绸到各类蚕桑副产品开发的完整产业链。2017 年，石泉县蚕桑产业总产值达 16 亿元，农民蚕桑产业综合收入达 4 亿元。蚕桑产业不仅成为石泉县县域经济的主导产业，也成为当地贫困人口脱贫致富的重要载体。据统计，2017 年该县贫困户养蚕 3 300 张，户均蚕茧收入 1.2 万元、人均收入 3 600 元，蚕茧总收入 660 万元。贫困户桑园套种 1 000 亩，户均收入 2 000 元。与此同时，陕南蚕种、生丝、丝绸制品重新踏上丝绸之路，出口中亚，深受国际市场欢迎。

第三节　陕南园林水果产业化经营现状

陕南地处我国南北过渡地带，地理条件和气候环境适宜多种园林水果栽培。历史上，陕南一直是陕西省水果的重要产区。20 世纪 70 年代开始，陕南就引进筛选适宜当地种植的水果品种，推广先进的栽培技术，开展果林融合、果畜融合、果药融合、果游融合，取得了良好的经济效益和生态效益。目前，陕南种植的果树品种主要有苹果、柑橘、梨、葡萄、樱桃、桃、红枣、杏、柿子、猕猴桃、核桃、石榴等。经过近几年对水果品种结构的调整和优化，陕南形成了以柑橘、猕猴桃、核桃、板栗四大水果为主、其他品种为补充的均衡发展格局，涌现了一批省级果业强县、果业先进县和果业强乡，其中陕南的城固、镇安、洛南等县分别被国家林业局命名为“中国柑橘之乡”“中国板栗之乡”“中国核桃之乡”。

一、陕南园林水果生产规模及区域分布情况

陕南北依秦岭，南屏巴山，气候温润，光照充足，热量丰富，雨量充沛，四季分明，具有春早、夏长、秋迟、冬暖的气候特点。春季回暖早，光热条件好，昼夜温差大，使得陕南生产的大樱桃、葡萄、猕猴桃等水果较周边地区早成熟 5 ~ 10 天，果品内外品质好，时令鲜果上市供应时间较周边地区长。截至 2016 年底，陕南园林水果面积达 117.2 万亩，占陕西省园林水果面积的 6.1%，水果产量 75.54 万吨，占陕西省园林水果总产量的 4.4%。如表 4-2 所示，陕南主要园林水果中，除红枣、杏、石榴产量不足万吨外，其余水果均超过 1 万吨。其中，陕南三市柑橘产量达 43.5 万吨，占陕西省柑橘总产量的 85% 以上。陕南柑橘以早熟的温

州蜜柑为主，其中兴津、宫川两个品种占柑橘栽培面积的 95%，特早熟品种占 3%～4%，晚熟品种和当地特色品种占 1%～2%。目前，陕南各县区园林水果主导品种已经基本形成，汉中以柑橘、猕猴桃为主，安康以柑橘、桃、柿子为主，商洛以核桃、板栗、柿子、猕猴桃为主，品种布局渐趋合理，产业区域化格局初步形成。

表 4-2　2016 年陕南三市主要园林水果产量统计表　　单位：吨

地区	苹果	柑橘	梨	葡萄	桃	红枣	杏	柿子	猕猴桃	石榴	其他水果
汉中	4 863	349 433	24 315	6 170	19 785	352	2 776	15 973	18 769	12	20 128
安康	5 424	84 413	6 135	4 767	23 229	2 059	4 315	21 015	2 947	88	74 017
商洛	7 169	1 946	1 089	1 903	5 024	468	1 079	37 399	1 144	19	6 991
合计	17 456	435 792	31 539	12 840	48 038	2 879	8 170	74 387	22 860	119	101 136

数据来源：《陕西统计年鉴 2017》。

二、陕南园林水果产业化经营模式

为了推动园林水果产业化发展，陕南各地紧抓陕西省现代果业“东扩南移”的战略机遇，通过政策引导、资金扶持等方式，培育和壮大龙头企业，组织成立各类果业协会和专业合作社，逐步形成了“龙头企业+基地+协会+农户”“龙头企业+基地+农户”“龙头企业+基地+合作社+农户”“经纪人+农户”等多种经营模式，产生了较好的经济效益和社会效益。

1.“龙头企业+基地+协会+农户”模式

“龙头企业+基地+协会+农户”模式是目前陕南园林水果产业化经营的主要模式之一。该模式主要通过借助龙头企业的资金、技术和管理手段，建立园林水果生产基地，组织成立专业协会，组织农户进行生产，由企业提供统一种肥、统一植保、统一管理和统一技术服务，保证水果品质满足市场要求。如陕西省柑橘产业化重点龙头企业——汉中泛亚绿色食品有限公司在城固橘园、原公、郭家山等多个乡镇投资兴建有机柑橘示范基地，组建成立城固柑橘产业协会，对协会会员、镇村组织或农户连片规划、新建基地，订购柑橘苗 1 000 株以上的免费提供技术跟踪指导、农资专供和达标果品收购，从而建立起订单生产联合体，使柑橘产量和质量大幅度提升。

2.“龙头企业+基地+农户”模式

“龙头企业+基地+农户”模式通常由龙头企业出资建立生产基地，引导农户从事园林水果种植。在具体实践中，这种模式运作的方式有两种：一种是龙头企业租用农户土地，农户收取地租，并被聘为基地员工，获得稳定的工资收入；另一种是反租倒包模式。该模式主要通过龙头企业集中流转适宜水果生产的连片土地，由企业投资建园，然后反包给当地农户经营，待果园挂果后，农户以所获收益返还企业投资。比如汉中的新天地农业发展公司在适宜猕猴桃种植的区域，优选确定 20 个行政村整村，流转连片土地 500 亩，由公司投资统一标准建成水肥一体化高标准猕猴桃产业基地，每 5 亩为一个生产单元，承包给本村农民实行分户管理，共享收益。

3.“龙头企业+基地+合作社+农户”模式

龙头企业与专业合作社联合协作，实现产销对接是陕南园林水果农业产业化经营的重要方式。“龙头企业+基地+合作社+农户”的经营模式主要通过发挥龙头企业的引领作用和合作社的中介组织作用，在企业和农户之间搭建桥梁，由龙头企业建立园林水果基地和专业合作社，专业合作社实施统一供应农资、签订购销协议、最低保护价收购等措施，提高果品质量、增加果农收入。如商洛市的陕西君威农贸公司先后在商州区三十里铺乡的天宝寨、破岔、流岭、黑龙口、三岔、大荆等板栗适生区建立拥有产权的板栗基地 20 万亩，组建“商洛市商州区秦茂板栗专业合作社”，为农户进行种植、栽培、修剪、嫁接等方面的培训和服务，深受当地农民的欢迎。

4.“经纪人+农户”模式

园林水果产业经纪人指的是从事园林水果产品收购、储运、销售以及销售代理、信息传递、服务等中介活动并获取佣金或利润的经纪组织和个人。这些经纪人往往是农村中市场意识强、信息来源广，与水果批发商、零售商、加工企业、销售组织联系密切的能人。园林水果产业经纪人一方面根据市场的需求信息向农民提供收购信息，实行订单生产；另一方面及时向农户提供产前、产中、产后的技术服务，提高园林水果产品的质量和效益。目前，陕南园林水果产业经纪人增长较快，规模不断扩大。以城固为例，该县柑橘产业经纪人已经逾万名，在引导农户对接市场、促进柑橘等特色园林水果产品销售方面发挥了重要作用。

5.“专业市场+农户”模式

该模式主要依托陕南各地兴建的各类水果交易市场，农民进入市场，直接与水果批发商、零售商或消费者进行交易。目前，陕南三市大部分园林水果主产县都建有 1～2 个水果批发市场，如汉中西环路的水果批发市场、商洛市西桥的水果市场、安康兴安路的水果批发市场等。水果批发市场不仅为农民提供了果品交易平台，也在带动陕南园林水果专业化生产和供产销一体化经营方面发挥了积极作用。

三、陕南园林水果产业化经营的经济绩效

园林水果产业是陕南特色农业的重要组成部分。经过政府多年的引导和扶持，园林水果产业日益成为陕南覆盖面最广、优势最明显的脱贫致富产业之一，园林水果种植面积、产量和产值稳步提高，市场知名度和影响力不断提升，在带动陕南农业人口特别是贫困人口就业和增收脱贫方面发挥了十分重要的作用。截至 2016 年底，陕南三市园林水果总产值超过 100 亿元。一些独具特色的水果产业成为当地农民的主要经济来源。如素有“中国核桃之都”之称的商洛市，目前核桃产业已覆盖全市

98 个镇和 98% 以上的农户，核桃总面积达 317 万亩，核桃年产量突破 8.5 万吨，产值突破 20 亿元，农民人均核桃收入 1 500 元，带动 5 万余农户 19 万人实现增收脱贫。享有“中国柑橘之乡”美誉的城固县，2016 年柑橘种植面积 21.85 万亩，产量 26.3 万吨，全县 2.82 万农户中有 6.6 万农业人口以柑橘生产为主要经济来源，主产区柑橘收入占农民人均纯收入的 70%以上。同时，伴随着陕南园林水果种植面积、产量和产值的提高，一些具有陕南特色的园林水果品牌影响力和市场竞争力不断增强，涌现出如“城固柑橘”“镇安板栗”“佛坪山茱萸”“旬阳狮头柑”“商洛核桃”等国家地理标志证明商标。其中，“城固柑橘”被认定为“中国驰名商标”，并荣获中国果品区域公用品牌 50 强，品牌评估价值达 15.73 亿元。在国内，陕南园林水果在浙江、新疆、黑龙江、内蒙古、甘肃及西安、广州等地水果市场赢得了较好的声誉。在国外，陕南园林水果出口俄罗斯、哈萨克斯坦、吉尔吉斯斯坦等国，获得了国际市场的认可和欢迎。

第四节　陕南蔬菜产业化经营现状

陕南独特的地理环境和气候条件适宜于南北不同环境中生存的蔬菜种类，孕育了丰富的蔬菜资源，尤其是珍稀野生蔬菜资源种类多样，独具特色。近年来，陕南各地围绕保障市场供给和农民增收两大主题，将蔬菜产业建设作为丰富市民“菜篮子”、推动农业产业结构调整和增加农民收入的重要途径，积极面向市场，优化产业布局，转变发展方式，推进规模化种植、集约化发展、产业化经营，使蔬菜产业成为陕南农业农村经济发展的重要增长点和农民增收致富的新引擎。

一、陕南蔬菜产业发展规模与区域分布

陕南蔬菜种植历史悠久，传统的种植品种包括叶菜类、根茎类、菜豆类、茄果类、瓜菜类、菌类、水生蔬菜类等 11 个大类 120 多个品种。从国内外引进和推广种植的品种主要有彩色甜椒、彩色土豆、韩国萝卜、黄秋葵等 50 多个蔬菜新品种。经过多年的发展，陕南蔬菜产业化发展取得显著成效，蔬菜种植面积不断扩大，产量增长较快。如图 4-3 所示，自 2010 年以来，陕南蔬菜种植面积呈持续增加态势，且增长平稳。截止到 2016 年，陕南三市蔬菜种植面积达 248.3 亩，产量达 447.8 万吨，人均占有量达 528 千克，高于陕西省蔬菜人均占有量。如表 4-3 所示，2010—2016 年，陕南蔬菜产量从 326.7 万吨增长到 2016 年的 447.8 万吨，增长 37%，年均增长 5.2 个百分点。蔬菜已经成为陕南除粮食作物外栽培面积最广、产量最大、经济地位最重要的农作物之一。

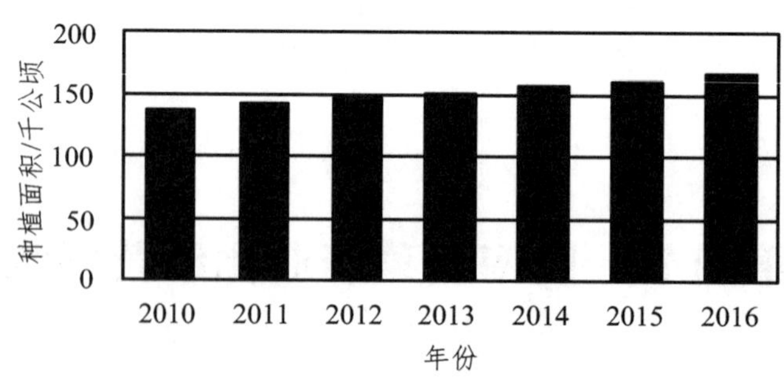

图 4-3　2010—2016 年陕南蔬菜种植面积情况

表 4-3　2010—2016 年陕南三市蔬菜产量统计表　　单位：吨

地区	2010	2011	2012	2013	2014	2015	2016
汉中	1 744 760	1 794 085	1 910 851	2 024 013	2 143 400	2 272 298	2 427 099
安康	1 083 087	1 137 575	1 210 846	1 314 567	1 400 300	1 486 471	1 539 100
商洛	440 049	410 457	425 026	454 755	471 300	499 048	512 294
合计	3 267 896	3 342 117	3 546 723	3 793 335	4 015 000	4 257 817	4 478 493

数据来源：《陕西统计年鉴》（2011—2017）。

近年来，为满足市场对无公害蔬菜、有机蔬菜等高品质蔬菜的需求，陕南各地充分利用生态环境好、生物多样性的优势，通过政策引导和资金扶持，大力发展设施蔬菜产业，推广无公害、绿色、有机蔬菜标准化生产技术，积极推动蔬菜生产逐渐向无公害化方向转型。截至目前，陕南的辣椒、黄瓜、马铃薯等 10 多个品种通过了农业部食品安全中心无公害农产品认证，番茄、木耳、香菇等 32 个蔬菜品种取得省级无公害农产品认证，干香菇、压缩黑木耳等 3 个蔬菜品种取得省级绿色食品认证，15 个蔬菜品种获得省级有机食品认证。此外，陕南各地还积极开发高山蔬菜、野生蔬菜，初步形成了设施菜、特色菜、高山菜、野生菜以及食用菌相互补充、共同发展的新格局。

二、陕南蔬菜产业化经营的主要模式

根据产业投入主体、利益联结形式的不同，陕南蔬菜产业化经营的主要模式可以概括为以下几种。

1.“龙头企业+基地+农户”模式

“龙头企业+基地+农户”模式以龙头企业为核心，主要由农业龙头企业出资建设蔬菜基地，与基地农户签订蔬菜种植合同，实行保护价收购。该模式将农村作为第一生产车间，让蔬菜生产方式从传统的分散粗放向规模化、集约化转变，实现了产与销、企与农的有机对接。如汉中市春盛农业产业化公司采取与农户签订原料种植合同的办法，在汉中七里、铺镇等地建立榨菜原料基地，与 4 000 多家农户签订大头菜收购合同，以高出市场价格的原料保护价收购产品，降低了农户种菜风险，取得较好的经济效益和社会效益。石泉县的嘉晟公司采用“龙头企业+基地+合作社”的模式，面向该县 11 个镇 53 个村签订辣椒、糯玉米、南瓜、香椿、阳荷姜等 10 项订单，共计 17 500 亩，发展订单蔬菜产业，把农村生产领域更多地留给农户，带动农户增收致富。

2. “龙头企业+合作社+农户”模式

“龙头企业+合作社+农户”模式主要以龙头企业为主导，建立蔬菜生产基地，组建蔬菜专业合作社，合作社农户以土地、资金等入股，企业为农户提供种子、化肥等生产资料和技术指导，企业与农户共享种植收益。如商洛市的高山露地蔬菜生产示范基地是由商洛亚格尼宝公司为农户提供技术、种子、生态肥等生产资料，采用合作社的运行模式，通过公司进行技术指导，提供生产资料，农户入股参与种植，实行统一标准、统一质量、统一价格、统一流通。

3. “能人大户+合作社+园区+农户”模式

能人大户是指长期从事蔬菜生产、在农村有较大影响力的蔬菜种植能手。在其从事蔬菜生产经营的过程中，能人大户带领周边菜农组建蔬菜专业合作社和现代农业园区，合作社为农户蔬菜种植提供技术、农资和生产服务，生产投入品采购供应，并负责蔬菜产后的加工贮藏和品牌销售。蔬菜园区统一规划、统一管理、统一销售，从而将蔬菜规模化生产与农户分户经营有机结合起来。比如安康汉滨区建民镇忠诚村的高级职业农民刘瑞红发起成立“汉滨区忠诚蔬菜农民专业合作社”，建设规模化、设施化、标准化现代农业园区，采用“合作社抓两头，产中搞服务，农民为主体”的运行模式，积极为农户提供蔬菜生产技术、生产资料采购供给和信息服务，组织农户在各家的承包地进行蔬菜的标准化生产。目前，该村有 200 余人从事蔬菜生产经营，有 8 个农户承包蔬菜大棚 10 亩以上，最多的农户承包了 20 余亩蔬菜大棚。

4. “合作社+基地+农户”模式

“合作社+基地+农户”模式通常是多个农户为解决分散经营和市场之间的矛盾，联合组建合作社，建设蔬菜生产基地，实行分户生产、联户经营，统一管理、统一销售。如洛南县尖角村的花石浪蔬菜种植专业合作社实行统一物资供应、统一技术指导、统一生产档案、统一病虫防控和统一产品销售，辐射带动该村农户 280 余户、1 200 余人从事蔬菜种植，种植总面积达 600 余亩，年蔬菜总收入达 1 500 万元，人均纯收入 8 000 余元。

5.“专业市场+农户”模式

蔬菜专业市场是陕南蔬菜产销对接的重要场所，也是推动陕南蔬菜产业发展壮大的重要力量。目前，陕南各级各类蔬菜批发、集贸市场近 500 个，形成了以农产品批发市场和农贸市场、菜市场为主要载体的蔬菜集散中心，通过专业市场与蔬菜种植基地或农户直接沟通，以合同或联合体等多种形式，将蔬菜种植农户纳入市场体系，引导农户及时面向市场，调整种植结构和种植品种，并带动周边农户或中介组织从事蔬菜生产和销售活动，从而形成专业化的蔬菜生产区域。如城固县不仅在各集镇建立小型蔬菜批发零售市场，还以小河桥批发市场为枢纽发展综合蔬菜销售市场，其年经销各类蔬菜达 23.2 万吨，辐射带动周边 6 个镇的蔬菜产销，为该县蔬菜产业发展奠定了良好的基础。

三、陕南蔬菜产业化经营的经济绩效

蔬菜产业是陕南特色农业的重要组成部分。随着蔬菜种植面积的不断扩大，陕南蔬菜产量和产值连年攀升，蔬菜品种结构不断优化，市场影响力不断扩大。现阶段，陕南蔬菜产值占农业产值的比重达 15% 以上，成为当地农业发展和农民增收的重要渠道。以汉中市为例，2016 年，汉中蔬菜产值达 87.8 亿元，占汉中市农业产值的比重达 40.6%，占农林牧渔业总产值的比重达 23.6%，成为该市仅次于畜牧业的第二大产业。城固县等蔬菜种植大县，通过调整产业结构，推广应用蔬菜种植新品种、新技术，使蔬菜种植品种由过去较为单一的品种发展到现在的茄果类、食用菌、稀特类等 10 大类 326 个品种，其推广的大棚设施蔬菜多茬立体栽培亩均纯收入达 1.85 万元。在一些蔬菜种植基地，蔬菜种植已经成为当地农户增收的主要来源。如商南县富水镇王家庄村，人均蔬菜收入超过 4 000 元，占农民人均收入的比重超过 60%。目前，陕南已经成为西北地区最大的蔬菜种植基地和商品菜供应基地，产品销往西安、成都、兰州、银川、乌鲁木齐、内蒙古等地。与此同时，陕南魔芋、香菇、木耳、盐渍蒜苔、脱水蔬菜、上海青等产品也走出国门，远销到东南亚等国，受到国际市场欢迎。

第五节　陕南中药材产业化经营现状

陕南位于秦巴生物多样性生态功能区，素有“生物基因库”“天然药库”和“中药材之乡”之称，是全国中草药的传统产地和中药材集散地之一。陕南现有各类中药材资源 3 291 种，其中《中国药典》收列的主要品种达 580 种，常年收购经营的中药材有 400 多种，国家规定的珍稀濒危保护药材 20 多种。进入 21 世纪以来，在国家和陕西省中医药发展战略规划的指导下，陕南各地相继出台中药材发展规划，不断优化中药材产业发展环境，推动中药材种植业、加工业持续发展，并加快建立了中药信息网、中药产业服务检测中心等服务平台，不断完善陕南中药材产业服务体系，使陕南中药材迈入转型升级、提质增效的新阶段。

一、陕南中药材种植规模与区域分布

陕南药用动植物资源丰富，种类复杂、品种繁多，在野生药材采集、引种驯化、人工种植、药材加工等方面具有悠久的历史传统。80 余种大宗特产药材资源在陕南 28 个区县中均有不同程度的分布。其中，汉中是陕南三地市中中药材资源最为丰富的地区。据统计，汉中地区药用动植物资源多达 1 600 种，占全省总资源的 77%，名列全省第一，居全国地

（市）级第二。国家公布的 365 种中药材名录中，其中 280 种汉中有产，占全部药材种类的 77%。中国药典收集的 580 个重要中药材品种中，汉中拥有的品种多达 316 种，占重要中药材品种的 54.4%。[①]2016 年，陕南三市中药材种植面积达到 400 万亩，产量 82.9 万吨。在种植品种上，汉中以元胡、杜仲、附子、天麻、川芎、黄柏等为重点，安康以厚朴、杜仲、绞股蓝、党参、黄连、金银花等为主导，商洛以连翘、丹参、桔梗、黄芩、牡丹、山茱萸、金银花、五味子、菌药、黄姜为特色。此外，汉中的猪苓、西洋参、山茱萸、汉中参叶、独活等均为著名的地道药材，药材品质优良，在全国药材市场上占有十分重要的地位。安康成为全国优质黄姜的示范县，黄姜皂素含量高，野生葛根的有效成分含量也居全国之首。

二、陕南中药材产业化经营的主要模式

陕南是陕西省中药原料生产供应基地。近年来，陕南各地将中药材列入重点开发的优势资源之一，充分利用各区县的产地条件和比较优势，积极调整种植结构，建立示范基地，推广先进技术，培育发展种植专业大户、龙头企业、中药材经销大户等专业经济组织，有力地促进了陕南中药材种植向标准化、规模化、优质化、专业化方向发展，逐步形成了多元化的产业经营模式，有力地促进了陕南中药材产业从传统粗放经营向现代集约化经营转型。

1.“龙头企业+合作社+基地+农户”模式

陕南传统中药材种植以农户家庭分散种植为主，生产方式落后，技术含量低，管理粗放。近几年来，在政府相关政策的引导下，陕南各地相继成立了中药材合作社组织，采取“龙头企业+合作社+基地+农户”的

① 张雅秋，刘明鲁，张建平. 浅析汉中市中药材产业发展现状及问题[J]. 陕西农业科学，2017（11）：85.

订单式经营模式，实行合同收购、利益共享、风险共担，有效降低单个家庭经营的市场风险，极大地提高了农户种植药材的积极性。在这一模式中，通常由龙头企业牵头，建立药源基地，扶持基地农户组建中药材专业合作社，企业与基地签订药材种植协议，农户通过流转土地种植药材。整个生产经营过程由企业负责统一技术培训、统一种植标准、统一管理规范、统一回收产品、统一销售成品。如商洛市在中药材产业发展上采取“政府引导、市场助推、企业主体、群众参与”的方式，积极推行这一模式，产生了较好的带动作用和示范效应。目前，商洛市中药材规模化种植达 80 万亩，规范化示范基地近 40 个，规模化中药生产企业达 19 家，中药材种植专业合作社等合作经济组织达 220 个，初步形成了以商州的牡丹、黄芩、桔梗，洛南的连翘、万寿菊，山阳的黄姜、葛根，商南的牡丹、杜仲，丹凤的山茱萸、金银花，镇安的天麻、猪苓，柞水的红豆杉、五味子等为主要特色的“十大商药”规模化基地。在商州、山阳、柞水三县区初步形成了以医药企业为核心的工业园区和产业集群，中药产业主导优势日益凸显。

2.“科研机构+龙头企业+基地+农户”模式

通过政府的引导和推介，科研机构与龙头企业联合打造中药材种植基地，合作开发中药材资源是陕南中药材产业化经营的重要模式之一。在实践中，陕南各中药材主产县根据自身实际，立足市场需求，由政府牵头，推动科研机构与龙头企业合作，联合建立中药材种植基地，促进企业和科研机构的资源、人才、信息与陕南中药材资源有机结合，通过科研机构推广、龙头企业引领、种植基地示范，带动农户掌握先进的种植技术，扩大种植规模，提高产品品质。目前，中国药科大学、西北农林科技大学、陕西中医药大学、浙江理工大学、秦巴山区濒危中药材研究所、中国医学科学院药用植物研究所、西北濒危动物研究所等多所院校和科研机构先后与陕南各地建立了良好的合作关系。陕南三市的农科所、天然药物研究所、中药研究所依托众多科研机构的资源、技术、人才优势和龙头企业的资金、市场优势，建成了一批中药材种植示范基地，共同推动陕南中药材产业规模化、规范化发展。

3. “专业协会+基地+农户”模式

陕南各地的中药材专业协会是由长期从事中药材种植、养殖、流通加工的个体、农户或联合体，按照自愿互利的原则建立起来的专业性经济合作组织，主要对会员提供市场信息及技术经济服务。协会通过引导企业和农户建立稳定的购销关系和合理的利益联结机制，促进陕南中药材产业规模化、专业化发展。目前，中药材协会已经成为陕南中药材产业化经营的推动力量。以旬阳为例，该县中药材专业协会 11 个，会员达 1 200 人，带动药材种植基地面积达 4 000 亩，其中仅旬阳县中药材协会发展白及、柴胡等基地种植面积达 1 000 亩，产生了良好的示范效应和带动作用。

4. “龙头企业+基地+农户”模式

陕南中药材行业的龙头企业大多为中药材加工企业，主要从事成药生产、中间体提取和中药饮片加工。近年来，陕南各地在积极培育本地中药材加工企业的同时，不断加大招商引资力度，吸引国内外众多医药企业在陕南建立中药材基地，引导和带动农户发展中药材种植，通过新品种培育、技术创新，不仅为企业种植培养优质的制药原材料，也为当地农民增收致富提供了新渠道。如陕西天士力植物药业有限公司以商洛市的 100 余种绿色中药材资源为开发重点，建设规范化丹参基地 6 000 亩，年产无公害优质丹参 1 800 吨；建设柴胡基地 2 000 亩，年产优质柴胡 200 吨，年销售额达 2 000 万元。镇巴县的春茂中药材科技有限责任公司、牟家坪农业科技有限责任公司等中药材生产、加工龙头企业利用该县良好的资源环境优势，建立大黄、栝楼种植示范基地，带动周边农户发展大黄 10 000 多亩、栝楼 250 多亩。

5.“合作社+基地+农户”模式

中药材专业合作社是连接农户和市场的重要纽带，目前，陕南各地中药材专业合作社发展十分迅速。以山阳县为例，截至2017年底，该县中药材专业合作社发展到83个，中药材种植总面积达54万亩。在经营模式上，通常由合作社采取统一供苗、统一指导、统一收购、统一销售渠道的方式，合作社把苗木以成本价提供给本地自愿种植的农户，向农户提供技术培训和辅导，合作社与农户签订收购合同，实行保护价收购药材成品。合作社把农户的成品收购后，进行烘干、加工、包装，统一出售给药材公司或制药公司。如商洛市丹凤县的东兴药材专业合作社以试种带动的形式，把邻村、镇分散种植药材的药农组织起来，引导和鼓励广大药农种植树型金银花，建立金银花种植基地。合作社提供种源、技术、信息，组织标准化、规范化生产，不仅提高了药农专业化经营水平，而且实现了产业规模效益。目前，东兴合作社已带动该县10个镇、30个村、4 500余户参与，并与“加多宝”“王老吉”“武汉健民”等知名企业建立合作关系，初步实现了产销两旺的订单农业，使金银花成为当地农民增收的重要来源。

二、陕南中药材产业化经营的经济绩效

与传统的粮食产业相比，中药材产业具有能耗低、污染少、带动广、潜力大、附加值高、产业链长的优势。通过产业化经营，陕南中药材产业突破了传统采集和粗放管理的模式，把中药材的生产、加工和销售有机结合起来，构建了中药材种植规范化、加工规模化、销售市场化的良好格局。中药材专业合作社、中药材集散地、中药材经营经纪人队伍初具规模，以中成药生产、中间体提取和中药饮片加工为主体的生物医药产业发展迅速，中药材产业服务体系逐步完善。随着中药材产业化经营的深入推进，陕南中药材基地规模不断扩大，产品科技含量不断提高，

中药材产业在陕南经济发展中的优势也逐渐显现出来，有力地促进了陕南农业产业结构和农村经济转型发展。以汉中为例，2016 年，陕南中药材产值超过 232.8 亿元，占农业总产值的比重达 10.7%。在一些中药材生产主产区县，中药材产业化经营已经成为区域经济发展和脱贫攻坚的强力“助推器”。如山阳县 2017 年中药材总产量达 48.6 万吨，产值 19.45 亿元，农村人均药业纯收入超过 3 000 元，占农民人均纯收入的近三分之一。2018 年，在陕西省中药协会组织的“陕西十大秦药”和“陕西中药材种植模范基地”评选中，洋县元胡、商洛丹参、汉中附子、略阳杜仲、宁陕天麻、宁陕猪苓、佛坪山茱萸和略阳黄精入选“陕西十大秦药”。如表 4-4 所示，紫阳县厚朴种植基地等被评为“陕西中药材种植模范基地”。陕南一些道地中药材如平利绞股蓝、商洛丹参、汉中附子、略阳杜仲等已经获得国家地理标志产品保护，产生了较好的经济效益和社会效益。

表 4-4　2018 年陕西中药材种植模范基地

排名	基地名称	所属单位或区县
1	陕西黄芪种植模范基地	子洲县天赐中药材有限责任公司
2	陕西银杏种植模范基地	陕西宁强祺欣药业科技有限公司
3	陕西柴胡种植模范基地	宝鸡市陈仓区博仁中药材种植专业合作社
4	陕西元胡种植模范基地	洋县有机产业发展办公室
5	陕西丹参种植模范基地	陕西天士力植物药业有限责任公司
6	陕西连翘种植模范基地	洛南县鑫泰连翘种植有限责任公司
7	陕西五味子种植模范基地	陕西云岭生态科技有限公司
8	陕西山茱萸种植模范基地	丹凤县兴茂中药材专业合作社
9	陕西黄芩种植模范基地	陕西医药控股集团山林中药科技有限公司
10	陕西酸枣仁种植模范基地	延安制药股份有限公司
11	陕西天麻种植模范基地	陕西汉中思青科技农业开发有限公司
12	陕西厚朴种植模范基地	紫阳县

第六节　陕南烟草产业化经营现状

在中国烟草种植区划中，陕南属于长江中上游山地丘陵烟草种植区。良好的自然环境和丰富的水土资源为陕南生产多类型的烟草创造了十分优越的条件。作为一种重要的经济作物，烟草种植一直在陕南农村经济发展和农民增收中发挥着十分重要的作用。近年来，陕南紧抓陕西省“北烟南移”战略实施机遇，将发展烟草产业作为调整产业结构、扶贫脱困的重要突破口，积极推动烟草产业向种植规模化、经营集约化、分工专业化、服务社会化方向发展，使陕南烟草生产逐步进入持续、稳定、协调发展的新阶段。

一、陕南烟草种植规模及区域分布

陕南是陕西省烟叶生产的主产区，也是全国烟叶的知名产区，大部分区县均有种植烟草的历史传统。陕南烟草早期以晾晒烟为主，20 世纪 80 年代中后期，陕南各地相继引入“白肋烟”“云烟”“香料烟”等烤烟新品种，经过多年的发展，陕南烟区种植规模不断扩大，产量稳定增长。截至 2016 年，陕南三市烟草种植面积达 37.995 万亩，产量超过 5.66 万吨，比 2015 年分别增长 19.8%、15.7%。陕南烟草种植面积和产量占陕西省烟草种植总面积和总产量的比重分别为 83.07%和 84.06%。陕南烟草种植区域分布较广，涵盖 20 多个区县。其中洋县、西乡、平利、旬阳、洛南等县均为陕西省烤烟生产主产县。如表 4-5 所示，近三年来，五大主产县烤烟种植面积和产量趋于稳定。2016 年，五大主产县的烤烟播种面积达 23.78 万亩，产量超过 3.5 万吨，占陕南烟草种植面积和产量的

2/3 左右。陕南烟区生产的烤烟颜色呈金黄至深黄色，烟叶的外观质量和物理特性好，化学成分较为协调，香气呈中间香型，总体质量上乘，烟叶适用范围广，工业可用性好。

表 4-5　2014—2016 年陕南烤烟主产县生产情况

地区	2014		2015		2016	
	种植面积/亩	产量/吨	种植面积/亩	产量/吨	种植面积/亩	产量/吨
洋县	11 700	4 349	11 850	4 435	12 030	4 441
西乡县	17 910	3 070	14 160	2 839	13 725	2 885
平利县	14 220	1 837	13 425	1 689	13 530	1 443
旬阳县	107 340	13 952	101 490	13 120	104 490	13 141
洛南县	93 300	12 434	93 615	13 855	94 110	13 646
合计	244 470	35 642	234 540	35 938	237 885	35 556

数据来源：《陕西统计年鉴》(2016—2017)。

二、陕南烟草产业化经营的主要模式

长期以来，陕南烟叶生产的组织模式主要为一家一户的分散经营。但陕南各地在实践和发展中积极培育新型经营主体，创新生产组织形式，促进烟草产业产前、产中和产后紧密结合，大力推进陕南烟草集约化生产和产业化经营，形成了一些具有自身特色的经营模式。

1.“企业+基地+农户”模式

我国实行烟草专卖制度，国家对烟草专卖品的生产、销售、进出口依法实行专卖管理。这种专卖体制下的烟草生产、加工、流通和销售一条龙管理，客观上为陕南“企业+基地+烟农”的生产组织模式的形成和发展创造了条件。这种经营模式的特征是由烟草公司与烟农签订种植合同，约定种植面积、品种、收购价格及收购量。烟草公司投入资金建立烟叶生产基地，通过实施烟水配套、烟路配套工程，建设密集烤房、育苗工场，开展土地整理等改善烟叶基地生产条件，并采取向烟农提供购买农机补贴以及产前、产中、产后服务等方式，鼓励基地烟农种植烟叶。烟农按合同约定向烟草企业交售烟叶，从而实现烟叶生产、收购、经营一体化。

2.“专业合作社+基地+农户”模式

近年来，为降低烟农生产成本，提升烟草产业经济效益，陕南各地积极创新烟叶生产组织形式，大力发展烟叶生产专业合作社。通过土地流转、技术推广、专业化服务，烟草专业合作社建设水平不断提升，形成了“专业合作社+基地+农户”新模式。该模式通常由烟草公司牵头或农户发起，农户以土地、生产资料、劳动力入股，成立烟叶生产专业合作社，建立烟叶生产基地，合作社与农户签订种植合同，并为农户提供育苗、机耕、植保、烘烤、分级等专业化服务，从而形成自愿联合、民主管理、风险共担、利益共享的新机制。如洛南县组建了近 20 个烟叶生产专业合作社，比较典型的惠农烟叶专业合作社是国家级农民合作社示范社，现有社员 156 名，服务片区烟农 225 户，服务面积 4 057 亩。通过合作社优质的专业化服务，不仅降低了农户种烟成本，提高了基地烟叶生产质量，还增加了农户收入，产生了较好的规模效益和示范带动作用。

3.“公司+能人/大户+农户”模式

为推动陕南烟草适度规模经营，烟草公司积极将烟田向种烟能手、种烟大户集中，形成了“公司+能人/大户+农户”模式。该模式的主要特点是由烟草公司制定优惠政策，引导和鼓励烟区的种烟能人以置换或租赁的方式流转农民土地，扩大烟草种植规模，并与当地农户开展互助合作，农民通过参与烟草种植和管理，获取租金、工资及超收分成。如安康石泉县熨斗镇中河村的种烟能手，与安康的烟草公司签订订单合同，由公司配发种苗、规定产量，种烟能手负责种植烤烟，按照约定产量和质量要求，交售烤烟烟叶。在政府各项扶持政策的支持下，该种植能手流转村民土地，将烤烟种植面积扩大到 30 多亩，并自建烤房，积极降低生产成本，提高种烟收益。

4.“公司+村委会+农户”模式

该模式通常是在烟草公司的支持和帮助下，烤烟适宜区村委会组织租赁农户连片土地，流转给有经验、有技术的农户进行专业合作经营，采用先进的生产技术，提高种烟效率，推动烤烟产业发展壮大。如旬阳县甘溪镇大岭台村在县烟草公司的支持和村委会的组织下，租赁农户500多亩土地，流转给种烟能手，使该村烤烟种植户达100多户，烤烟种植面积发展到近2 000亩，约占该村耕地面积的一半。在平利县大贵镇柳林坝村，村委会引导发展6个种烟大户，流转土地200多亩，组建烤烟种植合作社，发展烤烟产业，带动村民脱贫致富。

三、陕南烟草产业化经营的经济绩效

烟草产业是陕南具有比较优势的传统特色产业。近年来，受全国烟草生产“双控”政策的影响，陕南烟草种植规模和产量增长趋缓，发展方式逐渐由传统粗放型增长向现代质量效益型增长转变，产业结构不断优化，生产组织方式更加多元化，科技含量不断提高，为陕南财政增收、地方增税和农民增收提供了强有力的支撑。由于烟草种植投资少、见效快，政府扶持力度大，烟农种植积极性较高，收益可观。在一些区县，种烟收入已经成为当地农户收入的主要来源。以洛南县为例，2016年，洛南县4 546户烟农种植烤烟近10万亩，收购烟叶23.56万担，烟农收入达2.72亿元，户均收入近6万元。在素有“西北烟叶第一县”之称的旬阳县，全县有20个镇260个行政村种植烤烟，发展烟农近万户。2016年，旬阳县烟叶实现产值2.57亿元，上缴烟税5 665万元，烟农户均收入超过5万元。在政府的宏观调控和市场调节的双重机制作用下，陕南烟草产业正逐渐摆脱传统分散、落后的小农生产方式的束缚，向现代社会化大生产发展，产业集约化程度明显提高，产业竞争力不断增强，市场认可度显著提升，目前，陕南优质特色烟叶已经成为多家重点工业企业卷烟原料。

第五章 陕南特色农业产业化经营问题分析

特色农业产业化经营是我国农村经济发展和农民增收的重要途径，也是陕南推进乡村振兴战略实施的必然选择。经过几十年的探索实践，陕南特色农业产业化经营已经进入转型发展阶段。在新的历史阶段，立足农业现代化的发展要求，深入分析陕南特色农业产业化经营中面临的突出问题，客观剖析陕南特色农业产业化经营问题的成因，明确影响陕南特色农业产业化经营的核心因素和关键环节是陕南特色农业产业化经营向更高阶段发展的重要方面。在此基础上，结合陕南特色农业产业化经营实际，从乡村振兴战略的高度，提出陕南特色农业产业化经营的方向、目标和主要任务，为推进陕南特色农业产业化经营提供新思路。

第一节　陕南特色农业产业化经营面临的主要问题

特色农业产业化经营是市场经济和农业生产力发展到一定阶段的必然要求，也是新时代农业和农村经济发展的基本趋势。改革开放以来，随着市场经济的不断发展和家庭联产承包责任制的深入推进，陕南特色农业产业化经营已经逐渐从量的扩张向质的提升转变，从点状发展向优势产业区集聚。但由于陕南地处秦巴山区，山多地少，生态脆弱，经济发展相对落后，特色农业产业化经营也面临着基础薄弱、经营组织实力不足、经营模式单一、经营机制不健全、经营管理方式落后等一系列问题。

一、特色农业产业化经营组织不健全，市场竞争力弱

1. 产业化经营组织规模小，整体竞争力弱

各类农业产业化经营组织是农业产业化经营的主体，也是特色农业

产业化经营持续发展的根本保证。改革开放以来，尽管陕南农业产业化经营组织数量显著增加，规模不断扩大，类型更加多样，但规模化的农业经营组织数量少，生产经营人员数量偏低、结构失衡，与关中和陕北相比，还存在较大差距。如表 5-1 所示，截至 2016 年，陕南农业生产经营人员 259.76 万人，农业经营户 195.22 万户，但规模农业经营户仅 1.21 万户，占农业经营户的比重不足 1%。农业生产主要以单个农户分散式的小规模经营为主。现有的规模农业经营户农业生产经营人员 4.69 万人，远远落后于关中和陕北地区。农民合作社 0.72 万个，绝对数量略高于陕北地区，但人均相对数量少，规模偏小。现有的农民合作社中，以农业生产经营或服务为主的农民合作社占农民合作社的比重相对不足，部分农民合作社“有组织无合作”，没有按照合作社的章程进行运作，质量参差不齐。以汉中市为例，2016 年汉中农民合作社总数达 2 377 个，其中以农业生产经营或服务为主的农民合作社 1 838 个，占该市农民合作社总数的 77.3%。在一些县区，近几年注册的合作社数量不少，但很多合作社注册后没有运营，成为有名无实的“空壳型”合作社。大多数农民合作社组织管理不规范，发展缓慢，在市场开拓、信息服务、技术培训等方面不能及时适应市场需求变化，反应迟缓。

表 5-1　2016 年陕西各地农业经营主体数量统计

指标	全省	陕南	关中	陕北
农业生产经营人员/万人	971.40	259.76	540.21	172.43
农业经营户/万户	652.92	195.22	347.66	110.04
规模农业经营户/万户	8.44	1.21	4.40	2.82
规模农业经营户农业生产经营人员/万人	29.70	4.69	15.47	9.54
农业经营单位/万个	4.84	1.35	2.32	1.18
农民合作社/万个	2.39	0.72	1.04	0.63
农业经营单位农业生产经营人员/万人	26.01	8.68	13.12	4.21

数据来源：陕西省统计局《陕西省第三次全国农业普查主要数据公报》。

由于大多数规模农业经营户总量少、规模小，力量薄弱，辐射和带动能力不强，对特色农业产业链进行横向扩展和纵向延伸的能力有限，难以将特色农产品生产、运输、加工、销售各环节有机结合起来，形成系统的产业化经营体系。特色农业产业化经营层次低，特色农产品加工业发展相对滞后，大多数特色农产品处于产业链价值链的低端，投入大、风险大、产出效益低，市场竞争力较弱。以核桃产业为例，2016 年，陕南三市核桃产量达 13.5 万吨，占陕西省核桃总产量的 50.7%。但陕南核桃大多是青皮核桃、干核桃、核桃仁等初级产品，核桃加工企业少，规模小，新产品、新技术研发滞后。大部分加工企业主要从事核桃脱皮、烘干、去壳、净选、分级和包装等初级加工，进行核桃油、核桃蛋白质类产品精深加工的企业少。由于企业资金短缺，技术更新改造迟缓，精深加工水平低，没有形成产业链条较长的核桃深加工体系，导致陕南核桃产品附加值低，市场竞争力弱。作为我国茶叶之乡，陕南茶产业也面临着产品加工技术落后、精深加工不足的问题。以汉中市为例，目前汉中茶叶精深加工企业所占比例不到 10%，深加工企业仅 2 家，名优茶产量占比小，大多数企业只生产绿茶，利用夏秋茶生产的红茶、黑茶、砖茶等较少，茶叶资源的开发利用程度不高，产业链不长，附加值低，市场竞争力不强。

2. 产业化经营组织结构不合理，组织化程度低

特色农业产业化经营组织是推动特色农业产业化发展的核心要素，也是特色农业产业化经营体系形成的基础。现阶段，陕南特色农业产业化经营组织主要包括农业龙头企业、农民专业合作组织、专业市场、特色农产品行业协会、各类特色农业中介组织以及农户等，其中起主导作用的主要是农业龙头企业。农民合作经济组织普及程度较低，缺乏强有力的农民合作经济组织。农户是特色农业产业化经营的基本主体，是推动特色农业产业化经营的原动力，同时也是特色农业产业化经营的投资主体。但陕南大部分农户分散经营，独自面对市场，市场议价能力弱，

交易成本高，承担风险大。近年来陕南各地结合实施新型农业经营主体培育工程，加快了农业企业、合作社、种植大户、家庭农场和农业产业化联合体等新型经营主体的培育步伐，各类产业化经营主体数量均有不同程度的增加，但总体上仍然存在着数量与质量不一致、组织结构失衡等问题，表现出明显的高速度、低质量特征，生产型组织多、流通加工型组织少。以汉中市为例，2016 年该市检测合格的市级农业产业化重点龙头企业 111 家，其中生产型龙头企业 39 家，加工型龙头企业 70 家，流通型龙头企业仅 1 家。产业化经营组织重生产加工轻流通服务、重产品产量轻产品质量的现象比较突出。大部分农业龙头企业、专业合作社和专业市场等产业化经营组织的业务主要局限在一个县、区或乡镇，普遍以镇、村、社、户为单位，跨县区的产业化经营组织少，不同类型的产业化经营组织分工不明确、协作不紧密，没有将特色农业生产、加工和销售环节整合为更加紧密的利益共同体。同类产业化经营组织内部缺乏横向的对接和纵向的联合，处于单打独斗、分立发展状态，多以无组织分散形式进入市场，没有市场话语权和主动权，市场竞争力和自我保护能力弱。

3. 产业化经营组织形式落后，创新力不强

如何把特色农业产业化经营的基本要素有效地配置在一个组织架构内，为特色农业产业化经营有序运行提供适宜的组织载体是特色农业产业化经营持续发展的重要方向。实践表明，特色农业产业化经营必须依靠先进的组织形式才能得以维系、运行和持续发展。目前，虽然陕南特色农业已经形成了多种多样的产业化经营组织形式，但总体上主要以龙头企业带动型为主，市场带动型、合作社等中介组织带动型所占比重相对较小，发展滞后。随着我国经济步入新常态，农业生产日益面临着农产品价格“天花板”封顶、生产成本“地板”抬升、资源环境“硬约束”等多重挑战。与全国其他地区一样，陕南特色农业农产品生产也面临着资源环境约束趋紧、生产成本上升、国内外农产品市场冲击等多方面压

力，给从事特色农业产业化经营的农业产业化龙头企业发展带来了巨大的影响。由于陕南很多农业龙头企业自身在经营理念、思维模式、运营管理等方面还存在不足，企业生产基地建设、产品开发、市场开拓、技术创新、生产服务相对滞后，经营效率和经营效益不高，带动农户增收致富的能力不强。截至 2017 年，陕南三市市级以上农业产业化重点企业总数达 596 家，其中国家级农业产业化龙头企业 4 家，仅占陕南农业产业化龙头企业总数的 0.6%，省级农业产业化重点龙头企业 135 家，占陕西省农业产业化重点龙头企业总数的 26%。现有的农业产业化龙头企业规模普遍偏小，大部分属于生产型、加工型企业，年产值超过亿元的企业数量少，创利税能力弱，发展后劲不足。部分农业企业虽然已经获得龙头企业的称号，但其具有的融资能力和创新能力不强，市场抗风险能力差，对农户的引领带动作用没有充分发挥出来。

二、特色农业产业化经营运行机制不完善，运作不够规范

特色农业产业化经营的正常运行和健康发展依赖于健全的运行机制。特色农业产业化经营运行机制是指特色农业产业化经营过程中不同利益主体之间形成的相互作用、相互影响、相互制约的关系及其运行方式，主要包括利益机制、约束机制和保障机制三大部分。特色农业产业化经营机制是引导和制约各经营主体生产经营决策的基本准则，也是影响、决定特色农业产业化经营行为和经营效益的主要因素之一。陕南特色农业产业化经营起步较晚，各种经营机制仍然不健全，与形成“利益共享、风险共担”的现代农业产业化经营机制要求还存在较大差距。

1. 利益机制不健全，发展不稳定

利益机制是特色农业产业化经营机制的核心和关键。特色农业产业化经营的根本目标在于通过完善的利益机制，使企业、农民合作经济组织等相关的龙头组织与农户形成“利益共享、风险共担”的利益共同体，

从而解决农户分散经营与大市场之间的矛盾，提高特色农业的整体规模效益，带动农户增收致富。现阶段，尽管陕南特色农业产业化经营已经由初级发展阶段转向快速发展阶段，但从各地的实际运营的整体情况看，利益机制还不完善，机制构建基础较薄弱，利益联结机制不健全，利益分配方式还不够合理，尚未形成长期稳固的利益共同体。主要表现在以下三个方面。

（1）利益机制构建基础薄弱，利益共同体脆弱。

利益机制构建依赖于多元主体的共同参与和协作。特色农业产业化经营需要规模大、实力强的龙头组织整合各参与主体的资源和优势，引导和规范各参与主体的经营行为，推动特色农业供产销各环节有机衔接，从而降低交易成本，增加共同体内部各方利益。然而，陕南特色农业产业化龙头组织实力整体较弱，没有通过资金、技术、服务等利益联结纽带与农户形成稳固的利益共同体，对相关主体的生产经营决策缺乏足够的控制力和影响力。作为相对独立的经济主体，各经营主体在市场机制作用下，往往以自身短期利益最大化为主要目标，缺乏长远发展眼光和风险共担意识。同时由于陕南农户多以分散、独立的方式进入特色农业产业化经营系统，力量薄弱，在与龙头企业的合作中，企业处于主动和强势地位，农户处于被动和弱势地位，农户缺乏农产品价格话语权和收益分享的谈判权，难以获得较多的利益，影响农户参与产业化经营的积极性和稳定性。在追求自身利益最大化的过程中，当龙头组织和农户利益一致时，利益共同体能够健康持续发展；当二者利益不一致时，二者则会发生利益冲突，相互转嫁风险，容易激化利益共同体矛盾，导致利益共同体解体。

（2）利益联结机制松散，农企关系不稳定。

根据农户与龙头组织利益联结程度的强弱，可以将农企利益联结机制分为松散型、半紧密型和紧密型三种。其中，松散型利益联结机制以农企双方通过市场自由交易为主要特征，龙头组织与农户不签订特色农产品收购合同，价格随行就市。半紧密型利益联结机制是一种契约型或合同型联结机制，往往由龙头组织与农户预先签订特色农产品收购合同，约定收购价格、数量和质量等级，双方结成半紧密型利益共同体。紧密型利益联结机制则以农户投资入股龙头组织、参与企业经营管理为特征，农户拥有企业股份，成为股东，按股分红，从而形成资金共筹、利润共享、风险共担的利益共同体。陕南特色农业产业化经营的龙头组织与农户现有的利益联结机制大多属于松散型和半紧密型，紧密型的利益联结机制较少，很多龙头企业只是与农户签订订单意向，建立松散的利益联结。农企关系受市场供求、价格波动、成本上升、自然风险以及企业追求自身利润最大化等多种因素影响，常常处于不稳定状态。一旦发生生产成本上涨、市场需求锐减、企业经营管理不善等问题，特色农产品价格波动幅度大，违约现象十分普遍。以汉中市为例，据统计，76%的企业没有形成农产品价格保护机制以及企业与农民“利益共享、风险共担”体制。①

（3）利益分配机制不完善，分配方式不合理。

特色农业产业化经营中的利益分配机制是指各参与经营的各利益主体，对特色农业产业化经营各环节运行过程中所形成的利益进行分配和再分配的一种制度安排。利益分配机制是对特色农业产业化经营主体之间利益关系的反映，是特色农业产业化经营体系的稳定和发展的关键。由于陕南特色农业产业化经营主体的利益联结方式以松散型和半紧密型为主，在利益分配环节，农户、龙头企业及相关中介组织主要采取逐级加价、多次增值的方式实现利润分配。农户主要以市场价格或订购合同约定的价格出售自己生产的特色农产品，获取生产环节的收益。企业和相关中介组织对收购的特色农产品进行筛选、加工、包装，赋予特色农产品更多的附加值，然后进入市场销售，获取加工和销售环节的增值收益。农民难以分享特色农产品加工、销售环节的增值收益，实际获得的收益率远远低于产业平均利润。以魔芋产业为例，相比其他特色农业产

① 封飞. 关于对我市农业产业化情况的调查和思考[EB/OL]. [2015-06-12]. http://rd.hanzhong.gov.cn/rdlt/dysk/201506/t20150612_204855.html.

业，魔芋产业收益率十分诱人，其中魔芋种植的收益率为 167%，干片加工的收益率为 50%，精粉加工的收益率为 70%，制品加工的收益率为 200%。魔芋加工是延长魔芋产业链，提高魔芋产品附加值的重要途径。但大多数魔芋种植农户主要依靠出售鲜芋获得相应收益，很难分享魔芋加工、流通环节的增值收益。为了获得更多的经济收入，陕南从事特色农业的经营主体大多采取兼业经营的方式，既从事特色农业生产经营，又从事其他非农产业生产经营，在自身资源和经营能力十分有限的条件下，将大量的人力、物力和财力从特色农业产业转移到其他产业中去，严重影响特色农业生产和经营效率。

2. 约束机制不健全，运作不规范

约束机制是特色农业产业化经营系统正常营运和多元主体利益实现的重要保障。根据特色农业产业化经营中各参与主体之间的利益联结机制不同，特色农业产业化经营的约束机制大致可以分为市场约束机制、合同约束机制和股份合作约束机制三种类型。陕南特色农业产业化经营的约束机制以市场约束机制和合同约束机制为主。市场约束机制主要从市场法则、市场法规、市场价格、产品供求等方面，对特色农业产业化经营主体的行为进行制约，从而约束特色农业产业化经营。与其他约束机制相比，市场约束机制对陕南特色农业产业化经营约束较强，市场需求的变化、特色农产品市场价格的波动和市场法规的调整都深刻影响和制约着陕南特色农业产业化经营各参与主体的行为。市场约束机制比较灵活，对市场变化反应迅速，但由于存在信息不对称问题，龙头组织和农户对市场信息的获取能力、判断能力和反应速度不同，市场约束机制发挥作用具有一定的迟滞性。近年来，陕南各地因市场需求变化，农户信息闭塞，反应滞后导致特色农产品滞销的现象时有发生。

合同约束机制是陕南特色农业产业化经营普遍采用的约束机制，主要由龙头组织与农户签订具有法律效力的产销合同、租赁合同或承包合同，双方的权利和义务一经约定，受合同约定条款约束。在具体实践中，以最低保护价收购是陕南特色农业产业化经营合同约束的核心。当市场价格高于合同约定价格时，采取随行就市的方式进行交易；当市场价格低于合同约定价格时，企业按合同约定的最低保护价收购产品。毋庸置疑，这种约束机制在陕南稳定特色农产品生产、保证农户收入、促进特色农业投资方面发挥了积极作用。但在实际运作中，也存在合同形式不规范、对龙头组织和农户履约约束和违约约束不强等问题。为规避市场风险，一些龙头组织与农户只达成收购意向，并未订立书面的购销合同，双方权利、义务不明确，条款约定不完备，具有的法律约束力不强。

股份合作约束机制是指龙头组织运用股份合作制吸引农户投资入股，形成紧密型利益共同体，双方的义务和权利受组织章程和法律的约束。近年来，在国家鼓励发展股份合作政策的引导下，陕南农户开始以土地承包经营权、资金、技术、劳动力等生产要素入股龙头企业和农民合作社，实行多种形式的联合与合作，与龙头组织结成利益共享、风险共担的利益共同体，采取“保底收益+按股分红”等方式，让农户分享特色农产品加工销售环节的收益。在这种机制作用下，特色农业产业化经营主体的行为不仅受到组织章程和相关法律的约束，还受到组织管理机构、监督机构以及多方股东的监督约束，形成了一个由多层次约束构成的有机制衡整体。现阶段，陕南农村股份合作制还处于初步发展阶段，股份合作经济组织实力较弱，内部治理结构不完善，运作还不够规范，股份约束机制的作用没有充分发挥出来。农户以生产要素的所有权或经营权入股龙头组织后，参与企业经营管理、监督的积极性不高，其相对弱势地位没有根本改变。

三、特色农业产业化经营保障机制不健全，发展不稳定

特色农业产业化经营是对特色农业传统经营模式的变革和创新，其本身还处于不断探索和发展阶段，需要有与之相适应的一系列机制来保

障经营体系良性运作和经营目标顺利实现。一般而言，特色农业产业化经营的保障机制主要涉及组织保障、制度保障、资金保障、人才保障、技术保障、服务保障和风险保障等多个方面。其中，组织保障是基础，稳定的组织是特色农业产业化经营体系存在和运行的前提与基础。制度保障是关键，健全的制度体系是特色农业产业化经营有序、规范运作的保证。资金保障、技术保障、人才保障、服务保障是提升特色农业产业化经营质量、实现特色农业持续发展的重要支撑。

1. 组织保障机制不健全，产业化经营组织实力弱

目前，陕南特色农业产业化经营组织规模小，分布分散，组织化程度不高，发展不够稳定。根据 2017 年陕西省对省级农业产业化经营重点龙头企业运行情况的动态监测结果显示，监测合格的龙头企业 395 家，监测不合格的龙头企业 70 家，陕南三市有 12 家龙头企业因达不到规定标准和要求，被取消农业产业化省级重点龙头企业资格，占不合格企业总数的 17.1%。与省内其他市区相比，陕南农民合作社和家庭农场发展相对缓慢，总量不足，实力弱小。2017 年，在陕西省农业厅公布的陕西省农民合作社示范社和陕西省示范家庭农场名录中，陕南三市拥有省级农民合作社示范社 236 家，省级示范家庭农场 165 家，分别占省级农民合作社示范社和省级示范家庭农场的比重为 26.4%、16.2%。受多种因素的制约，陕南家庭农场发展质量不高。2017 年陕南三市的省级示范家庭农场的总量远不及渭南市一个市的省级示范家庭农场数量。新型经营组织规模小、实力弱，质量低下，既不利于特色农业产业化经营体系的稳定发展，也深刻影响特色农业产业化经营效率提升，成为陕南特色农业产业化经营的短板之一。

2. 制度保障机制不健全，缺乏规范性

制度保障是特色农业产业化经营的关键条件，也是特色农业产业化经营持续发展的重要动力。特色农业产业化经营的制度保障主要包括合

同产销制度、价格保护制度以及风险补偿基金制度等。缺乏制度保障是当前陕南特色农业产业化经营的突出问题，主要体现在合同订立形式不规范、履约约束和违约罚则不明确；保护价格制度不完善，龙头组织保护价格的基准低，农户获得收益较少；风险基金制度不健全，特色农业产业化经营面临的自然风险、市场风险、技术风险、融资风险大，需要有专项的风险补偿基金提供支持和保障。陕南农户规模小，承受风险的能力弱。特色农产品加工、流通企业普遍缺乏风险管理意识，抗风险能力有限。现有的农业风险补偿基金种类少，覆盖面窄，补偿力度小，对涉农企业、中介组织和农户的引导和支持作用有限。在陕南现行的农业保险体系中，政策性农业保险多，商业性农业保险少，面向地方特色农产品生产经营的险种更少。农户对农业保险的认知度普遍不高，投保参保的积极性不高。

3. 资金保障机制不健全，资金短缺

特色农业产业化经营需要大量稳定的资金支持。由于陕南特色农业基础薄弱，自身积累资金能力不足，从事特色农业生产经营的企业、中介组织和农户普遍面临着资金短缺的难题。由于缺乏必要的贷款抵押物，企业获得金融机构贷款扶持的难度大，融资渠道窄，在特色农产品生产基地建设、技术改造、人才培养等方面的发展资金尤为紧缺。根据对部分县区的调查，银行贷款仅能满足企业发展资金的 20%～30%，资金缺口比例高达 70%。[①]目前，虽然各级政府不断加大陕南农业产业发展专项资金扶持力度，但相对于陕南特色农业产业化经营所需的巨大资金缺口而言，资金总体规模小。

4. 技术保障体系不健全，现代农业技术推广应用程度低

陕南特色农业生产整体上仍然没有摆脱“靠天吃饭”的状态，农业

① 旬阳县农产品加工企业经济运行分析[EB/OL]. [2012-01-16]. http: //www.ankang.gov.cn/Content- 152257.html.

科技企业数量少，农业科研攻关力量薄弱，农业科技成果推广迟滞，农业科技培训体系不健全。特色农业生产基本上依靠农民世代积累和传承下来的经验，现代农业科技在特色农产品生产、加工和流通环节的应用程度和普及率不高，导致特色农产品的技术含量较低，经济效益差。以茶叶为例，陕南茶叶研发机构少，茶食品、茶饮品和茶保健品等茶叶深度开发和综合利用基本上处于空白状态，茶叶加工主要以一家一户的传统作坊式加工为主，加工设备和加工技术落后，加工标准不一，质量参差不齐，产品市场竞争力不强。

5. 人才保障体系不健全，农业人才培训机制不健全

优秀的农业经营人才，特别是熟悉特色农业生产知识，懂经营、会管理的新型农村实用人才和特色农业科技人才是特色农业产业化经营的关键支撑。长期以来，受地理位置和社会经济环境的制约，陕南农村教育发展较为滞后，农民教育主要依靠家庭教育和学校教育，农民获得职业教育和培训的机会少，农业生产经营人员受教育程度普遍不高。截至 2016 年底，陕南农业生产经营人员 259.76 万人，占陕西省农业生产经营人员总数的 26.7%，规模农业经营户农业生产经营人员 4.69 万人，占陕西省规模农业经营户农业生产经营人员总数的 15.7%。农业生产经营人员受教育程度远远落后于关中和陕北地区，整体文化素质不高。如图 5-1 和表 5-2 所示，陕南农业生产经营人员和规模农业经营户农业生产经营人员的受教育程度以小学和初中为主，具有高中以上文化程度的农业生产经营人员比重较小，农业生产经营人员整体素质落后于全省平均水平。近年来，随着陕南农村劳动力人口大量外流，农业人口中的高素质人力资源流向城市，流出的农业人才远远超过流入的农业人才，人才荒已经成为制约陕南特色农业产业化经营的重要瓶颈之一。

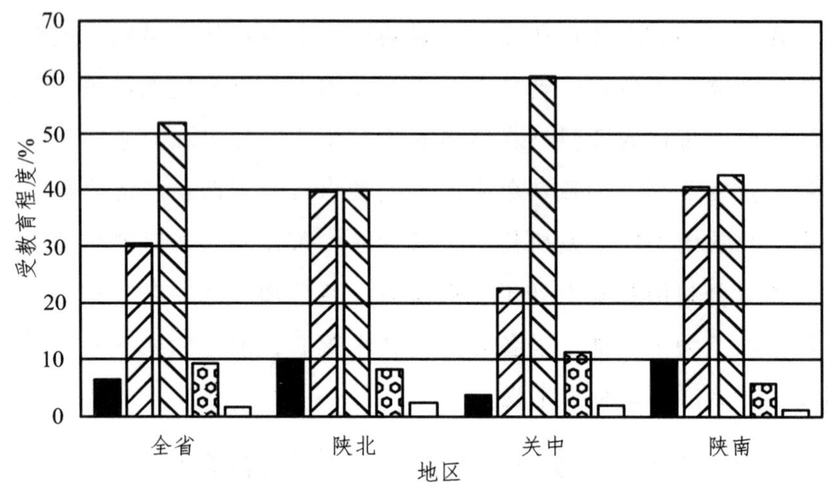

图 5-1　2016 年陕西各地农业生产经营人员受教育程度对比

表 5-2　2016 年陕西省各地规模农业经营户农业生产经营人员受教育程度统计

受教育程度/%	地　区			
	全省	陕北	关中	陕南
未上过学	3.6	4.0	2.7	5.7
小学	25.5	31.9	19.1	33.6
初中	55.8	49.4	62.1	48.0
高中或中专	2.7	11.6	13.9	10.8
大专及以上	2.5	3.2	2.2	1.9

数据来源：陕西省第三次全国农业普查领导小组办公室、陕西省统计局，《陕西省第三次全国农业普查主要数据公报》，2018 年。

6. 服务保障体系不健全，特色农业社会化服务水平低

建立社会化的服务体系是农业产业化经营的内在要求，也是促进分散的农户经营向社会化的农业生产体系转轨的重要保障。特色农业产业化经营需要有与农业相关的社会经济组织为从事特色农业生产的经营者提供产前、产中、产后的信息以及技术、资金、物资、经营、管理等方面的全程服务，以促进各生产经营要素紧密联结和有效运行。目前，陕南与特色农业相关的社会经济组织数量少，组织分散，覆盖面窄，服务

内容单一。大部分社会化服务组织提供的服务内容主要集中在种植技术指导和培训、特色农产品销售、农资购买等方面，远远不能满足农户不断增长的多元化、社会化服务需求。由于陕南农村集体经济组织实力薄弱，组织机构涣散，难以承担起提供农业社会化服务的职能。农村基层的公益性服务管理体制不健全，服务整体效率不高。以汉中市为例，据调查，汉中市镇村农业服务体制未理顺，服务站所配置不齐全，40%村组农业服务组织几乎为空白，种子种苗、疫病防治、科技推广尤为薄弱，种植业中存在的脱花、脱果、烂果、保鲜贮藏、防疫、治病等难题长期无法解决。[①]总体上，陕南特色农业社会化服务体系建设还比较滞后，特色农业服务组织规模小，服务资源分散，还不能适应市场经济条件下特色农业产业化经营的要求。

第二节　陕南特色农业产业化经营问题的成因分析

一、自然地理环境制约陕南特色农业规模化、集约化发展

陕南位于秦岭山脉以南，巴山山脉以北，地形地貌结构复杂，山脉连绵起伏。地形呈“两山夹一川”之势，地貌以山地丘陵为主，平坝面积较小。境内汉江自西向东川流而过，大小河流众多，素有“八山一水一分田”之称。陕南 28 个县（区）总面积 7.02 万平方千米，占陕西省总面积的 34.1%。但大部分土地为山地，宜耕性能较差，导致陕南耕地面积小，分布零星分散，开发利用难度大。截至 2016 年底，陕南三市常用

① 封飞. 关于对我市农业产业化情况的调查和思考[EB/OL]. [2015-06-12]. http://rd.hanzhong.gov.cn/rdlt/dysk/201506/t20150612_204855.html.

耕地面积 800.3 万亩，仅占陕西省常用耕地总面积的 18.3%。如表 5-3 所示，2016 年底，陕南每一乡村人口占有耕地面积远远低于陕西省平均水平。现有耕地中，坡耕地比重大，耕地质量较差，呈现出“三多三少”现象，即山坡地多平地少、旱地多水地少、一般耕地多基本农田少。耕地少、分布散、质量差，不仅制约陕南特色农业的规模化种植和专业化生产，也影响陕南特色农业的区域化布局和基地化建设。

表 5-3　2016 年陕西省各市（区）常用耕地面积

地区	年末常用耕地面积/万亩	每一乡村人口占有耕地面积/亩
全省	4 372.62	1.65
西安市	346.8	0.9
铜川市	100.74	2.25
宝鸡市	443.925	1.65
咸阳市	524.625	1.35
渭南市	740.22	1.8
延安市	368.895	2.4
汉中市	305.655	1.05
榆林市	1 028.19	3.75
安康市	294.285	1.2
商洛市	200.415	0.9
杨凌示范区	8.16	0.75

数据来源：《陕西统计年鉴 2017》。

由于地理环境复杂，光、热、水等自然资源，生物类型，土壤类型，土地属性，利用类型，生产力在垂直地域分布上也存在着明显差异，深刻影响和制约陕南特色农业的规模化经营开展。此外，特殊的地理位置和复杂的气候条件也使陕南成为一个自然灾害频发的地区，各种旱灾和洪涝灾害对特色农业生产造成严重冲击。据统计，仅 2017 年陕南自然灾害受灾人口达 204.64 万人，其中旱灾受灾人口 110.97 万人、洪涝受灾人口 73.04 万人、风雹受灾人口 20.63 万人，农作物受灾面积 207.9 万亩，农作物绝收面积 29.5 万亩。根据陕西省综合灾情指标分析，全省十市中陕南三市综合灾情较重，分别位列综合灾情排序第一、第三和第五位，其中安康市灾情最重，位列全省第一。频发的自然灾害对特色农业生产经营危害巨大，不仅造成农作物、农田水利设施的破坏，也直接影响特色农业生产者的积极性和投资者的投资信心，给特色农业产业化经营带来一系列负面影响。

二、市场经济基础薄弱，影响陕南特色农业市场化、社会化发展

陕南历史上是一个传统的农业地区，长期处于封闭的自然经济状态，商品经济发展十分缓慢。农业生产主要以家庭为基本单位，依靠家庭劳动力在小块土地上的独立耕作实现自给自足。狭隘的生产目的、分散的生产组织形式和封闭的社会环境，一方面束缚了陕南特色农业生产的规模化发展，另一方面也割裂了特色农业生产与社会需求的广泛联系。特色农产品生产的主要目的是满足生产者自身的消费需求，而非市场需求。生产者与市场发生联系较少，特色农产品商品率较低，往往是在家庭消费过剩的情况下，才进行商品交换。改革开放后，陕南农村经济逐渐从自然经济、半自然经济向商品经济转化，农村生产力得到空前解放和发展，市场经济有所发展。但由于传统的自然经济根深蒂固，商品经济发展缓慢，市场机制不健全，陕南特色农业生产的社会化水平还很低，自给自足的自然经济仍占有相当大的比重，市场经济发展相对落后。在陕南农村，广大农民自给自足、靠天吃饭、日出而作、日落而息的生产生活方式还没有发生根本性改变。特色农业生产经营领域的各类企业、合作社、专业户等市场经济主体发育不够成熟，很多特色农业生产经营者的观念落后，思想意识还停留在自然经济的自给自足阶段，缺乏围绕市

场需求发展特色农业产业的观念，没有形成特色农业市场化经营意识。目前，陕南只有 51.2%的乡镇有商品交易市场，以粮油、蔬菜和水果为主的专业市场的乡镇比重仅为 39.1%。大部分特色农产品交易市场规模小、交易量少、交易成本高等问题突出，深刻影响和制约陕南特色农业市场化、社会化发展。

三、社会文化保守，制约特色农业产业化、专业化进程

特色农业与社会文化之间存在着天然的有机联系。没有特色农业，社会文化就会失去一个取之不尽、用之不竭的重要源泉。没有社会文化，特色农业发展就会失去内在的精神和动力。社会文化是维持特色农业持续发展的重要因素，也是推动特色农业向产业化、专业化方向转型发展的重要动力。社会文化的核心是观念形态，它是人们在长期的生产和生活实践中形成的价值观念和思维方式的总和。不同地区受历史传统、自然环境等多方面因素的制约，形成了不同的价值观念和思维方式。依据不同社会文化的精神性质，可以将区域社会文化分为创新型文化和保守型文化两种类型。创新型文化积极开放，倡导创新、鼓励创新、支持创新，接纳失败。保守型文化消极保守，因循守旧、思想僵化、排斥变革，害怕失败。国内外诸多实践表明，创新型文化与现代农业经济具有内在的相容性，凡社会文化开放、思想观念活跃的地区，往往是特色农业发展迅速的地区，也是经济增长较快的地区。

陕南位于我国内陆腹地，受地理环境的封闭性影响，陕南社会文化倾向封闭保守，小农意识浓厚，安于现状，害怕风险、求稳心理明显，喜欢循例遵俗，追求稳定安逸生活，容易满足于既得利益，对外部世界缺乏强烈的探求意识，改革创新意识不强。在陕南地势相对平坦的汉中盆地，人们的盆地意识比较明显，很多人小富即安意识浓厚，缺少进取、开拓、拼搏和创新精神。安康位于陕、川、鄂、渝四省市交界地带，山

多地少，山地与丘陵占土地总面积的 97.93%，文化上受荆楚文化、巴蜀文化、秦陇文化影响较深，具有典型的农耕文化和山地文化特征，保守、封闭，小富即安、小成即满思想倾向突出。商洛地处秦岭东段南麓，山峰林立、丘陵起伏，地理条件复杂，自然景观独特，形成了一个相对封闭、安静、清幽的“世外桃源”，但也孕育了商洛文化中小益而足、求稳惧变、封闭自满、因循守旧，安于现状，不求进取的保守思想。这种小富即安、小成则满、小益而足的传统观念不仅深深束缚了陕南特色农业发展观念的创新和变革，也在一定程度上深刻影响着当地人从事特色农业生产经营的积极性。改革开放后，尽管传统的相对封闭的经营状态逐渐被打破，陕南特色农业生产经营开始面向市场，走市场化、专业化道路，但传统社会文化中封闭、保守、自满等消极因素对陕南特色农业发展的影响仍然存在。在这种传统的文化观念和思维模式影响下，很多从事特色农业的生产经营者往往满足于维持现状，缺乏扩大生产规模、创新经营模式、开拓新市场的勇气和动力。

四、农业基础设施落后，制约陕南特色农业现代化发展

农业基础设施是增强特色农业综合生产能力、提升特色农业现代化水平的重要手段。目前，陕南特色农业产业化经营水平不高的一个重要原因在于农业基础设施落后，特别是农田水利设施十分薄弱，农业机械化程度远远落后于陕北和关中地区。截至 2016 年，陕南灌溉耕地面积 183.37 万亩，仅占耕地总面积的 22.9%，大部分耕地为丘陵坡地，缺乏灌溉条件。受旱涝灾害影响，陕南特色农业产出水平低，生产极不稳定。与陕北和关中相比，陕南农业机械拥有量少，农业生产过程中现代化农业机械普及程度较低。如表 5-4 所示，2016 年末，陕南拥有的主要农业机械中，除机动脱粒机和果树修剪机外，陕南拥有的农业机械数量不及全省各类农业机械数量的 30%。其中，陕南拥有拖拉机 13 999 台，仅占

全省拖拉机总量的 4%，为陕北地区拖拉机拥有量的 1/7、关中地区拖拉机拥有量的 1/15。

表 5-4 陕西省各地主要农业机械数量　　单位：台

指标	全省	陕北	关中	陕南	陕南占全省的比重
拖拉机	324 181	103 961	206 221	13 999	4%
耕整机	49 145	20 182	20 230	8 733	18%
旋耕机	255 622	72 304	145 254	38 064	15%
播种机	51 476	20 812	29 748	916	2%
水稻插秧机	1 219	433	440	346	28%
排灌动力机械	45 858	16 305	17 225	12 328	27%
联合收获机	15 964	1 002	14 139	823	5%
机动脱粒机	156 419	51 283	27 632	77 504	50%
果树修剪机	7 790	1 164	3 095	3 531	45%

数据来源：陕西省第三次全国农业普查领导小组办公室、陕西省统计局,《陕西省第三次全国农业普查主要数据公报》, 2018 年。

陕南农业装备现代化水平低，水利、道路、交通、通信、仓库、冷藏库等基础设施落后，不仅严重制约着陕南特色农业的持续稳定发展，也导致陕南特色农业生产成本高、产出水平低、经济效益差。很多特色农产品受交通运输、仓储保存条件的限制，产销衔接不畅，流通效率低，流通成本高，市场竞争力不强。以茶叶为例，由于陕南茶叶生产机械化程度低，在茶叶生产中，人工成本和加工成本居高不下，其中采摘成本是人工成本中的最大成本，占总生产成本的 50% 以上。在一些劳动力短缺的茶区，采摘环节的人工成本更高，导致茶叶成本中近 70% 为人工成本。成品茶从生产者到消费者的流动过程中要经过茶叶商贩、茶叶经纪人、批发商等若干中间商，每一级中间商层层加价，导致茶叶终端零售价格不断提高。在激烈的茶叶市场竞争中，陕南茶叶不具有明显的价格优势。

五、经营战略缺失，特色农业产业化经营协调性不佳

对特色农业产业化经营活动进行科学的管理是特色农业产业化经营提高经济效益、实现良性发展的重要保证。特色农业产业化经营涉及多种类型的经营主体，为了实现预期的目标，需要通过有效的计划、组织、指挥、协调和控制对产业化经营主体及其经营活动进行科学的管理，促进特色农业产业化经营的各种资源和相关经济要素紧密结合，使整个经营过程各种资源要素得到优化配置和合理使用，保证特色农业产业化经营活动各环节有机协调并规范运行，实现最佳的经济效益。目前，陕南特色农业产业化经营的模式已经基本形成，但在具体的运作过程中，生产、加工和销售各环节的资源要素大多是由相互独立的不同经营主体来配置和使用的。由于缺乏系统的管理制度、明确的经营战略和规范的组织方式，各经营主体行为的盲目性和随意性较大，非理性行为特征明显。在经济利益的驱使下，绝大部分经营主体以追求自身利润最大化为目标，各自为政，很少从产业整体发展的高度，对特色农业产业经营环境进行战略分析和研究，缺乏科学的经营战略和长远的发展规划。面对激烈的市场竞争，很多经营主体不能科学、准确地判断市场供需变化，对特色农产品种植品种的选择往往盲从于市场短期的价格波动，造成市场供求关系失衡，产品同质化现象严重，市场竞争力低下。近年来，陕南多地先后发生过蔬菜、水果、药材等特色农产品滞销事件，大量的新鲜特色农产品被贱卖、弃收甚至销毁，造成了人力、物力和财力的极大浪费。

六、政策体制因素：管理体制不顺畅，扶持政策不完善

特色农业产业化经营是一个长期复杂的系统工程，涉及政府、市场、企业、合作经济组织、中介机构和农户等多方面的关系，既需要生产经营主体面向市场，以市场需求为导向建立生产、加工和销售等环节的有

机联系，也需要政府进行合理的宏观指导和政策支持。然而，受传统农业管理体制的影响，陕南特色农业管理体制还不健全，与特色农业生产经营密切相关的平行产业的部门分设，部门分割、职能交叉、权责不清等问题较为突出。当前，陕南特色农业产前、产中和产后环节的管理仍处于分割状态，各部门从自身的角度出发出台的农业扶持政策多而散，缺乏有机的衔接和协调，难以形成推进陕南特色农业产业化经营的整体合力。现行的特色农业扶持政策存在“重流通加工轻种植生产”“重企业轻农户”的倾向。陕南各地相继出台一系列促进特色农业和农业产业化发展的规划中，将支持的重心放在农业产业化重点龙头企业和农产品加工环节，对农户、合作社和家庭农场的财政、税收、金融信贷支持政策少，扶持力度相对较小。在特色农业产业化经营过程中，农户、合作社和家庭农场面临发展权利不充分、发展能力弱、发展机会少等问题，尤其是处于产业链低端的小农户数量多、规模小、能力弱、发展机会少，难以分享财政支农的政策红利和金融信贷保险服务。

七、特色农业自身因素：周期长、投资大、风险高

特色农业是一个天然的弱质产业，具有地域性强、季节性强和生产周期长等特点。陕南特色农业基础薄弱，制约了特色农业产业化的发展。一方面，特色农业规模化种植所需投资大、见效慢、投资回收期长，影响产业化经营的发展速度和成效。以茶叶为例，一亩密植茶园从栽植到投产通常需要两年左右的时间，前期投资 1 万元以上，第三年才可以采摘茶青，第四至五年才进入茶叶丰产期。茶树生产期间，为保证茶叶产量和品质，还需要不断追加投资，用于施用基肥、定植修剪和防治病虫害。另一方面，陕南特色农业生产过程中受自然因素、市场因素影响大，导致特色农业产业化经营风险高。复杂的地理地貌环境造成陕南各地的土壤成分、光照、温湿度存在明显的差异，致使特色农产品个体之间差异大，整体品质难以统一。以柑橘为例，陕南柑橘成熟期为每年的九、

十月份，恰逢陕南秋季多雨期，雨水多、光照差，柑橘经常遭受“秋淋”，影响果实的色泽、口感、硬度及耐贮性。同时由于降雨时间长、雨量大，土壤通透性差，容易引发柑橘湿害和病害，导致橘树烂根、树势衰弱、树体抗逆性差，进而引发冻害。目前，陕南大部分特色农产品生产经营管理主要依靠主观经验，从品种选育、播种收获、加工整理到包装上市没有形成一套统一的标准和规范，导致产品质量参差不齐，影响陕南特色农产品的品牌形象和市场竞争力。此外，由于陕南特色农产品大部分为初级产品，很多产品特别是生鲜农产品成熟期集中、保质期短，极易腐烂变质，不易贮运，销售范围往往囿于狭小的本地市场，容易出现产品同质化低价竞争。如果在短期内无法出售产品回收投资，就可能面临滞销和亏损的风险，加大生产经营者的经济风险。

第六章 世界发达国家特色农业产业化经营的经验

特色农业是世界发达国家农业的重要组成部分，在农业经济和农产品贸易中占有十分重要的地位，受到各国的高度重视。产业化经营是世界发达国家推动特色农业发展的共同选择和基本经验。自 20 世纪 50 年代以来，伴随着科学技术的飞速发展和社会生产力的不断提高，世界主要发达国家开始借鉴现代工业的发展思维，用管理现代工业的办法来组织特色农业生产和经营，将特色农业的产前、产中和产后各环节看作一个紧密联系的产业链系统，成为特色农业产业化经营的先行者和实践者。经过半个多世纪的探索和实践，以美国为代表的世界发达国家打破了传统的特色农业发展思路，实现了特色农业的规模化、产业化和市场化经营，不仅拓展了传统特色农业的发展空间，催生和发展了一批新的产业形态，而且还提高了特色农业的综合效益和产业竞争力，改变了特色农业的弱势地位。尽管各国的产业基础、资源条件、生产要素结构、社会经济环境大相径庭，对特色农业产业化经营的称谓也不尽相同，但在推进特色农业产业化经营过程中，所采用的基本经营思路、经营模式和政策策略都具有某些共同的特征和规律性。我国特色农业产业化经营起步较晚，经营质量效益不高，研究和借鉴世界发达国家特色农业产业化经营的主要经验、教训及其发展趋势，取其之长，避其之短，融其之精，对于加快推进我国特色农业产业化经营、实现农业现代化具有重要的意义。

第一节　美国特色农业产业化经营的历史演变

美国是世界上农业最发达的国家之一，也是特色农业产业化经营的典型代表。除玉米、小麦、大豆等主要粮食作物生产经营外，以棉、麻为代表的纤维作物，以花生为代表的油料作物，以甘蔗、甜菜为代表的糖料作物，以烟草为代表的嗜好类作物和以马铃薯、红薯为代表的薯芋类作物在美国得到广泛种植。在政府政策和相关法律法规的引导与支持下，美国逐渐形成了以家庭农场为经营主体，特色农业产前、产中、产后相关企业紧密联系的农工商一体化经营模式，推动美国特色农业产业化经营不断向更高阶段演进。

美国地处北美大陆南部，地形复杂，东部是低矮的山地，中部是广阔的平原，西部多为高原和山地，地势中部低，西高东缓，区域内湖泊、河流众多，水资源丰富。美国气候类型多样，以温带大陆性气候为主，南部属亚热带气候，中北部平原温差大，大部分地区雨量充沛，分布均匀，宜于各种特色农作物生长。从 1607 年英国殖民者到达北美建立殖民地至今的 400 多年里，美国特色农业经历了一个由原始到现代、由不发达到发达的历史过程，大体上可以分为原始时期、缓慢发展时期、产业化格局形成期和现代化时期四个阶段。作为一个后起的资本主义国家，美国在发展特色农业的过程中，积极借鉴世界各国农业的先进技术和经验，积极引进特色农作物优良品种，大力推进农业科学技术研究和推广应用，促进了特色农业的快速发展，实现了特色农业在较短的时间从原始到现代的巨大跃进。

一、美国特色农业的早期发展（1775 年之前）

印第安人是美国特色农业的先驱者。早在欧洲人到来之前，北美的种植业已有相当程度的发展，部分特色农作物的栽培种植技术已经达到相当高的水平。相关资料显示，早在公元前 7 000 年前，印第安人已经将野生玉米培育成人工栽培作物了。历经漫长的发展演变，到公元 1 000 年左右，北美大陆上生活的原住民印第安人先后培养和改良野生植物，包括玉米、马铃薯、红薯、木薯、山药、花生、向日葵、黄瓜、西红柿、南瓜、西葫芦、辣椒、豇豆、菜豆、扁豆、菠萝、鳄梨、草莓以及烟草等多个农作物品种，形成了以玉米、豆类和瓜类等农作物为主的农业种植体系。如表 6-1 所示，今天世界上常见的农作物品种很多都是由印第安人培育出来的。其中，玉米对世界农业发展的影响最大，被誉为人类农业史上最卓越的成就之一。

表 6-1　印第安人培育的主要农作物

类别	作物名称
粮食作物	玉米、马铃薯、红薯、木薯、多种豆类
经济作物	烟草、橡胶、花生、可可等
蔬菜	番茄、辣椒、南瓜、西葫芦、豇豆、菜豆、扁豆等
水果	菠萝、鳄梨、草莓

“新大陆”被发现后，随着欧洲移民的不断进入，特色农作物种植除当地印第安人的原始农作物品种外，欧洲移民带入的农作物品种也得到广泛种植，使得这一时期的农作物品种不断增多。这一时期，伴随着北美殖民地农业经济的不断发展，初步形成了北部种植玉米、中部种植小麦、南部种植烟草的产业格局。与此同时，北部新英格兰形成了自耕农土地私有制的土地制度；南部形成了种植园奴隶制以及相当数量的自给自足的小农户；中部地区介于南、北之间，既有种植园奴隶制，又有自给自足的自耕农土地私有制。错综复杂的制度体系为美国特色农业的变革和发展孕育新的契机与方向。由于大多数移民选择农业生产作为谋生方式，逐渐形成了以家庭为单位的农业经营模式，为美国家庭农场的形成和发展奠定了雏形。尽管这一时期，北美地区农业生产工具极为简陋，农业生产技术十分落后，特色农产品生产效率相当低下，产量不高，但初步奠定了美国特色农业发展的基础。

二、美国特色农业的近代发展（1776—1900 年）

从 1776 年美国独立到美国南北战争结束后的一百多年，是美国自由资本主义充分发展的重要时期，也是美国特色农业发展的关键阶段。这一阶段，美国摆脱了英国殖民统治，开始走上领土扩张之路，美国土地面积迅速扩大，人口迅速增加。从 1776 年开始到 1853 年的近 80 年时间里，美国的国土面积增长了 7 倍之多。1866—1900 年，美国耕地面积由 4.07 亿英亩增加到 8.79 亿英亩，相当于英法两国面积的总和。1790—1860 年，美国本土人口和移民人口增长率明显提高，在 70 年间，美国总人口增长了 7 倍。土地面积和人口的不断增加，为美国特色农业的发展提供了丰富的自然资源和劳动力资源。美国南北战争期间，美国进行了一系列土地制度改革，进一步解放了农业生产力，有力地促进了美国特色农业的快速发展。

1. 特色农产品种植规模不断扩大

美国独立后初期，农业仍然是主要的经济活动，农业在国民经济中占有十分重要的地位。在发展农业的过程中，美国依托传统优势特色农业资源，不断扩大特色农产品的种植规模，积极发展以玉米、棉花、大豆、亚麻、甜菜、花生、甘薯和烟草等为代表的特色农业。如表 6-2 所示，这一时期，美国主要特色农产品的收割面积和产量均呈现出快速增长态势。以棉花和烟草为例，1898 年，美国的棉花收割面积和产量较 1866 年分别增长了 2.2 倍、4.37 倍。烟草的收割面积和产量比 1866 年分别增长了 1.83 倍、1.87 倍。

2. 家庭农场逐渐成为美国特色农业经营主体

1862 年，美国政府颁布了新的土地法令——《宅地法》，该法令规定，从 1863 年 1 月 1 日起，凡年满 21 岁的美国公民或符合入籍规定申请加入美国国籍的外国人，为了居住和耕种，免费或缴纳 10 美元登记费即可领得不超过 160 英亩的西部国有土地作为份地。耕种 5 年后，或 5 年内在宅地上居住满半年并按每英亩 1.25 美元缴纳费用者，所领取的土地即归其所有。在这一法令的推动下，无偿领取宅地便成为西部众多拓荒者新建农场的主要途径之一。1863—1880 年，美国明尼苏达、内布拉斯加、达科他和堪萨斯新建的农场达 24.2 万个，其中一半以上的农场都是由新来的宅地者建立的。[①]可以说，《宅地法》的颁布不仅确立了小农土地所

① 何顺国. 美国西部拓荒农场主的形成和演变[J]. 世界历史，1986（10）：24.

有制，而且几乎无偿赠予土地的方式也为美国家庭农场和商业性农业的发展奠定了基础。这一时期美国自耕的小型家庭农场数量急剧增长，逐渐成为美国特色农业生产和经营的重要单位。据统计，1860—1890 年间，美国农场数量从 204 万个增加到 456 万个，农场面积从 4.07 亿英亩增加到 6.23 亿英亩，农场数量增长了近 1 倍，其中以家庭农场为主的农业生产经营组织超过了 60%。

表 6-2 1849—1898 年美国主要特色农产品收割面积和产量统计

年份	棉花		玉米		亚麻籽		烟草		甘薯	
	收割面积/千英亩	产量/千包	收割面积/千英亩	产量/百万蒲式耳	收割面积/千英亩	产量/百万蒲式耳	收割面积/千英亩	产量/百万磅	收割面积/千英亩	产量/千英担
1849	—	2 469	—	592	—	0.6	—	—	—	21 047
1859	—	5 387	—	839	—	0.6	—	—	—	23 152
1866	7 666	2 097	30 017	731	—	1.8	394	316	—	—
1870	9 238	4 352	38 388	1 125	—	2.4	424	345	352	17 001
1875	11 348	4 631	52 446	1 450	—	5.4	746	609	425	17 885
1880	15 921	6 606	62 545	1 707	—	7.5	650	469	469	22 070
1885	17 922	6 576	71 854	2 058	—	9.3	815	611	474	22 061
1890	20 937	8 653	74 785	1 650	2 283	19.2	851	658	531	24 730
1891	21 503	9 035	78 855	2 336	2 040	16.7	955	747	537	25 175
1892	18 869	6 700	76 914	1 897	1 423	11.8	1 039	757	544	25 500
1893	20 256	7 493	79 832	1 900	1 287	10.4	1 096	767	545	25 088
1894	21 886	9 091	80 069	1 615	1 457	10.5	993	767	548	27 322
1895	19 839	7 162	90 479	2 535	2 039	21.4	1 006	745	545	24 687
1896	23 230	8 533	89 074	2 671	1 848	17.7	1 038	760	557	23 101
1897	25 131	10 899	89 965	2 288	1 365	13.2	978	703	531	22 873
1898	24 715	11 278	87 784	2 351	1 889	18.5	1 116	909	547	27 909

数据来源：US. Bureau of the Census, Historical Statistics of the United States, Colonial Times to 1970, Bicentennial Edition, Part 2, Washington, D.C., 1975: 512-518.

3. 特色农业生产日益专业化

早在 19 世纪初，美国就开始根据不同地区的自然和社会经济条件以及农业生产种植的客观要求，对种植业和畜牧业进行合理布局，促进农业区域化、专业化发展。南北战争之前，密西西比河东部是美国小麦的主要种植区域，从俄亥俄州到艾奥瓦州的中部各州是美国玉米种植中心。南北战争结束后，美国农业不断向西扩展，逐渐形成了集中种植特色农作物的生产地带。如小麦产区从密西西比河东部逐渐扩大到西部，从北达科他州到得克萨斯州的广大地区以及西海岸各州都成了重要的小麦产区，形成了小麦带。棉花产区也从南部向西推进，延伸到西南部的一些州。在农业向西拓展的同时，美国东北部和南部地区也根据市场需求变化和竞争形势变化，大力发展蔬菜、水果、乳牛、家禽饲养，形成了新的专业化生产区。如大西洋中部沿岸地区形成了专门生产蔬菜的农业区域，太平洋沿岸地区形成了亚热带蔬菜、水果的专业生产区。在地区专业化不断发展的过程中，许多农场从最初经营几种产品转到经营一种农产品或专门生产中间产品，从而出现了农场生产专业化或者是生产工艺专业化。如在蔬菜和水果生产中，有的农场专门生产种子，有的农场专门培育幼苗，有的农场则专门从事加工包装、物流运输等活动。

4. 农业机械化程度显著提高

美国独立后初期，农业生产主要以铁木农具、畜力和手工操作为主，生产方式十分落后，导致特色农业发展缓慢。南北战争后不久，美国迎来了第一次农业革命的高峰。为解决地广人稀、人少地多的矛盾，美国政府大力兴建农业基础设施，积极发展农业机械工程技术，不断改良和发明新型农业生产工具，大力推广应用改良农具和机械农具，促进美国农业生产效率不断提高。据不完全统计，1865—1900 年，美国农业发明专利达 12 900 项，覆盖备耕、播种、施肥、中耕、收割的农业生产各个环节。如表 6-3 和表 6-4 所示，这一时期，一系列马拉农用机器的发明，用马匹等畜力代替人力，极大地提高了美国特色农业劳动生产率。1870—1900 年，美国农业劳动生产率提高了 47%，农业总产值增加到 58 亿美元。1862

年，美国成立农业部，下设农业研究局和农业技术推广局等职能机构，专门负责农业研究、指导工作，为推动美国特色农业的蓬勃发展提供了有力的组织保障。

表 6-3　1793—1885 年美国农业生产机器发明主要成果

时间	主要发明成果
1793 年	轧棉机
1797 年	铁犁
1820 年	马拉耘田机
1831 年	刈草机
1833 年	马拉收割机
1837 年	脱粒机
1850 年	剥壳机
1851 年	谷物播种机
1854 年	割草机
1855 年	玉米播种机
1858 年	马希式收割机
1878 年	盘绕式扎谷机
1885 年	联合收割机

表 6-4　1830—1896 年美国主要农作物劳动生产率变化情况

主要作物	劳动时间				劳动费用/美元	
	年份	人力	年份	人力	人力	机器
小麦	1830	6 小时 5 分	1896	3 小时 19 分	3.554 2	0.660 5
玉米	1855	38 小时 45 分	1894	16 小时 18 分	3.652 0	1.513 0
燕麦	1830	66 小时 15 分	1893	7 小时 58 分	3.729 2	1.073 2
土豆	1866	108 小时 55	1895	38 小时	10.891 6	3.800 0
棉花	1841	167 小时 48	1895	78 小时 42 分	7.877 3	7.870 0
甘蔗	1855	351 小时 21	1895	19 小时 33 分	31.940 9	11.318 9
烟草	1853	311 小时 23	1895	252 小时 55 分	23.353 8	25.116 0

资料来源：刘合光，潘启龙. 中美农业比较分析[M]. 北京：中国经济出版社，2015.

5. 美国农业教育逐步发展

农业教育是推动美国农业革命的重要力量。早在 1792 年，哥伦比亚大学创办了美国第一个农业讲座，并得到纽约州议会的基金支持。1822 年，美国第一所专门培养农业人才的专科学校——加德纳学园在缅因州成立。1824 年，康涅狄格州创办了德比农业学校。1831 年，宾夕法尼亚州和纽约州相继创办了多所农业学校。1857 年，美国州立的第一所高等农业学校——密执安农业专科学校成立。1858—1859 年，密歇根农学院、费城农业大学、纽约州立农学院等多所农业院校相继成立。1862 年，美国国会通过《对开办学院以促进农业和机械工艺的各州和准州授予公有土地的法案》(简称《莫里尔法案》)，依照每州参加国会的议员人数每人拨给 3 万英亩土地，用于资助、供给和维持农业学院发展，并明确要求获资助的农业学院开设的主要课程要依照各州议会规定之方式，讲授与农业和机械工艺有关的知识，为农业发展培养所需的专门人才。《莫里尔法案》实施后，联邦政府共拨地 1 743 万英亩用以赠地学院的建设。其中有 28 个州单独设置了农工学院，其余的州将土地拨给已有的州立学院成立州大学或在州立大学内添设农工学院。众多农业院校的相继创办，为众多美国农民子女提供了学习农业知识和技能的机会，入校学生数量迅速增加。据统计，1882—1885 年，由联邦政府资助的赠地学院在校生人数由 2 432 人增加到 2.5 万人，增长到 10 倍左右。

6. 农业合作组织逐渐兴起

伴随着大量家庭农场的发展和农产品市场竞争的不断加剧，美国中小农场主为改善自身市场地位，降低农业生产经营成本，增强市场风险的应对能力，开始自发联合起来，成立农场主合作组织，合作加工农产品、合作运输、合作销售。1794 年，美国第一个农民营销合作社成立。1867 年，美国农业保护者协会成立。1873 年，美国农场主联盟成立。到 1890 年，美国农场主合作社发展到 1000 多个，其中奶制品加工社占 75%

左右，蔬菜、水果销售和谷物合作社占 20%左右。这一时期的合作社虽然发展很快，但规模相对较小，管理较为松散，主要为会员提供农产品加工、储运和销售方面的合作服务。虽然没有形成统一的合作规范和运行机制，很多合作社存续的时间较短，但却为美国农业合作组织后来的规范发展和高效运营奠定了良好的基础。

7. 农业商业化发展迅速

19 世纪初，美国农业仍然具有“半自给”的性质，农户生产的主要目的是满足家庭生活需要。从 19 世纪 20 年代开始，在政府政策和农业革命的双重推动下，美国农业的生产能力明显提高，农户生产的主要目的开始从满足自身及家庭需要转向满足市场需求，为销售而生产。到 19 世纪后半叶，随着国内农产品市场需求的不断增长和国外市场的日益扩大，美国农业商业性的经营趋势不断加速，在城市销售的农产品占农业产量的比例从 1820 年的 20%左右增加到 1870 年的 40%左右。与此同时，农产品出口数量和出口值也快速增长。19 世纪 70 年代的十年里，美国出口总值翻了一番。在实现翻番的过程中，农产品出口增加起了决定性作用，到 1880 年，美国农产品的出口值接近 7 亿美元，比农业的增加总值还要多四分之一。①

8. 农业从业人数比重逐渐下降

随着美国城市化进程的不断加快和农业劳动生产率的显著提高，美国农业就业人数总量迅速增加，但农业从业人员占总人口的比重却不断下降。如表 6-5 所示，1800 年，美国农业劳动力占美国总劳动力的比重为 74.4%。到 1900 年，仅有 36.3%的劳动力从事农业生产。美国农业劳动力结构的变化既是农业生产技术进步的必然结果，也受农产品自身需求特性的影响。这种变化在一定程度上预示着美国农业结构正在发生质的变化，传统农业生产方式正在发生深刻变革。

① 郑林庄. 美国的农业——过去和现在[M]. 北京：中国农业出版社，1980.

表 6-5　1800—1900 年美国各地区农业劳动力占总劳动力的比重

单位：%

年份	全国	新英格兰	大西洋中部	中西部	大西洋南部	中南部	西部
1800	74.4	68	70.7	86.5	78.6	82.3	—
1810	72.3	63.1	66.3	83.8	78.4	79.2	—
1820	71.4	63.1	61.6	78.6	78.4	80.3	—
1830	69.8	59.1	58.2	80.3	77.7	78.2	—
1840	67.2	53.8	54.5	76.3	74.3	76.8	—
1850	59.7	38.6	42.3	66.9	73.9	74.9	22.8
1860	55.8	31.3	34.8	62.1	72.1	73.9	30.6
1870	49.8	24.6	27.6	54.7	71.6	72.5	33.7
1880	497.7	20.5	23.1	52.5	71.1	73.7	32.4
1890	40.1	15.4	17.2	42.9	62.5	66.8	29.4
1900	36.1	12.0	13.3	36.9	58.7	64.0	27.5

数据来源：韩毅. 美国经济史（17—19 世纪）[M]. 北京：社会科学文献出版社，2011：150.

三、美国特色农业的现代发展

进入 20 世纪以来，美国特色农业发展继续延续专业化和商业化的基本方向，以家庭农场为基础，充分利用现代农业科技最新成果，积极发展壮大各类农业经济实体和服务组织，推进特色农业产业化发展。经过几十年的探索实践，逐步建立起以家庭农场经营为基础、农工商合作与联合为纽带、社会化服务为支撑的现代农业产业化经营体系，将特色农业产前、产中和产后诸环节紧密联结、有机融合，推动美国特色农业走向现代化。

1. 家庭农场多元化发展

家庭农场是美国特色农业产业化经营的重要基础。继 19 世纪中后期家庭农场数量增长之后，美国家庭农场逐渐由数量增长向规模扩张过渡，特色农业由家庭小规模经营开始向规模化经营转变。一方面，家庭农场结构发生深刻变化，小型家庭农场数量日益减少，大中型家庭农场数量显著增加，家庭农场经营规模不断扩大。如表 6-6 所示，1935 年，美国家庭农场数量达 680 万个，1950 年减少到 538.8 万个，1975 年后，美国家庭农场数量减少速度开始减缓，农场平均土地面积稳定保持在 420 英亩左右。另一方面，美国家庭农场多元化发展趋势明显。2017 年，美国家庭农场占农场总数的 98%，家庭农场生产产量占农场总产量的 87%。非家庭农场占农场总数和农场总产量的比重分别为 2%和 13%。根据美国农业部对家庭农场的调查结果，如图 6-1 ~ 图 6-3 所示，2017 年美国 88.8%的家庭农场为小型农场，小型农场经营土地占农场土地面积 52%，占农场总产值的 25.5%。大型家庭农场数量仅占家庭农场总数量的 2.8%，经营的土地面积占农场土地总面积的 18.4%，但其创造的产值占农场总产值的 39%。尽管小型家庭农场数量多，经营的土地面积总量大，但与大型家庭农场相比，其对农业产值贡献率不高。大型家庭农场具有明显的规模经营优势。

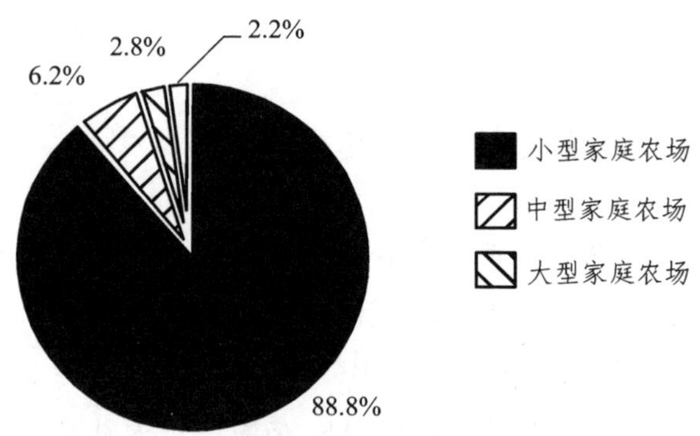

图 6-1　2017 年美国家庭农场数量和规模分布

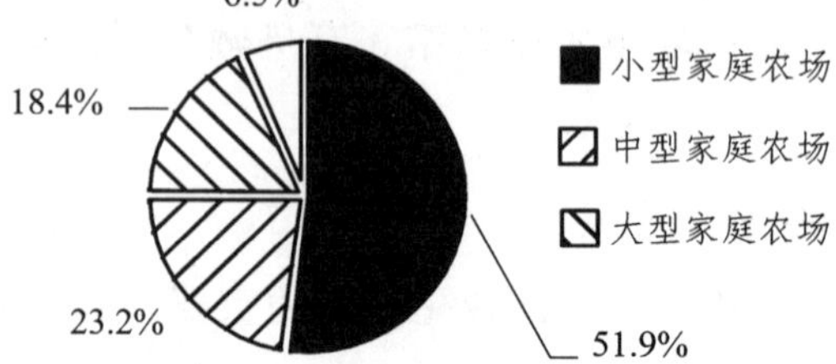

图 6-2　2017 年美国家庭农场土地经营情况

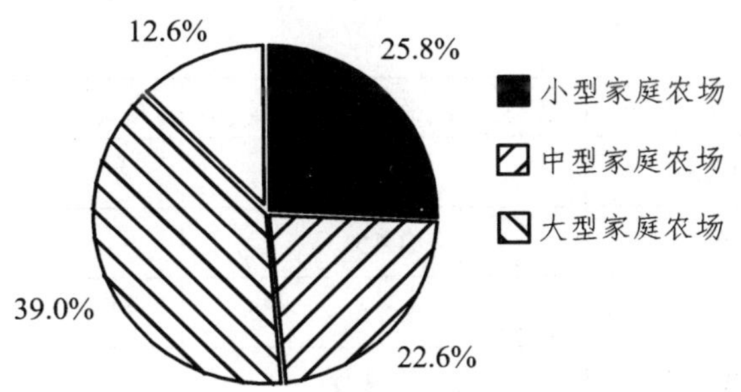

图 6-3　2017 年美国家庭农场产值分布

表 6-6　1900—2010 年美国家庭农场数量及规模

年份	农场数量/万个	农场土地总面积/亿英亩	农场平均土地面积/英亩
1900	574	8.41	147
1910	636.6	8.81	139
1915	645.8	9.17	142
1920	645.4	9.58	149
1925	637.2	9.24	145
1930	629.5	9.90	157
1935	681.2	10.54	155
1940	610.2	10.65	175
1945	585	11.41	195
1950	538.8	11.61	216
1955	465.4	12.01	258
1960	396.2	11.76	297
1965	335.6	11.39	340
1970	295.4	11.02	373
1975	252.1	10.59	420
1980	244	10.39	426
1985	229.3	10.12	441
1990	214.3	9.88	460

续表

年份	农场数量/万个	农场土地总面积/亿英亩	农场平均土地面积/英亩
1995	207.3	9.72	469
2000	216.7	9.45	436
2005	209	9.26	443
2010	220.1	9.2	418

资料来源：1970 年以前数据来自 US. Bureau of the Census, Historical Statistics of the United States, Colonial Times to 1970, Bicentennial Edition，Part 2, Washington, D.C., 1975: 457；1970 年后数据来自《美国统计年鉴 2012》。

2. 产业化经营组织形式不断完善

进入 20 世纪以后，随着美国农业机械化水平不断提高，特色农业生产效率大幅度提升，特色农产品供给出现过剩，为了进一步扩大市场空间，特色农业内部各环节及其与关联产业之间，通过建立稳定的经济合作关系，把产供销紧密结合在一起，逐渐形成了特色农业产业化经营体系。在组织形式上，美国特色农业产业化经营主要通过发展农工综合企业、农工商综合体和农业合作社，建立了集生产、加工、销售为一体的经营组织体系。其中，农工综合企业主要是由大工商资本或金融资本投资兴办农工综合企业，将特色农产品生产产前、产中和产后的若干环节统筹纳入一个统一的经营体内，实行统一管理、统一核算，形成纵向一体化的综合经营。这种企业的规模通常较大，经营水平较高。统一经营体内的工商企业与农业企业在经营层面和产权层面全面对接融合，形成完全的一体化经营。农工商综合体主要由私人工商企业与农场主签订合同，建立一种相对稳定的契约关系，将特色农业产供销各环节统一起来。在这种模式中，工商企业与农业企业的合作仅限于经营层面的合作，不涉及产权层面的融合，因而是一种不完全的一体化经营。作为家庭农场和市场之间的一种非营利的社会中介组织，农业合作社在近代加工、销售、储运合作的基础上，不断向农业信贷、农业服务和农业基础设施建设合作方面拓展，从而使农场主与各类工商企业之间建立了稳定的协作关系，为美国农业农工商各行业一体化经营奠定了良好的基础。如表 6-7 所示，1915—2017 年的百余年时间里，美国农业合作社数量和规模经历了曲折的发展过程。在 20 世纪中期达到发展顶峰后，美国农业合作社的数量不断减少，社员规模逐渐缩小，但农业合作社的总体营业额呈现稳步提高趋势。这一趋势表明，美国的农业合作社已经从传统的数量扩张转向质量提升阶段，合作社的结构不断优化，市场竞争力不断提高。

表 6-7　1915—2017 年美国农业合作社数量与规模情况

年份	合作社数量/个	社员数量/万人	总营业额/百万美元
1915	5 424	65.1	653.8
1929	12 000	310	2500
1940	10 600	340	2280
1950	10 064	709.1	10 522.3
1960	9 163	720.2	16 194
1970	1 995	615.7	27 281.3
1980	6 293	537.8	92 519.5
1990	4 663	411.9	92 667.4
2000	3 346	305.8	12 719.1
2010	2 314	220	17 180
2016	1 953	1 890	191 075
2017	1 871	1 901.4	197 140

数据来源：Agricultural Cooperative Statistics 2017, https://www.rd.usda.gov/files/publication/SR81-cooperative statistics 2017. pdf.

3. 特色农业空间布局趋于稳定

20 世纪初，在近代特色农业区域化布局、专业化发展的基础上，经过几十年的集聚发展，美国逐渐形成了较为稳定的专门化特色农业区域。1929 年，美国地理学家贝克将美国大陆本土地区划分为棉花带、玉米带、春小麦带等 14 个农业区带。1949 年，美国农业部将美国农业区划分为 11 个农业带。1980 年，又进一步细化为 20 个农业区带，农业区域专门化程度不断提高，主要特色农产品的地区分布更加集中，特色农业地域分工和结构布局更趋合理。不同地区根据自然条件、资源优势和经济环境的不同，因地制宜，重点发展一种或几种农产品的专门化生产，形成了一个全国性的特色农业产业带网，从而最大限度地发挥各地区的比较优势，降低特色农产品生产成本，提高特色农业生产效率。如美国中西部的玉米产业带不仅是美国玉米的主要产区，也是世界上最大的玉米生产区。美国南部的棉花产业带，集中了美国大约 1/3 的棉花农场，播种面积超过 160 万公顷，其棉花产量约占美国棉花总产量的 36%，成为美国棉花的主要出口地。美国西南部包括以“阳光地带”著称的加利福尼亚州和亚利桑那州等地既是棉花重要产地，也是美国蔬菜、水果和特色经济作物的主产区，其农场现代化和专业化生产程度较高，农场平均收入远远高于美国农场收入的平均水平。

4. 农业现代科技飞速发展

农业科技始终是推动美国特色农业发展的重要力量。进入 20 世纪后，第二次科技革命和工业革命成果广泛应用到美国农业生产领域，特色农业生产机械化程度越来越高。1906 年，美国制造出世界上最早的以汽油内燃机为动力的履带式拖拉机，逐步推广应用到农业生产领域。1913 年，美国发明了第一台以柴油机为动力的内燃机，逐渐淘汰了蒸汽机。20 世纪 40 年代，美国拖拉机取代了牲畜，成为农业生产的主要机械动力。在特色农产品生产过程中，从土地整翻、播种、施肥、病虫害防治、排灌、收割、运输、干燥到贮藏等的全过程全部实现了机械化。工厂化技术、自动化技术也被广泛应用到特色农业种植栽培环节，极大地提高了农业的生产效率，使特色农业生产人工成本大幅度下降，农业经济效益不断提升。为了适应不同地区的气候条件和土壤环境，美国还积极利用生物工程技术，培育和改良农作物品种，研制和开发生物农药和化学肥料，不断提高特色农产品产量和品质。特色农业彻底摆脱了以往通过扩大耕地面积和增加劳动力的粗放式发展方式，走上了依靠科学技术的集约化发展道路。近年来，美国将信息化技术应用到美国特色农业生产各个环节，构建起覆盖面广、服务齐全、技术先进的农业计算机网络系统、农业数据库和专业农业信息网站，深刻改变了特色农业生产运作模式。农场主不仅能够通过网络信息系统及时、完整、连续地获得市场信息，发展精准农业，有效地减少了盲目经营的风险，而且还可以利用农业遥感技术（RS）、地理信息系统（GIS）和全球卫星定位系统（GPS）进行农作物的精确化种植和精准化管理。农业科技的飞速发展和广泛应用进一步降低了美国特色农业的生产成本，提高了美国特色农业的生产效率和特色农产品的国际竞争力。

5. 农业社会化服务组织体系逐渐健全

在特色农业及其产业体系发展的过程中，特色农产品生产、加工、储运、销售以及农用物资供应和品种改良等环节所需的服务由众多不同属性的组织共同承担。这些组织社会分工明确，服务领域不断向特色农业产业的上下游产业扩展。经过 100 多年的持续建设，美国构建起了由农业公共服务体系、集体农业服务体系和私人农业服务体系等组成的农业社会化服务体系。其中，农业公共服务体系主要由美国农业部下属的农业研究局、合作推广局等联邦农业服务机构、各州大学农学院、州立农业试验站及各县农业推广站等部门提供，以向农场主提供农业教育、农业科研和农业推广为主要内容，形成农业教育、农业科研和农业推广三位一体的服务体系。目前，美国已经拥有 4 个农业科技研究中心，130 多所农学院，56 个州农业试验站，57 个联邦与州合作建立的地区性推广站以及农业合作推广机构 3 300 多个，63 所林学院，27 所兽医学院，9 600 名农业科学家，1.7 万人左右的农技推广人员。集体农业服务体系主要由农业合作社和合作农业信贷银行构成，农业合作社以向农场主提供农业物资采购、农产品销售、物流服务、信用合作、互助保险等为主要内容。在农业信贷方面，由联邦政府农业信贷管理局领导的联邦土地银行、合作社银行及联邦中期信用银行等金融机构为农场主提供较低利率的农业贷款，解决特色农业发展资金不足问题。私人农业服务社主要由私人公司提供，以提供农用物资、加工、运输、物流等专业化服务为主要内容，并在不同程度上提供一些农业科研、技术推广及农业教育服务。在服务方式上，各专业组织通常采用合同制形式，与农场主订立服务合同，约定服务项目，建立起公司与农场、公司与农户、合作社与农场之间互惠互利的商业关系。美国农业社会化服务体系，客观上适应了农业生产力发展和特色农业生产社会化的要求，为美国特色农业产业化经营、特色农业产业结构转型升级乃至农村社会经济发展提供了有力支撑，是美国特色农业现代化发展不可或缺的重要力量。

6. 特色农业产业化经营支持政策体系不断完善

在特色农业产业化经营发展的不同阶段，美国政府通过制定和完善特色农业发展相关政策，引导和支持特色农业生产稳定增长，推动特色农业产业化经营水平不断提升。在近代支持发展特色农业生产、增加特色农产品供给等特色农业扶持政策的基础上，从 20 世纪 30 年代开始，基于国内外市场收缩和严重的农业危机，美国农业政策逐渐从以扩大生产、增加供给为主向以提高农民收入为主转变，通过稳定农产品价格、增加财政对农业的投入、提高涉农补贴、发展农业保险等措施，降低特色农业产业化经营风险，提高农场主从事特色农业产业化经营的积极性。1933 年罗斯福新政开始，美国推行新政农业政策，通过政府干预来控制特色农产品价格，稳定农场主收入，保护和支持农业。20 世纪 70 年代，美国政府改变农产品价格支持政策，转向实施现金补贴政策。政府每年设定农产品目标价格，当市场价格低于目标价格时，政府向农户提供现金补贴，提高美国农产品的市场竞争力。进入 21 世纪后，美国进一步加大了对农补贴力度，继续采用低价格、高补贴的方式，维持美国农产品的国际竞争优势。经过历届政府的不断完善和发展，美国最终形成了由农产品的价格和收入支持、农业保险、国内食品援助、环境保护和贸易政策为主要内容的农业政策体系。

在美国特色农业几百年的历史演化和市场竞争中，以家庭农场为主的特色农业产业化经营适应了市场经济发展要求，通过高度的专业化分工和完善的组织机制，将许多专业化主体按照一定的分工和联系构建起系统的产业体系和经营体系，极大地推动了美国特色农业产业化经营的一体化进程，提升了美国特色农业产业竞争力。此外，基于特色农业的弱质性和特殊性，美国政府对特色农业的政策扶持和产业保护也在客观上促进了特色农业专门化生产、规模化经营，为特色农业实现产业化经营创造了良好的政策环境。

第二节　法国特色农业产业化经营的历史演进

法国位于欧洲大陆的西部，不仅是欧洲的农业大国，也是世界上特色农业最发达的国家之一。法国地理位置独特，地势呈东南高、西北低，境内地形较为平坦，平原丘陵众多，气候类型多样，温和湿润，土地肥沃，具有发展特色农业得天独厚的自然基础。法国有着悠久的农业生产传统，农业自古就很发达，是世界农业合作社的发源地之一。法国特色农业的发展过程大致可以分为18世纪以前的法国早期特色农业、19世纪至20世纪初的法国近代特色农业和第二次世界大战后至今的法国现代特色农业发展三个阶段。

一、法国特色农业的早期发展（18世纪以前）

法国特色农业种植历史悠久。据考证，早在新石器时代，生活在欧洲大陆上的克罗马农人就开始通过采集和贮藏野生的谷类植物或野果作为食物补充。约公元前4500年，法国出现了比较成熟的原始农业生产种植，主要种植作物为大麦和小麦，并掌握了猪和牛等家畜饲养技术。随着时间的推移，法国原始农业和畜牧业不断发展，生产工具进一步更新。公元前3000年左右，法国进入青铜时代。公元前1000年前后，铁的使用逐渐取代青铜，铁器逐渐成为法国农业生产的重要工具。法国人种植的农作物品种逐渐增多，包括大麦、小麦、黑麦、燕麦、甜菜、亚麻、芜菁、洋葱和蒜等多种农作物，饲养的牲畜除了牛、猪外，还有马和羊。公元前 600 年，希腊人将葡萄带到马赛，开始在法国种植葡萄。到公元前 1 世纪，在罗马人的大力推动下，葡萄种植很快在法国地中海沿岸盛行起来。自此以后，法国农业生产逐渐从单一的谷物种植发展为谷物、果树、蔬菜种植等多种经营。在果树种植方面，除葡萄外，橄榄、苹果、桃树、李树等得到广泛栽种。以橄榄、葡萄为主要生产原料的橄榄油榨制加工业和葡萄酒酿造业得到发展迅速。公元 6 世纪后，法国的谷物种植、果树栽培更加普遍，养蜂业、养蚕业等特色养殖业得到发展。进入 11 世纪，法国开始大面积砍伐森林，开垦土地，种植谷物、葡萄、果树、蔬菜等多种农作物，发展农业生产。“在 12 世纪到 13 世纪，人们积极地热心于使那些森林回到人类生活中来，因而到处又开始耕作，并移来定居的农夫”。[①]谷物、饲料作物、果蔬以及麻类作物得到广泛种植。新的农作物品种如荞麦、玉米、云豆也被引入法国开始培育种植。这一时期，法国还出现了农业合作社的雏形——奶酪生产合作社，专门生产大型奶酪。其中，最为有名的是在临近瑞士的汝拉山脉中部和南部建立的“汝拉奶酪合作社”。农户将干酪统一集中到作坊里，制成圆盘形的大型干酪，便于储存和销售。13 世纪后，在法国一些教会辖区，出现了最早的专门种植葡萄的区域，特色农作物专业化种植逐渐发展起来。随着农业生产规模的不断扩大，农产品品种不断增多，农产品日渐富裕，法国手工业从农业从分离出来，逐渐形成了以农牧业为主、手工业和商业为辅的经济体系。从 13 世纪开始，法国的农奴制逐渐解体，农奴取得人身自由，变为具有独立地位的农民。1789 年法国大革命废除了封建土地所有制，建立了农民小土地所有制，逐渐形成了自给自足的小农经济。这种小土地所有制和分散的小农生产方式，使得农民获得了一定的土地，提高了其生产积极性，满足了农民及其家庭的生产和生活需要。但由于生产规模小，技术落后，法国农业劳动生产率十分低下。

---

① [法]马克·布洛赫. 法国农村史[M]. 余中先，张朋浩，车耳，译. 北京：商务印书馆，2009.

二、法国特色农业的近代发展（19 世纪至 20 世纪初）

进入 19 世纪后，法国农业在工业革命的推动下得到充分发展，主要农产品种植面积和产量稳定增长，农业生产技术不断改进，新型农机具逐步得到推广应用，农业生产效率显著提升。在特色农业生产领域，传统特色农产品种植规模和产品均有不同程度的增长，产品种类更加丰富，生产结构进一步优化。但与同时代的英国、荷兰、美国等国相比，法国特色农业的发展速度相对缓慢。

1. 小农生产方式深度延续，特色农业发展缓慢

小农经济一直是法国农业的主要经济形态。进入近代以来，法国的小农经济进一步发展，小农户数量不断增长，农户以小规模家庭生产经营为主。据不完全统计，1825 年，法国土地所有者约有 650 万个，到 1870 年，小块土地所有者的数量达 1 400 万个，每个农户所占有的土地面积很小。1862 年，法国占地 1 公顷以上的农户有 320 万户，其中占地 10 公顷以下的农户达到 240 万户，占农户总数的 76%。到 1882 年，占地 10 公顷以下的农户为 480 万户，占农户总数的 84.6%。其中，占地不到 1 公顷的最小农户约占 40%。[①]这种小规模的农业生产方式，促进了法国特色农业精细化耕作和特色农业资源的有效利用。但相对于西方其他发达国家近代特色农业的规模化、专业化生产经营，这种孤立封闭、自给自足的小规模生产方式将大量农民束缚在小块土地上，不仅造成了农民生活的困顿，也深刻影响到法国资本主义的发展进程和法国特色农业的持续发展。马克思曾形象地将法国近代农业社会中的小农生产方式比作“马铃薯”。在《路易 · 波拿巴的雾月十八日》中，马克思写道：“小农人数众多，他们的生活条件相同，但是彼此间并没有发生多种多样的关系。……每一个农户差不多都是自给自足的，都是直接生产自己的大部分消费品，……一小块土地，一个农民和一个家庭；旁边是另一小块土

① 马洪，孙尚清. 经济社会管理知识全书：第 1 卷[M]. 北京：经济管理出版社，1988.

地，另一个农民和另一个家庭。一批这样的单位就形成一个村子；一批这样的村子就形成一个省。这样，法国国民的广大群众，便是由一些同名数简单相加形成的，就像一袋马铃薯是由袋中的一个个马铃薯汇集而成的那样。”①

2. 资本主义农场缓慢发展，农场数量不断增加

伴随着法国农民小块土地所有制的确立和小农经济的发展，农民与社会其他阶级的关系发生了深刻变化。在 19 世纪，法国城市的高利贷者取代了封建领主，资产阶级的资本取代了封建贵族的地产，成为剥削、压榨法国农民的主要力量。受高利贷者和工商资本家的双重盘剥，加上国家苛捐杂税的不断压榨，小农逐渐出现两极分化。大量贫困小农破产，失去土地，沦为农村无产者。少数富裕农民通过购买土地，建立资本主义农场。此外，一些占有大量土地的资产阶级和传统贵族也开始从事资本主义农场经营。1882 年，法国农场主数量为 96.8 万个，1892 年达 106.1 万个。农场主数量十年间增加近 10%。1908 年，法国农场中规模在 25 ~ 100 英亩之间的中型农场发展到 70 万个，占法国耕地总面积的 34%；规模在 100 英亩以上的大农场发展到 15 万个，占法国耕地面积的 37%。农场生产经营中开始广泛使用农业工人，从事特色农作物专门化生产，如表 6-8 所示。

表 6-8　1908 年法国农场数量与规模分布

农场类型	面积/英亩	数量/万个	占总面积的比重/%
极小农场	2.5 以下	200	3
小农场	2.5 ~ 25	250	26
中型农场	25 ~ 100	70	34
大型农场	100 以上	15	37

数据来源：夏炎德. 欧美经济史[M]. 上海：上海三联书店，1991.

① 马克思，恩格斯. 马克思恩格斯文集：第二卷[M]. 北京：人民出版社，2009.

3. 农业专业化初步发展，特色农产品种植规模不断扩大

法国资产阶级革命后，采取了很多促进特色农业发展的措施，推动了特色农业生产规模的不断扩大。一方面，政府通过颁布法令和政策，鼓励通过排干沼泽、垦殖荒地和减少休耕地来扩大耕地面积。1789 年法国耕地面积为 1 600 万公顷，到 1852 年已经增加到 2 600 万公顷。休耕地由 1815 年的 1 000 万公顷减少到 1852 年的 600 多万公顷。另一方面，积极发展特色农产品生产，引导特色农产品生产向专业化和商品化方向发展。1811 年 3 月，拿破仑颁布法令，专门划出 8 万公顷土地种植甜菜，兴办 6 所学校专门讲授甜菜制糖技术，支持农户种植甜菜和发展甜菜制糖业。1840 年，法国甜菜的种植面积仅有 5.08 万公顷，到 1900 年增加到 33 万公顷。这一时期，马铃薯也在法国得到推广种植，马铃薯的种植面积从 1817 年的 56 万公顷增加到 1913 年的 155 万公顷。此外，法国的葡萄种植业和养蚕业规模也逐渐扩大。到 19 世纪中叶，法国葡萄园的面积达到 230 万公顷，每年能生产葡萄酒 4 500 万公升，葡萄种植规模化、专业化、产业化水平进一步提高。与此同时，养蚕业发展迅速，养蚕产量从 1815 年的 600 万千克增加到 1850 年的 2 500 万千克，大约增长了 3 倍。随着法国交通运输业和国内市场需求的不断增加，法国各地开始因地制宜、扬长避短，根据土壤特性种植适宜的单一作物，逐渐形成了较大的作物专门化生产区域，推动法国特色农业生产逐渐向规模化、区域化、专业化和商品化方向发展。到 19 世纪末，法国基本形成了南部地区和地中海沿岸的蔬菜、葡萄种植区，北部的小麦、甜菜种植区以及西北部的畜牧区。

4. 农业生产技术缓慢改进，农业机械化起步发展

近代以来，伴随着法国工业化的不断发展，农业生产技术不断革新，农业生产也逐渐摆脱传统的依靠畜力和手工劳动的生产方式，开始改良农具，使用农业机械，提高农业生产效率。19 世纪 40 年代，法国农业生产中使用的农业机械主要是旧式的打谷机。它通常依靠马或者骡子拉动，

并且使用的范围局限在北方地区。到 1862 年，法国已经拥有 9 000 台收割机、1 万台播种机和 10 万台打谷机。到 1892 年，收割机的数量增加到 2.34 万台，播种机数量增加到 5.23 万台，打谷机的数量增加到 23.4 万台。农业生产中半机械开始取代传统的手工劳动。与此同时，土壤栽培法、施用化肥和农药法等科学的生产技术在农业生产中得到广泛推广和应用。据统计，1870 年，法国每年施用化肥为 42 万吨，到 1900 年，化肥施用量达到 200 万吨以上。先进农业生产设备和技术的推广使用，有力地促进了法国特色农业生产效率的不断提高。以小麦为例，1850 年，法国小麦亩产仅 130 多斤，到 1900 年，法国小麦亩产达到 170 多斤。[①]此外，在蔬菜园艺种植技术方面，从 19 世纪后期开始，法国已经开始用暖房、防风屏等设施技术培植蔬菜，用地窖培植蘑菇和芦笋，发展特色蔬菜产业。[②]但由于法国特色农业生产规模普遍较小，小农户购买先进农业机械的能力弱，与同时期的美国、英国、德国等其他资本主义国家相比，法国农业机械化发展整体上仍然较为缓慢，到 19 世纪末，法国农业生产规模在 25 英亩以下的农场很少拥有先进的农业机械，平均每 3 个 100 英亩以上的农场才拥有 1 台干草收割机和 1 台播种机。因此，法国近代特色农业生产率相对偏低，特色农业生产水平仍然较为落后。

5. 农业合作社逐步兴起，力量不断壮大

由于法国农户经营分散，规模普遍较小，不仅容易受到高利贷者、良种、肥料等生产资料供应商和农产品收购商的多重剥削，而且常常面临因市场价格波动带来的各种风险，导致农户利益不断被侵蚀。为了摆脱对中间商的控制，获取廉价的肥料、种子、杀虫粉等生产资料，增强应对市场风险的能力，保障自身利益，从 19 世纪 80 年代开始，一些农户开始广泛联合起来，建立自助与互助性的农业合作社，共同购买农业生产资料、销售产品，维护自身的利益。如 1883 年法国建立了第一个奶

① [法]让 · 雄巴尔-德洛夫. 法国农业趣史[M]. 北京：中国农业出版社，1985.

② 王章辉，孙娴. 工业社会的勃兴：欧美五国工业革命比较研究[M]. 北京：人民出版社，1995.

油合作社；1884 年建立了第一个农业信贷合作社；1892 年建立了第一批葡萄合作社；1893 年里昂成立了农村钱庄与工人联盟；1894 年法国政府通过立法的形式，确立了农业信贷合作社的合法地位，并构建起面向农业合作社的优惠税制；19 世纪末 20 世纪初法国建立了渔业信贷金库和供应合作社。这一时期，法国农业合作社的形式日趋多样化，数量和服务内容也不断增加，整体呈现出良好的发展势头。如表 6-9 所示，法国农业合作组织从 1885 年的 39 个增加到 1910 年的 5 000 个，会员人数也迅速增加。

表 6-9　法国农业合作组织发展情况

年份	农业合作组织数量/个	会员人数/万人
1885	39	—
1895	1 900	40
1905	3 000	66
1910	5 000	75

数据来源：[英]克拉潘. 1815—1914 年法国和德国的经济发展[M]. 傅梦弼，译. 北京：商务印书馆，1965.

6. 农业管理和服务组织不断建立，农业社会服务兴起

近代法国的农业服务除了各类农业合作社提供的农业服务外，还有由政府机构提供的公共的农业服务。政府的农业服务主要是由政府农业管理机构及其下属单位提供的。早在 1830 年，法国就特设管辖农业的一部，第二年又成立高等评议会农事奖励委员会等，支持和鼓励发展农业。1881 年，法国甘必大政府专门设立农业部，并在各地建立农业改良服务站。同时，还设立农业奖励基金，组建农业信贷银行，鼓励和支持特色农业发展。在葡萄种植面临病虫害危机时，法国政府还积极采取措施，加强病虫害防治工作，并拨款资助因自然灾害受损的葡萄种植户。法国在各地建立了农业咨询会，对农业进行专项调查，并向农户发布农业信息，为农户生产决策提供参考。1912 年，法国成立农业服务局，专门负责农业教育、农业顾问工作。此外，为了降低因自然灾害给农户造成的

经济损失，1840 年，法国几家农户联合组建了第一家地区性的互助保险社。自此以后，法国农业保险开始在各地陆续发展起来。到 1900 年，法国政府出台了《农业互助保险法》，正式确立了农业互助保险社的法律地位。

7. 农业教育日益发展，教育体系格局初步形成

面对频频爆发的农业危机和粮食危机，法国政府和社会各界充分认识到农业技术和农业人才培养的重要性，开始大力推进农业教育。1822 年，法国成立了农业学校。1848 年，法国在图鲁兹建立了法国历史上第一所农业技术学校，专门培养农业技术人才。自此以后，法国农业教育蓬勃发展起来，除了政府出资兴办各类农业院校外，各地还纷纷组建农业教育会社，并逐渐形成了政府公立的农业学校和地方私立的专门农业学校相互补充、共同发展的基本格局。为了加快农业知识的传播，法国的师范院校也开设一些农业课程，帮助小学教师掌握农业知识，以便其向农村传播。此外，政府还建立了很多模范农场和农场学校，宣传推广农业新发明、新技术。

总之，近代以来，伴随着法国社会经济的深刻变革和发展，特色农业发展逐渐摆脱了早期孤立、分散的发展状态，特色农产品的种植规模和产量大幅度增长，生产技术不断改进，生产专业化、组织化程度日益提高，有力地促进了特色农业产业化发展。但由于法国农场数量多、规模小，特色产业化组织还不够完备，生产经营实力不强，经营水平整体不高。

三、法国特色农业的现代发展（第二次世界大战后至今）

两次世界大战期间，法国经济受经济危机和战争影响，一度萧条，特色农业也遭到巨大破坏。第二次世界大战后，为了尽快恢复法国农业经济，法国政府充分利用法国农业自然资源优势和现代科技成果，致力于推动农业生产集约化、产业化发展。在政府政策的引导和支持下，法

国特色农业有了突破性发展，生产经营规模快速扩大，生产方式和组织形式也发生了深刻变化，最终形成了农工商、产加销联合经营的新型生产经营方式，有力地推动法国特色农业进入产业化经营新阶段。

1. 农工商综合发展，形成特色农业生产一体化

20 世纪 60 年代以后，法国农业合作组织的分工进一步细化，功能不断拓展，经营范围从以传统的销售合作为主扩大到特色农业生产、流通、服务和对外贸易全过程合作，通过为农户提供产前、产中和产后一体化服务，形成横向的合作关系。同时，法国的工商企业采用与农场主签订协作合同或农工商企业相互控股的方式联合起来，把农业产、供、销各环节有机衔接起来，形成纵向的合作关系。这种新的农业生产经营组织形式被称为“农工商综合体”。法国约有四分之一的农户与私人公司、合作社或国家机构签订协作合同，向其出售农畜产品，并获得这些组织机构提供的农业生产资料和各种农业服务。这种新的生产经营组织形式不仅加强了法国特色农业生产、加工、销售各环节的有机联系，推动了法国特色农业产业化经营，而且还通过农工商企业之间的紧密合作，为特色农业发展带来先进的管理模式和新的科学技术，加快传统特色农业向现代特色农业转型。20 世纪 70 年代，法国的农业合作组织进一步打破自身边界，扩大横向合作范围，形成各种社际合作组织，最终发展成为合作社地区联盟和合作社集团，引领和带动法国特色农业产业化经营向更高阶段发展。据统计，1975 年，法国农工商综合体拥有人数达到 500 万人左右，占当时就业人口的 23%。其中，从事农业生产的人口约 200 万人，从事生产资料制造的人口约 40 万人，从事农业食品加工业的人口约 100 万人，从事商业和家庭服务的人口约 150 万人。[①]

2. 继续推进农业专业化发展，促进特色农业生产高度专业化

在推进农业生产一体化的基础上，法国政府积极推动农业生产专业

---

① 朱希刚. 农业经济与科技发展研究[M]. 北京：中国农业出版社，1993.

化。战后不久，法国农业部和一些专家学者根据农业资源分布特征和农业生产情况，及时开展了法国农业的区划工作，将法国划分为不同的大农业区、亚区和小区，为合理布局法国农业、促进农业专业化发展提供了重要依据。法国农业专业化大致可以分为三种类型：区域专业化、农场专业化和作业过程专业化。在区域专业化方面，主要依据各地区自然条件、农业资源禀赋、历史传统和技术水平等方面的差异，将不同的农作物和畜牧生产合理布局、规模生产，形成专业化的商品产区。如法国北部地势低平、土壤肥沃，以谷物、蔬菜和甜菜种植为主；西北部天然草场面积广阔，自然环境优越，以肉、禽、蛋、奶生产为主；南部地中海岸气候独特，光照强烈，果蔬种植历史悠久，继续以葡萄、蔬菜和水果生产为主；北部地势平缓，气候湿冷，主要以马铃薯种植为主。在农场专业化方面，按照生产经营内容的差异，法国农场分为谷物农场、葡萄农场、水果农场、蔬菜农场、花卉农场和畜牧农场等多种类型。法国50%以上的农场通常只经营 1 种农产品，40%左右的农场经营 2 ~ 3 种农产品，只有不到 10%的农场从事 3 种以上农产品的综合经营。据统计，截至 2000 年，法国以蔬菜种植为主的农场有 8 000 多个，以葡萄种植为主的农场有 5.9 万多个，以花卉栽培为主的农场 7 000 多个，以水果生产为主的农场有 2.5 万多个。少数大型的专业化农场凭借专业化的优势，垄断了法国蔬菜、水果和花卉园艺的栽培种植，控制了多种世界知名葡萄酒的生产。在作业过程专业化方面，突出体现为从农作物育种、耕种、施肥、修剪、灌溉、防治虫害、除草、收获、运输、储藏、加工到销售等全过程的各个环节都实行专业化经营。过去需要由一个农场完成的全部工作被分解为不同的工序和活动，分别由不同的经营主体承担。农场所生产的初级产品，在运输、加工和销售等环节逐渐脱离农场，由专门的承包公司或专业化的部门来完成。这种精细化的专业分工，不仅极大地降低了农产品生产成本，提高了农产品生产效率，而且还节约了大量农业劳动力，为促进法国产业结构调整和经济转型发展提供了必要的物质和人力支持。

3. 调整和优化农场结构，促进中、大型农场快速发展

为了解决农场土地过于分散的问题，推进农业专业化、规模化经营，第二次世界大战后法国采取了土地集中政策，政府通过财政补贴、贷款优惠、税收减免和鼓励农民提前退休等方式，引导大量小农场主离开土地，实现土地集中，用以发展中型和大型农场。同时，通过财政补助和税收优惠，鼓励不同农场之间进行土地合作，建立农业土地组合和农业共同经营组织等以土地合作为主的农村合作组织，推动农场土地规模化经营。如表 6-10 所示，自 20 世纪 20 年代以来，法国农场数量和规模发生了显著变化，农场平均面积从 1929 年的 10 公顷增加到 2000 年的 41.9 公顷，农场数量从 1929 年的 396.6 万个减少至 2000 年的 66.3 万个。其中，规模在 20 公顷以下的农场数量大幅度减少，规模在 50 公顷以上的中型农场数量则保持稳中有升态势。据统计，1988 年，法国规模超过 300 公顷的农场数量有 1 771 个，仅占法国农场总数的 0.1%；到 2000 年，法国规模超过 300 公顷的农场数量达到 3 622 个，占农场总数的 0.5%。2000 年以后，法国小型农场数量进一步减少，中型农场数量稍有下降，而大型农场数量基本保持稳定，如图 6-4 所示。这表明，伴随着土地集中政策的实施，法国农场逐渐从以小型为主向中型和大型农场转变，土地的集中，农场规模的不断扩大，为法国特色农业规模化经营创造了良好的条件。以果园为例，2000—2011 年，法国果园农场数量减少，但每个果园农场的规模增加了 17%，达到 7.68 公顷。

表 6-10　1929—2000 年法国农场规模变化情况

年份	农场总数/万个	平均面积/公顷	1～5 公顷	5～20 公顷	20～50 公顷	50 公顷以上
1929	396.6	10	216	130.4	38	11.3
1942	236.3	16	83.6	88.4	38	10.3
1955	198.5	17	80	55.4	37.7	9.5
1963	189.9	20	59	73.8	36.3	9.76

续表

年份	农场总数/万个	平均面积/公顷	1～5公顷	5～20公顷	20～50公顷	50公顷以上
1976	117	25	23.5	53.5	36	14
1988	101.6	28.1	27.8	27.8	28.8	17.1
2000	66.3	41.9	19.3	13.1	13.7	20.8

数据来源：1929—1976 年数据来自宋树友，孙学权. 世界农业机械化发展要览[M]. 北京：北京农业大学出版社，1991；1988—2000 年数据来自 http:// www.agreste.agriculture.gouv.fr/。

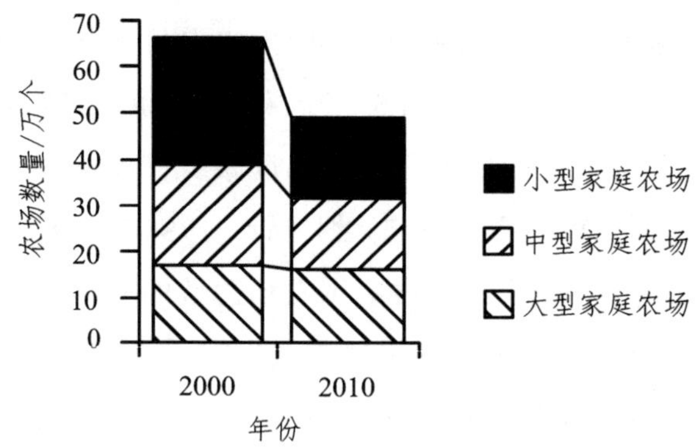

图 6-4　2000—2010 年法国农场类型分布及变化

图片来源：Overview of French Agricultural Diversity, https://agriculture.gouv.fr/ overview-french-agricultural-diversity.

4. 农业机具持续革新，实现农业全面机械化

第二次世界大战结束后，法国政府把农业机械化置于发展农业极其突出的位置。在科学技术和新兴工业的双重推动下，法国农业机械化有了长足发展。从 20 世纪 50 年代中期开始，法国就积极推进农机具革新，掀起农业机械化高潮，一方面大力推进法国农机产品生产，增加先进农机产品市场供应；另一方面从德国、美国、意大利等国大量进口先进农机具，促进法国本土农机具技术革新和质量改进。在政府的推动下，各种规格的拖拉机、联合收割机、割草机等现代农业机械装备逐渐得到广泛应用。1944—1980 年的 30 多年间，法国拖拉机和联合收割机保有量飞

速增长，特别是法国拖拉机保有量从 1944 年的 4.4 万台增加到 1958 年的 62.4 万台，平均每年增加约 4 万台，如表 6-11 所示。到 20 世纪 70 年代末 80 年代初，伴随着法国农业机械化的全面实现，农机具需求进入饱和阶段，拖拉机和联合收割机的保有量才呈现逐年下降趋势。

在先进农业机具推广使用的过程中，法国众多小农户为解决购买昂贵农机设备的资金难题，提高农机利用率，降低机械化成本，自发组织建立了以集体购买和共享使用为主要特征的农业设备合作社，简称“居马（CUMA）”。一些大型、专用的和通用的农业生产机具设备都通过合作社集体购买，会员根据使用时间支付设备使用费。20 世纪 80 年代，法国就有 1 万多个 CUMA 分布在全国各地，在推广农业机械化、现代化发展中发挥了重要的作用。进入 21 世纪后，法国农业机械化进一步向机电一体化、自动化和智能化方向发展，为降低特色农业生产成本、推进特色农业集约化经营创造了良好的条件。

表 6-11　法国农用拖拉机和联合收割机保有量　　单位：万台

年份	拖拉机	联合收割机
1944	4.4	0.02
1958	62.4	4.2
1963	95	8.5
1975	134.5	19.4
1980	150.4	14.2
1994	144	15.4
2000	126.4	9.1
2009	113.3	7.62

数据来源：1944—1975 年数据来自刘振邦编著，《法国的农业现代化》，农业出版社，1980；1980 年数据来自王惠恩，王永保，《辽浑太流域粮食综合生产能力的研究》，辽宁人民出版社，1991；2000—2009 年数据来自吴清分，《法国 2006—2010 年农用拖拉机市场走势浅析》，拖拉机与农用运输车，2012 年第 5 期。

5. 健全农业教育培训体系，农民素质不断提高

第二次世界大战以后，为了加快农业恢复和发展，法国政府对农业

教育进行改革和完善，并不断加大农业教育培训力度。1960 年，法国政府颁布了《农业教育指导法案》，开始在全国建立农业教育培训体系。与此同时，法国政府大力投资兴建了一批农业高等院校和农业科研机构，并要求各省建立农业中学，以农业中学为依托成立农业初中和青年培训中心。经过几十年的不断建设和发展，法国建立起了由中等农业职业技术教育、高等农业教育和农民职业培训组成的较为完备的农业教育体系。在办学体制上，法国仍然延续近代国家和私人共同办学的传统，不断完善国家、私人协同办学体制机制，通过立法继续支持和鼓励私立农业学校和教育机构发展，形成了高等农业教育以公立为主、农业技校以私立为主的多元格局。到 2010 年，法国共有农业技术学校 830 所，高等农业院校 19 所，学徒中心 173 所。[①] 2016 年，法国各级各类农业学校在校学生人数达到 21 万人，其中有 1.6 万人在农业类高等院校就读，19.4 万人在农业基础教育阶段学校就读。

在进行农业教育过程中，法国农业院校和培训机构能根据农业发展需要和市场人才需求变化，调整专业结构和人才培养体系。在教学组织和实施过程中，法国继续发挥农业教育重实践应用性的教学传统。无论是正规的农业教育还是短期的农业技术培训，都强调与农业生产实践紧密结合，将农场、技术车间等普遍应用于农业教学。同时，注重农业教育程度与学生就业层次紧密联系，实行严格的农民就业资格制度。在法国，要在农场和农业企业中就业，必须具有农业职业能力证书和农业职业学习证书。如果要独立经营农场，则必须具有农业技术员资格证书或通过农业职业和技术会考。此外，法国政府还将帮助农村青年就业作为未来农业发展的重要任务，积极推进农村青年就业教育。1995 年，法国通过了《青年就业国家宪章》，政府每年筹集 34 亿法郎基金用于农业教育与培训。农业教育的蓬勃发展，为法国农业发展培养了大量实用专业人才，提高了农业从业人员素质，有效缓解了农业发展中的人才短缺瓶

① 肖云上，薛晟. 法国农业教育体系概况[J]. 中国职业技术教育，2015（10）：58.

颈，为法国农业现代化发展提供了强有力的智力支撑。到 2010 年，法国农业从业者中具有高等教育学历的人口占全部农业从业人口的比重达到 32%，其中 40 岁以下拥有高等教育学历的农业从业人口占全部 40 岁以下农业从业人口的 38%。因此，法国农民的教育文化程度普遍较高，一般都具有农业技术高中毕业以上的文化程度，尤其是中青年农民学历水平提升快，整体素质较高。

6. 完善农业科技创新体系，成果推广应用成效卓著

科技是推动农业发展的动力源泉。第二次世界大战以后，法国政府充分认识到科技对农业发展的重要作用，不断完善农业科技创新体系，积极推动农业科技成果转化和推广应用。1946 年，法国成立法国农业科学研究院，专门从事农业科学和技术研究。该院是法国国家层面最大的农业研究机构，也是欧洲最大的农业科研机构。目前，法国农业科学研究院有 21 个科研中心，277 个所属研究单位，拥有科研和管理人员 1 万余人。与此同时，法国农业高等院校、私人企业和各类合作组织也积极参与农业科技创新活动，最终形成了由国家级科研机构、高等农业院校、私人企业和各类合作组织所属的科研机构等多方力量组成的农业科技创新主体。不同主体立足法国农业发展现状和未来发展需要，合理分工，相互协作，合力推进法国农业科学研究及其成果推广应用活动。通常，农业基础性的研究主要由法国国家农业研究院和高等农业院校承担，应用性的研究如农艺学、农业工程、土地整治、农业环境工程主要由农业院校、私人企业和相关合作组织承担。根据农业生产专业化分区特点，法国成立了果蔬研究中心、园艺研究中心等 16 个特色农业研究中心，负责将国家基础研究成果进行技术开发和转化，并对企业和农民提供技术支持。1999 年，法国颁布实施《科研与创新法》，建立了推进科教结合、产学研合作的科技创新体系。近年来，法国农业科技创新发展迅速，各类创新项目呈爆发式增长，尤其是数字农业领域创新成果层出不穷。法国投资机构 XAnge 的统计数据显示，法国数字农业领域现有 200 余家势

头看涨的初创企业，覆盖了整个农业产业价值链。从无人机、机器人、互联网等科技载体，到农业气象、土壤成分等数据分析软件，再到农具租借、项目众筹等互助机制以及农业电商平台、农场管理方案等，初创企业将数字科技带入了农业产业化经营的全过程。近年来，数字科技正在从法国大型农场向普通农户家庭普及，逐渐成为维持和增强法国农业竞争力的重要支撑。无论从农田到餐桌，还是从农户到企业，数字化农业正在深刻改变和影响着法国农业的未来。

在农业技术推广和信息服务方面，法国的农会和合作社一直发挥着十分重要的作用。法国一方面通过加大对农会的资助，支持农会成立农业推广机构，在农村推广农业技术和提供信息服务；另一方面不断健全国家农业推广网络，构建国家、省、县区三级农业技术推广和信息服务体系。1966 年，法国成立全国农业发展协会和农业技术协调协会，其中全国农业发展协会负责管理全国农业发展基金，对纳入国家计划的农业技术推广活动给予资助，农业技术协调协会主要负责协调法国农业应用技术所的科研和推广工作。随后，各省农会成立农益发展处，负责农业发展的技术指导和咨询工作。1986 年，法国成立农业研究发展组合联盟，开展农业技术推广和协调工作。在农业技术推广和信息服务过程中，除了政府部门的专门推广组织外，农业商会、农业科研教学单位、农业行业组织、专业技协会、民间信息媒体和各种农产品生产合作社以及互助社也在农业技术推广和信息服务方面发挥了十分重要的作用，从而形成了以政府为主导，农会、行业协会等民间组织以及科研教学单位广泛参与的，多元化、全方位的农业技术推广和信息服务体系。

7. 全面调整农业干预政策，农业政策支撑体系形成

法国政府高度重视农业发展，制定农业政策，干预和调控农业发展。但在不同时期，法国农业政策的重点有所不同。第二次世界大战结束至 20 世纪 60 年代的十多年时间里，法国政府对农业的干预和调控的重点集中在农产品价格保护和支持土地集中方面，农业政策带有一定的局部性。

一方面，政府通过农产品定价和建立市场组织收购两种方式，促使农产品供求平衡，形成有利于保护农户利益的价格机制；另一方面，政府通过立法，促进土地进一步集中，扩大小农场规模。据统计，这一时期，法国每年被兼并的土地达到 30 万公顷。[①]20 世纪 60 年代以后，伴随着法国农业危机的不断加剧，法国政府开始调整农业政策，实行总体性的农业政策，其内容包括改革农业结构、建立最佳规模农场——中型家庭农场、加强农产品价格管理、完善农业生产指导政策、建立农业社会保护制度和改革农业教育与科研体制等。毋庸置疑，这些政策的推进和实施，对于推动法国农业产业化经营、促进农业结构调整和实现农业现代化产生了重要的作用。到 20 世纪 70 年代，法国农业最终摆脱了传统落后状态，步入世界上农业最为发达的国家行列。20 世纪末，法国多种特色农产品产量已经进入世界前列，在全球农业市场上占据重要的地位。如葡萄酒产量位居世界第一位，甜菜产量位居世界第二位，牛奶产量位居世界第三位，肉类产量位居世界第四位，小麦和玉米产量位居世界第五位。

为了进一步提高法国农业现代化水平，增强法国农业的市场竞争力，从 20 世纪 90 年代开始，法国政府又相继颁布实施了土地休耕制度以及《新农业指导法》《农业现代法》《全国生态农业规划》《法国 2020 环保农业生产国家计划》《农业保险法》《未来农粮林法》等多部法律法规，提出了建设“兼顾经济、环保和社会效益、可持续发展的多功能农业”的目标，并指明了法国农业整体向生态农业转型的发展方向。政府一方面加强农业宏观政策管理；另一方面大力投资兴建农业基础设施，积极推进农业科研与农业教育，着力解决农业信贷资金以及组织、协调国家层面的农业公共服务等活动。为了降低农业经营风险，确保农业生产经营安全，法国政府在近代农业保险发展的基础上，建立了政策性农业保险机构，成立农业相互保险集团公司，专门经营农业保险及其相关业务，并采取低费率、高补贴政策，投保农户只需要缴纳少量的保险费（通常

① 黄文杰. 法国宏观经济管理[M]. 上海：复旦大学出版社，1990.

占保费的 20%～50%），其余保费（通常占保费的 50%～80%）由政府补贴。这种通过成立国家保险公司独立经营农险业务的方式不仅极大地促进了法国农业保险的发展，在降低农户经营风险、保障农业生产安全、调动农户从事农业生产的积极性方面也发挥了重要的作用。

综上所述，法国特色农业从早期萌芽初兴、近代缓慢发展到现代迅速崛起，经历了一个较为漫长的发展过程。政府的政策调整、家庭农场的结构变革、专业合作组织的全面发展、行业协会的综合支持、科研机构和农业院校的技术与智力保障是推动法国特色农业从传统走向现代，由孤立、分散走向产业化、专业化经营的重要力量。如果说日益增长的市场需求为法国特色农业产业化经营提供前所未有的机遇和条件，促使法国特色农业更多地卷入商品化、专业化生产，那么，强大的农业合作组织、发达的农业教育和科学技术无疑为维持与增强法国特色农业产业竞争力提供了强有力的组织保障、智力支撑和技术支持。

第三节　日本特色农业产业化经营的历史演进

日本位于亚洲东部、太平洋西北部，国土总面积 37.8 万平方千米，人口 1.26 亿人，气候属于温带海洋性季风气候，温暖多雨，适应多种农作物生长。但由于日本山多岛众，耕地稀缺，土地贫瘠，人均耕地面积仅 0.65 亩，是世界上人均耕地面积最少的国家之一，农业发展受资源环境约束十分严重。在漫长的社会经济发展过程中，日本坚持以农立国的传统，依托自身独特的自然条件和传统种植业优势，积极发展特色农业。历经早期萌芽、近代初兴到现代恢复和发展，日本特色农业最终摆脱了传统孤立、分散、粗放的生产模式，形成了以小规模个体经营、集约化生产和市场化运作等为主要特征的发展模式，走出了一条极具创新色彩的产业化经营之路。因此，研究日本特色农业发展过程及其产业化经营特点，对于推进山多地少的陕南特色农业发展具有重要的现实意义。

一、日本特色农业的早期发展

大量考古发现证明，距今数万年到十余万年前，日本民族的祖先就开始在日本列岛上从事狩猎和野生植物、野果采集活动。在旧石器时代后期，原始日本人已经广泛使用火来烧制食物，抵御寒冷和防御野兽的侵害。进入绳纹时期，随着社会经济的发展，原始日本人不仅从事原始的狩猎、采集和捕捞等生产活动外，还学会了火烧田的方法，在地势平缓的丘陵或平原地区开始栽培原始的野生植物，如豆类、芋类、粟类作物等。大约在公元前 3 世纪，日本进入了弥生时代。这一时期，中国的水稻和一些旱地农作物经由朝鲜半岛传入日本，水稻、瓜类、粟类、豆类、水果类以及麻类等多种农作物开始在日本得到广泛种植。同时，从中国传入日本的铁制农耕工具也逐渐取代了原始的木器和石器工具，推动了日本从以原始采集、狩猎和捕捞为主的经济形态迅速向以农耕为主的经济形态转型，使得日本农业生产力大幅度提高。随着农业的日益发展，日本制陶业和纺织业逐渐兴起。

公元 1—2 世纪，中国的养蚕技术传到日本，日本人开始了植桑、养蚕、缫丝、织绸等生产活动。邪马台国时期，日本人用粮食酿酒已十分普遍。到公元 5—6 世纪，日本特色农业发展更加多样化，除了水稻种植外，粟、稗、豆等也日益得到广泛种植，酿酒、苎麻、蚕丝等手工业也发展很快。到公元 7 世纪初，日本蔬菜种植逐渐发展起来，种植的品种有黄瓜、萝卜、茄子、韭菜、白菜、辣椒等。进入公元 8 世纪以后，日本的水稻和蔬菜种植业进一步发展，种植的水稻已有了早稻和晚稻之分，种植的蔬菜品种除了黄瓜、萝卜、茄子、辣椒等传统品种外，还有青瓜、芥菜、山芋、藕、薹等新种类，此外，桑、麻、漆树等经济作物种植也较为广泛。公元 8 世纪初，日本遣唐使及僧侣将中国的茶树引入日本，日本自此开始了种茶制茶的历史。基于农耕技术的进步和各地区农业资源条件的差异，到 13 世纪后半叶，日本特色农业进一步发展，稻、麦、粟、瓜果等农作物品种不断增加，稻的品种达到 90 种。水果的品种也不断丰富，包括桃、梨、柿、柑橘、葡萄、柚等多个种类。这一时期，棉花由中国、朝鲜传入日本，开始在部分地区种植。与此同时，日本的特色农作物种植也开始发生地域分工，初步形成了如大和的瓜、若狭的桑、丹波的粟、纪伊的蜜柑和山城拇尾的茶等具有地域特色的农作物种植区域。到 14—15 世纪，日本特色农业进一步发展，相继从欧洲、东南亚等国引进菠菜、西瓜、南瓜、甘薯、胡萝卜、马铃薯等蔬菜新品种。进入 17 世纪后，随着日本水利工程建设的推进和农作物耕作技术的精细化，日本耕地面积不断扩大，棉花、茶叶、烟草等经济作物在日本各地得到广泛种植，特色农业生产规模进一步扩大，产量明显提高。到 18 世纪，伴随着日本商品经济的不断发展，日本桑、漆、茶、楮、麻、蓝、红花、棉花、烟叶、马铃薯、甘蔗、葡萄和蜜柑等经济作物种植不断从先进地区向后进地区扩展，种植面积不断增加。至 19 世纪中期，日本商业性农业持续发展，特色农业地域分工更加明显，棉花种植也形成了以摄津和河内为中心的畿内地区、以尾张和三河为中心的东海地区以及濑户内海周边地区等三个主要产区。烟草、蓝靛、大豆和蔬菜等经济作物在各地普遍发展起来。桑蚕业继续发展，桑园面积达到 10 万公顷，生丝产量大幅度增长。在满足国内需求的基础上，日本生丝开始出口到英、法等国。随着日本社会经济的不断发展，农业的生产经营方式也从原始的刀耕火种、小规模生产过渡到以“庄园制”为主要特征的大规模生产和大规模协作。12 世纪晚期，日本农业生产的主要方式仍然是统治阶级占有大面积土地，由大家庭、世袭的仆人或雇工进行大规模耕种。19 世纪中期以后，农业商品化的不断发展和农业技术的不断进步，促使农业生产效率不断提高。在这一过程中，以小规模家庭农场经营为主要特征的商品经济逐渐显示出比传统大规模生产的自然经济更高的效率。同时，由于大家庭的逐渐消亡和土地租用的盛行，大农场耕种的土地份额不断下降。到幕府时期，1 公顷左右的小规模家庭农场成为日本农业生产的主要方式。①

总之，日本特色农业的早期发展经历了一个漫长的渐变过程，不仅从特色农作物种植品种方面实现了从单一品种向多品种的巨大转变，逐渐累积形成了先进的耕作技术体系和初步的特色农业地域化分布格局，而且还基本实现了由传统自然经济向商品经济小生产的转化，从而为日本近代特色农业发展奠定了重要基础。

二、日本特色农业的近代发展

19 世纪 60 年代末，在西方资本主义工业文明的深刻影响下，日本政府推行地税改革，实行“殖产兴业”，大力发展资本主义经济。在农业发展方面，日本政府废除了封建制度对农民的束缚，承认农民的土地所有权，采取以地价为基础的货币地租，减轻农民负担，鼓励农民从事农业生产活动，走出了一条具有日本特色的近代农业发展道路。在一系列劝农、扶农和助农政策的推动下，日本特色农业生产规模进一步扩大，产量持续上升，农业生产技术持续改良，特色农业区域化分工进一步明显，特色农产品商品化、社会化程度不断提高，从而为日本近代经济起飞和发展提供了坚实的物质基础和保障。

1. 特色农业种植面积扩大，产量不断提高

1869 年，日本明治政府宣布废除封建制度，允许农民私人占有土地。1871—1872 年，明治政府又相继取消了幕府时代制定的关于农作物栽培品种的限制和“永世不得买卖土地”的禁令，允许农民自由种植水旱田作物，土地可以自由买卖。地税改革打破了封建制度对农业商品经济发展的束缚，极大地调动了日本农民生产的积极性，促进了日本特色农业向规模化、集约化方向发展。1874—1890 年，日本的耕地面积从 412.98

① 文礼朋. 近现代英国农业资本主义的兴衰——农业与农民现代化的再讨论[M]. 北京：中央编译出版社，2013.

万町步扩增至 502.98 万町步，增加了 22%[①]。其中，不仅水稻的种植面积快速增加，桑蚕、果木、蔬菜、棉花、茶叶、蓝靛、甘蔗等经济作物的种植面积也显著扩大，产量成倍增长，产值占日本农产品总产值的比重不断提高。1890 年，日本稻田种植面积达到 275.2 万町步，产量达到 4303.7 万石。[②]从 19 世纪中后期开始，日本特色农产品商品化程度进一步提高，特色农产品产值占农产品总产值的比重明显增加。据统计，1876 年前后，日本稻米的商品率为 15% ~ 20%，经济作物为 80% ~ 90%，蔬菜类为 20% ~ 30%，水果类为 20% ~ 30%。[③]各类特色农产品产值持续增长，占日本农业总产值的比重不断提高。以桑蚕业为例，1880 年，日本桑蚕业产值占农业总产值的比例为 6%，到 1930 年则上升至 17%。桑蚕业的不断发展，不仅增加的农民的收入，还带动了日本近代生丝出口的繁荣。1880 年，日本生丝出口占日本出口贸易的三分之一左右。20 世纪初，日本发展成为世界最大的生丝出口国。

2. 农业合作组织兴起，覆盖范围日趋广泛

19 世纪 70 年代中后期，在日本政府地税改革和殖产兴业政策的影响下，日本农村出现了由农民自愿组建的以讨论农事、改良农业生产技术为目的的农谈会组织。为调动民间力量改良农事，振兴农业，1881 年 3 月，明治政府成立了全国农谈会，并随后以全国农谈会的老农为会员，创建了大日本农会。农会的主要职能是进行农事改良活动，普及农业技术，指导、帮助各地发展农业。1899 年，明治政府制定《农会法》，在郡、县、镇、村设立农会。1910 年，日本成立帝国农会，形成了上至国家、下至町村的全国性农会组织系统，并通过修改《农会法》，确立农会的独立地位，赋予农会农事改良、农政活动、农业统制等多种职能。1914 年，日本镇村的农会数量超过 1.1 万个，普及率超过 90%。[④]到第二次世界大

① 姚传德. 日本近代城市发展研究 1868—1930[M]. 苏州：苏州大学出版社，2015.

② 伊文成，马家骏. 明治维新史[M]. 沈阳：辽宁教育出版社，1987.

③ 李植枬. 20 世纪世界史（上）[M]. 武汉：湖北教育出版社，1998.

④ [日]秋野正胜.现代农业经济学[M]. 肖鸿麟，刘宗鹤，译. 北京：农业出版社，1981.

战前，日本大小农会数量超过 1.2 万个，会员多达 800 万人。在日本农会蓬勃发展的同时，以传统村落为基础组成的农户小组合逐渐活跃起来。最初的农户小组合主要有采种组合、品种改良组合、幼蚕饲育组合和贮蓄奖励组合等多种形式，后来发展成为集信用、贩卖、购买和利用为一体的产业组合。这种产业组合一村一般设置 1 个，由农户以户为单位参加。1900 年日本政府颁布《产业组合法》，扶持和鼓励产业合作组织发展。在政府的支持和培育下，日本产业组织规模不断扩大，社员数量急剧增长。1909—1920 年的十多年间，日本产业组合社员从 1909 年的 39 万人增加到 1920 年的 229 万人。①1932—1937 年，日本政府先后推动实施“产业组合”的五年计划和三年计划，要求农户全部加入产业组合。到第二次世界大战前夕，日本全部农户基本都加入了产业组合。日本政府规定，产业组合必须在国家指导下开展工作，农村有关经济的计划都要以产业组合为中心实行。至此，日本的产业组合最终演变成为政府执行农业政策的执行机构。1943 年，日本政府颁布《农业团体法》，将农会、产业组合、畜产组合、养蚕业组合和茶叶组合合并，组建了日本农业会。

3. 农场经营规模趋小，中小家庭农场成为生产经营主体

明治维新时期，日本学习西方国家发展农业的经验，兴办了很多试验农场、育种场、牧场和国营农场，但并没有改变日本农场规模向中小型方向发展的趋势。日本农场的基本生产单位仍是以家庭劳动为主的，经营规模基本维持在 1 公顷左右。1880 年，日本农场规模为 540.8 万家，农场平均经营面积只有 1 公顷。从 1880—1940 年，日本农场的数量趋于稳定，但经营规模始终保持在 1 公顷左右。其中，耕地面积在 3 公顷以上的农场数量占日本农场总量的比重逐渐下降，耕地面积在 1 ~ 2 公顷的农场数量则呈现明显的上升趋势。到 1940 年，耕地面积在 2 公顷以下的中小型农场占日本农场总数的比重超过 90%，成为日本农业生产经营的主体。从这一时期日本家庭农场规模演变趋势来看，耕地面积在 0.5 公顷

① [日]秋野正胜. 现代农业经济学[M]. 肖鸿麟，刘宗鹤，译. 北京：农业出版社，1981.

以下和 2 公顷以上的家庭农场占家庭农场总量的比重都有所减少，而耕地面积在 5 公顷以上的家庭农场数量有小幅增长。这表明日本家庭农场规模并没有出现两极分化的倾向，反而呈现出向中型集中的态势。这种小规模的家庭农场通常拥有一半水田、一半旱地，主要以水稻、小麦等粮食作物生产种植为主，作为特色农业的水果、蔬菜、棉花、麻、畜产和养蚕等一般都属于副业，虽然有所发展，但由于日本国内粮食的匮乏，凡是能够种植粮食作物的地方均优先用以发展粮食生产，专门从事特色农产品生产的农场并不多见，如表 6-12 所示。

表 6-12　1880—1940 年日本农场经营规模变化情况

年份	农场数量/万个	农场耕地面积						户均面积/公顷
		0.5 公顷以下	0.5～1 公顷	1～2 公顷	2～3 公顷	3～5 公顷	5 公顷以上	
1880	540.8	201.6	176.4	105.5	34.8	16.3	6.2	1
1910	541.7	203.2	178.9	104.8	32.2	15.6	7.1	1
1920	548.5	193.5	182.9	113.3	34.1	15.4	9.2	1.1
1930	551.1	189.1	189.2	121.7	31.4	12.8	7	1.1
1940	539	179.6	176.8	132.2	30.9	11.9	7.6	1.2

数据来源：[日]速水佑次郎，神门善久．农业经济论[M]．沈金虎，译．北京：中国农业出版社，2003.

4. 农业生产技术不断改良，农业机械化缓慢推进

学习和引进西方先进的农业生产技术，改良本国农业，发展农业生产一直是日本近代农业改革和发展的重点之一。在明治维新初期，日本政府采取了全面引进的方略，不仅引进了西方先进的大型农业机具、高效的肥料、优良的品种，还积极借鉴西方农业大农场的经营模式，试图开展大规模农业生产。由于受日本国内自然条件和经济环境的制约，以及半封建地主制的阻碍，这一方略并没有取得预期效果。到 19 世纪 80 年代，日本积极调整农业改良政策，采取外部引进和内部改良相结合的方法，一方面积极学习和借鉴西方农业技术成果和方法，取长补短，另一方面，结合本国农业发展实际，因地制宜，改善农作物栽培技术，改

良农作物品种，推广增施有机肥和化肥，最终形成了以“多劳多肥”为核心的“明治农法”。根据“明治农法”，政府大力推广节约型的种籽——肥料增产技术，鼓励革新改良农机器具，并通过制定农业立法，规范农作物选种、品种改良、耕地整理、肥料施用以及农具改进活动，积极引导日本农业生产技术逐步摆脱落后状态。在农业机械化方面，由于日本人多地少，家庭经营规模小，欧美大型农业机械难以适应日本小规模家庭经营的要求，明治政府转而发展适合本国农业生产实际需要的中小型农业机具。这一时期，日本对犁进行改进，促进牛马畜力在农业生产中的应用，使畜力逐渐代替了农业生产中的部分人力。同时，发明和推广回转式中耕除草机，发展脱粒、碾米等农产品加工机械，提高了农业生产加工效率。20 世纪 30—40 年代，日本又研制出适应本国农业生产需要的喷雾喷粉机械、旋耕机和手扶拖拉机。但相较于欧美发达国家而言，近代日本农业机械化发展一直十分缓慢，农业机械器具数量较少，使用范围狭小。20 世纪 30 年代中期，日本拥有的农用拖拉机 9.6 万台，不及美国的十分之一，使用对象主要是少数富农。广大佃农和自耕农因缺乏资金，无力购买和使用先进的农业机具。因此，在特色农业生产过程中，仍以简单粗制农机具为主。

5. 农业教育兴起，农业和农村教育体系初步形成

明治维新初期，为振兴农业，促进农业改良和发展，日本政府开始兴办农业教育，设置农业试验场和传习所，学习和传授欧美国家先进的农业生产方法。1872 年，日本北海道开拓使建立了临时学校，开展农业教育。1877 年，日本在驹场创办了驹场农学校。这是日本最早的两所高等专门农业学校，其办学的主要目的是学习欧美农法，并从国外收集、引进大量的农作物、果蔬良种，进行试种、繁殖和推广。1875 年，日本第一所私立农学校——学农社农学校在东京成立，日本高等专门农业教育自此开始起步。20 世纪 80 年代末，为提高国民素质，日本开始兴办实业补习学校，主要为小学文化程度以下的人口补习小学教育。明治维新

后期，日本非常重视对农民的补习和教育，认为“目前救济振兴农村的途径，除启发农民外，别无良策”。[①]为此，日本政府积极兴办各类农业补习学校，对农民进行教育。这一时期，日本农民补习学校发展很快，并很快成为日本实业补习学校的主体。1894 年日本农业补习学校仅有 5 所，到 1910 年发展到 4 592 所，占日本实习补习学校的比重超过 80%，如表 6-13 所示。经过 30 多年的不断调整和发展，到 20 世纪初，日本农业教育基本形成了高等农业教育、中等农业教育和初等农业教育构成的三级教育体系。与此同时，一些民办农业教育机构也开始发展起来，成为推动日本农业教育发展的重要力量。

表 6-13　1894—1910 年日本农业补习学校发展情况

年份	农业补习学校数量/个	占实业补习学校的比重/%
1894	5	26
1895	26	47
1896	54	58
1897	62	57
1898	62	55
1899	62	57
1900	73	48
1901	123	55
1902	480	76
1903	904	70
1904	1 436	85
1905	2 450	89
1906	3 785	89

① [日]高山昭夫. 日本农业教育史[M]. 刘秉臣，等译. 北京：科学技术文献出版社，1989.

续表

年份	农业补习学校数量/个	占实业补习学校的比重/%
1907	4 407	90
1908	4 185	88
1909	4 541	88
1910	4 592	75

数据来源：[日]高山昭夫. 日本农业教育史[M]. 刘秉臣，等译. 北京：科学技术文献出版社，1989.

三、日本特色农业的现代发展

第二次世界大战期间，日本农业遭受严重破坏，农村土地荒芜，耕地面积骤减，主要特色农产品种植规模也极度衰退，产量急剧下降。1937年，日本水稻种植面积为 321.7 万日顷，蔬菜种植面积 52.7 万日顷，桑园面积 56.1 万日顷，到 1945 年，日本水稻种植面积下降至 289.4 日顷，蔬菜面积减至 45 万日顷，桑园面积缩小至 24.2 万日顷。[①]第二次世界大战结束后，为了尽快恢复农业生产体系，日本进行了第二次农地改革，废除了传统的地主制和租佃制，大部分农户转为自耕农，提高了农民生产的积极性。同时，日本政府根据本国国情，颁布实施了一系列法律法规和农业政策，加大农业基础设施投资，调整农业结构和家庭农场经营规模，积极推进以机械化为核心的农业技术革命，大力发展农业教育，为日本农业现代化发展创造了良好的条件。随着日本农业经济的恢复和发展，特色农业生产经历了快速发展、平稳发展和低速发展三个不同的阶段。在经营组织方式上，形成了农工商一体化经营模式，经营规模不断扩大，经营效率大幅度提高。

① [日]楫西光速. 日本资本主义的发展[M]. 阎静先，译. 北京：商务印书馆，1963.

1. 农业结构发生改变，特色农业发展壮大

第二次世界大战后日本经济的高速发展和国民收入的增加，使人们对农产品的需求逐渐发生改变，对蔬菜、水果和畜产品等的需求日益上升。为了满足国内日益增长的农产品新需求，日本政府加大农业生产结构调整力度，按照区域化、专业化、优质化的要求，加快发展特色农业，促进特色农业产业化经营。水果、蔬菜、畜产品等特色农产品种养殖规模明显扩大，产量增长迅速，品质不断提高。以蔬菜为例，1951 年，日本蔬菜产量已经超过第二次世界大战前水平。到 1968 年，日本蔬菜种植面积达到 69 万公顷，产量达到 1 537 万吨，创历史最高水平。进入 20 世纪 70 年代后，受土地资源匮乏、农业劳动力老龄化、蔬菜进口量增加等多种因素的影响，日本国内蔬菜价格下降，蔬菜产业生产规模有所回落，但蔬菜单产水平却保持稳定增长。如表 6-14 所示，从 20 世纪 80 年代初到 21 世纪初，日本蔬菜年均种植面积不断减少，年均产量持续下降，但年均单产从 1981—1985 年的年均 25.9 吨/公顷增加到 1996—2000 年的年均 27.1 吨/公顷。

表 6-14　1980—2000 年日本蔬菜种植面积、产量和单产变化情况

时　间	1981—1985 年	1986—1990 年	1991—1995 年	1996—2000 年
年均种植面积/万公顷	62.5	60.9	56.2	50.7
年均产量/万吨	1 654.2	1 628.1	1 496.2	1 402.5
年均单产/（吨/公顷）	25.9	26.1	25.9	27.1

资料来源：方志权，顾海英. 中日蔬菜生产、流通、贸易比较研究[M]. 上海：上海财经大学出版社，2004.

在推进特色农业发展的过程中，面对资源匮乏、发展动能不强等问题，日本各地以市场为导向，立足自身的资源条件、劳动力和生产技术水平，通过重新识别、挖掘、培育和生产具有本地特色的农产品来打造经济发展亮点。20 世纪 70 年代末，日本农村兴起了“一村一品”运动，即在一个地方（县、乡、村）根据自身的条件和资源禀赋开发、生产一

种或几种具有地方特色的拳头产品，形成地方产业特色和资源优势。经过 40 多年的发展，日本“一村一品”运动取得巨大成效，不仅极大地促进了日本地方特色农业发展，而且还从根本上改变了日本很多乡村贫穷落后的面貌。目前，日本“一村一品”运动的基本发展理念和经验模式已经得到很多国家或地区的关注和认可，成为 100 多个国家发展特色农业的重要参考和借鉴。

2. 兼业农户不断增加，新型农业经营主体蓬勃发展

第二次世界大战结束后，随着农业生产力的不断提高和工业化、城市化进程的持续推进，日本农村剩余劳动力不断向二、三产业转移，但转移出的人口并不想放弃拥有的土地，逐渐转化成为兼业农户，即在经营农业以外的业务或被其他单位雇佣 30 天以上。兼业农户的出现，虽然拓展了农民就业的渠道，增加农民的收入，但使得专业农户数量不断减少，且阻碍了转移人口的小块土地向专业农户流转和集中，导致专业农户扩大生产较为困难。据统计，1950—1985 年，日本农户数量减少了 30%，其中专业农户数量减少了 79%，兼业农户数量则增加了 21.3%。[①]到 2006 年，日本兼业农户占农畜总数的比重高达 92%。[②]在特色农业生产领域，从事水稻、蔬菜、果树等单一经营的专业农户数量有小幅增长，从事养蚕单一经营的专业农户数量则呈现下降趋势。由于农业内部条件的改善，日本少数上层农户不断扩大经营规模，从事农产品专业化生产，向大农场经营方向转变。1950 年，日本共有农场 618 万个，平均耕地 0.8 公顷，其中 1 公顷以内的农场占 77.5%，2 公顷以上的农场不到 3.5%。进入 21 世纪后，日本进一步放松农地流转的管制，促进土地集中，扩大农场经营规模。到 2005 年，日本家庭农场平均经营面积增加到 1.6 公顷，平均经营面积在 3 公顷以上的农场占 6.5%。其中，经营面积超过 100 公顷的农场达到 400 多家。同时，通过推进农业经营法人化，积极培育和发展

① 余昺雕. 日本经济论[M]. 吉林：吉林大学出版社，1989.

② 郭晓鸣. 现代农业建设教程[M]. 成都：四川人民出版社，2008.

新型农业经营主体。据统计，截至 2015 年底，日本已设立农业法人 20 902 个，其中农事组合法人 6 199 个、股份有限公司 16 094 个、其他法人 4 808 个。①大规模农场数量的持续增加和农业法人的迅速发展，反映出日本农业现代化发展的两个重要趋势：一是通过适度扩大生产规模，降低农产品生产成本，提高农产品的市场竞争力；二是培育新型农业经营主体，推动农业经营方式变革，激活农业发展新动能。

3. 农业产业链多向延伸，“六次产业化”融合发展

日本传统农业以种植业为主，20 世纪 70 年代后，伴随着日本农业生产种植进入稳定增长阶段，日本开始有计划地向农村导入工业，推进乡村工业化和立体农业生产体系建设。大量城市资本进入农村，选址办厂，发展农产品加工业。据统计，1971—1973 年，在日本农村兴办的公司达到 9 356 家。到 1982 年，日本农村食品加工企业达到 8.5 万家，从业人员 118 万人。②乡村工业的蓬勃发展，打破了长期以来日本特色农业生产单一消费的模式，延长了特色农业产业链，加快了特色农产品商品化的进程，提高了日本特色农业的综合经济效益。1983 年，日本蔬菜产量的 17%、水果产量的 24%都是通过加工销售的。到 2001 年，日本农产品加工企业数量达到 31.6 万家，从业人员 847.7 万人，产值 103.2 万亿日元。其中蔬菜、水果、鱼类、肉类、油类等加工企业 1.26 万家，从业人员 32 万人，产值达到 7.2 万亿日元。③进入 21 世纪后，为进一步激发日本农村经济发展活力，日本政府提出了“六次产业化”战略，即以第一产业的农业为基础，综合发展农产品加工的第二产业和农产品直销、饮食业、休闲农业等的第三产业，形成集生产、加工、销售、服务于一体的完整产业链，实现规模经济和范围经济，从而提升农业产业的综合价值，增

① 周群力. 日本提高农业竞争力的主要做法[N]. 东方城乡报，2019-05-07.

② 毕道村. 中国农村现代化之路　乡村工业发展战略[M]. 北京：中国统计出版社，2000.

③ 科学技术部农村与社会发展司，中国农业机械化科学研究院，中国包装和食品机械总公司. 中国农产品加工业年鉴 2005[M]. 北京：中国农业出版社，2006.

加农民收入和增强农业发展活力。这一农业发展新战略的实施，不仅加快了日本特色农业向第二、第三产业融合发展的步伐，还催生了一系列以特色农业为基础的新兴产业。日本“六次产业化”的基础是农业，核心是充分利用和开发农业的多种功能与价值，延伸农业产业链，促进农产品在生产地的加工、利用和消费，使农业生产者能够切实分享农产品加工、流通和消费环节的收益。日本“六次产业化”主要有产地加工型、产地直销型和旅游消费型三种产业形态，且融合发展十分迅速。如表 6-15 所示，与 2005 年相比，2010 年日本利用本地农产品进行加工的企业数量增长了 42.6%，农家饭店和农家民宿的数量分别增长了 50.5%、43.2%。近年来，日本政府不断调整和完善农业发展相关法律法规和体制机制，保障六次产业高水平和长效发展，特色农业与第二、第三产业融合化趋势进一步加强，成为日本建设强大进取型农业和美丽农村、活力农村的重要推动力量。

表 6-15　日本 2005 年、2010 年“六次产业化”的具体情况

产业形态	2005 年	2010 年	增长率/%
农产品加工企业/个	23 913	34 172	42.9
租赁农园、体验农园等/个	4 022	5 840	45.2
观光农园/个	7 578	8 768	15.7
农家民宿/个	1 491	2 006	34.5
农家饭店/个	826	1 248	51.5
合计/个	37 831	52 034	37.5

资料来源：刘岳兵. 南开日本研究 2017[M]. 天津：天津人民出版社，2017.

4. 农业机械化稳步推进，自动化水平不断提升

为了降低农业生产成本，解决粮食自给问题，尽快恢复农业经济，第二次世界大战后，日本根据本国农业生产需要，开始在全国推行小型农业机械，代替传统的畜力机具，从而开启了日本特色农业机械化的新阶段。20 世纪 50 年代，日本普及了旋耕机。20 世纪 60 年代，发展轮式拖拉机，实现土地平整、灌溉、施肥、除草、收割、加工、运输等多项

农业生产作业机械化。20 世纪 80 年代，伴随着日本农业人口不断向城市转移，农村土地规模化经营程度日益提高，联合收割机、高速插秧机、大中型拖拉机及其配套农机具也在农业生产中相继得到推广应用，实现了农业生产全面机械化。如表 6-16 所示，日本的主要农业机械拥有量不断增加，特别是进入 20 世纪 80 年代中期以后，农用拖拉机拥有量一直保持在 180 万台以上，联合收割机拥有量保持在 100 万台以上。从 20 世纪 80 年代末至今，日本农业机械进一步向自动化、智能化、数字化方向发展。近年来，为了降低人工成本，提高农业生产效率，日本机械制造商、信息技术供应商和农业生产者合作，开始将机器人等先进技术用于农业生产，如采摘果蔬的农用机器人、撒播农药的无人机等。很多新兴农场还利用移动互联网、大数据、云计算、物联网等新一代信息技术，使农产品生产过程实现高度自动化的环境控制和可视化的作业管理。

表 6-16　1961—2000 年日本农用拖拉机和联合收割机拥有量

单位：万台

年份	农用拖拉机	联合收割机
1961—1965（平均）	1.90	—
1970	27.80	—
1975	72.10	42.80
1980	147.10	88.40
1985	185.36	110.95
1991	196.60	116.90
1995	205.00	120.33
2000	202.80	104.20

资料来源：刘凤芹. 土地的规模效率和农业经济组织绩效研究[M]. 沈阳：东北财经大学出版社，2011.

5. 农协发展迅速，服务功能日趋完善

第二次世界大战后，为了克服战争给农村造成的严重灾荒，促进农民合作组织的发展，提高农业生产力和农民在社会上的经济地位，日本政府于 1947 年颁布实施了《农业协同组合法》，解散了旧农会，组建了新的农业协同组合。农协采取三级组织体制，即在市、町、村设基层农协，在都、道、府、县以基层农协为团体会员组成县级联合会，在中央以都、道、府、县级农协团体会员组成全国联合会。基层农协又分为综合农协和专业农协。随着市场经济的发展和农业产业化的深入，农协发展迅速，到 1960 年底基层农协总数（包括综合农协和专业农协）达到 28 896 个，大部分农民加入了农协组织。此后 40 多年的时间里，为适应日本经济的发展和农业形势的变化，农协组织不断进行合并、改革，以提高农协事业的经济效益，增加农民收入，增强市场竞争能力。比如，1972 年，全国购买农协联合会和全国贩卖农协联合会合并，成立全国农业协同组合联合会；从 1986 年起基层农协开始改变原来的一户一个农协正式组合员名额的标准，导入复数正式成员的制度，使农家青年、妇女都可以作为农协正式成员参加农协的组织活动；1998 年，全国基层农协由 1960 年的 28 896 个合并为 5 141 个，其中综合农协数从 12 050 个减少到 1 812 个，专业农协（包括出资组合和非出资组合）从 16 846 个减少到 3 329 个，与此同时，农协规模不断扩大，适应了农业现代化的要求；此外，为减少中间环节，降低费用，提高效率，农协将县一级联合会合并到全国联合会，形成“基层—中央”的二级组织体系，到 2000 年 4 月，已经完成了全国 47 个县级联合会与全国联合会的合并。

日本农协的服务范围十分广泛，从营农指导[①]、农业生产资料供应、农副产品贩卖、信用服务、保险服务、信息服务，到医疗卫生保健和文体活动等，凡是与农村经济和农民生活有关的一切方面，均离不开农协组织的参与。农协深得广大农民的信赖与支持，在日本农业发展中起着不可替代的作用。此外，与西方其他发达国家的农业合作经济组织比较，日本农协不仅是个经济组织，还兼有协助政府贯彻农业政策和代表农民向政府施压的双重职能，因而具有“准政府机构”和“政治团体”的性质。

---

① 在日本，在农业生产、经营方面给农户指导，称之为“营农指导”，日本农协没有“营农指导员”。

6. 农业教育蓬勃发展，形成较为完备的教育体系

学习和借鉴欧美发达国家农业教育经验，积极发展农业教育，培养农业人才是日本推动特色农业发展的重要举措之一。日本政府相继颁布实施《学校教育法》《农业改良促进法》《社会教育法》《产业教育振兴法》《职业训练法》等多部法律法规，将农业教育尤其是农村青少年教育作为农业改良和振兴发展的重要内容。一方面，通过创办农业者大学校，开展以专业化技术和经营管理实习进修等方式，提高农村青年的文化素质和农业技术水平；另一方面，大力发展正规化的学校教育，培养各级各类农业科技人才，逐渐形成了由农业高等学校教育、农业大学校教育和大学本科教育组成的初、中、高等多层次教育体系。其中，农业高等学校教育主要招收初中毕业生，培养掌握一定专业知识和农业生产技能的初级人才；农业大学校教育主要招收高中毕业生，培养具有较强实践技能的应用型农业技术人才；大学本科教育则依托各类高等农业院校和一些综合性高校的农学部，培养具有较高水平的农业教学人员和科研人员。到 20 世纪 90 年代中期，日本农业高校学校达到 434 所，农业大学校 42 所，本科大学中设有与农业有关的学部 56 个。此外，日本政府还特别注重农民的职业教育和终生教育。在职业教育方面，日本按照中央政府、都道府县、市町村的不同层次，设立了专门的农民职业教育管理机构，大力发展农民职业教育，并积极开展农民继续教育、开放式终生教育，引导和鼓励农民利用闲暇时间，结合农业生产实践需要，更新、补充和拓展农业技术和经营管理相关知识，掌握新农业技能和方法。经过几十年的不断完善和发展，日本最终建立起多层次、系统化、立体化的农民教育体系，为日本特色农业的发展提供了较为充分的人才支持。

7. 农业科技创新发展，成果推广成效显著

第二次世界大战结束后初期，日本农业生产水平十分低下，粮食供应极为紧张。为了提高农业生产效率，增加粮食产量，摆脱粮食危机，日本政府采取多种措施，加快推进农业科技发展，并通过建立多级多层

次的农业技术推广组织，形成了从中央到地方系统的农业技术推广体系，使得农业技术成果得到迅速推广和应用。日本的农业科研主体主要由国立或公立科研机构、大学和企业等组成，各级各层次的科研机构分工明确，各有侧重。日本农林水产省直属的国家级农业科研机构，主要承担农业基础性和重大课题的研究。地方公立农业科研机构包括各都、道、府、县的 47 个农业试验研究中心和专业性的农业试验场，主要结合当地农业生产实际需要，开展应用与开发性课题研究。日本高等农业院校及大学涉农学部则通过开展农业基础理论与应用研究，为推动农业技术创新和发展提供服务。在农业技术推广方面，1948 年日本政府颁布《农业改良助长法》，明确要求国家农业部门必须推广有效的耕作方法，普及农业科学知识。经过多年的不断推进，日本逐渐确立了由中央政府主导，都、道、府和县共同实施的全国性农业技术推广体系。此外，日本农协也向农户提供农业生产技术指导和服务，最终构建起由政府推广体系和农协推广服务机构两套系统组成的农业科技推广体系。进入 20 世纪 80 年代，日本确立了“技术立国”战略，一大批新的科技成果迅速应用到农业生产经营领域，农业技术普及和推广方式更加灵活和多样化。农业科技的创新发展及其成果的推广应用，不仅为日本特色农业生产恢复提供了重要动力，也为日本特色农业的现代化发展创造了极为有利的条件。

总之，作为亚洲人多地少、资源匮乏的典型代表，日本特色农业经历了极其漫长的发展历程。无论是早期的探索实践、近代的缓慢变革，还是现代的创新发展，日本特色农业能始终不断地汲取欧美发达国家特色农业发展的经验和模式，顺应特色农业产业化、现代化的发展趋势，因地制宜，结合日本国情，在特色农业的生产方式、组织形式、经营模式上进行一系列调整和变革，开辟了一条以小规模家庭经营为主要特征的农业产业化经营道路。在日本政府的政策扶持和引导下，分散的农户通过农协的组织和协调，从而较好地解决了特色农业产业化经营中面临的农户分散经营与产业规模经营之间的矛盾。在漫长的发展过程中，日本通过发展农业教育和鼓励科技创新，最终将特色农业传统的生产方式与现代的科学技术融合起来，加速了特色农业产业化发展进程，提高了特色农业产业化经营绩效。

纵观以美国、法国和日本等发达国家特色农业及其产业化发展的过程，不难看出，各国的特色农业共同经历了原始的萌芽性农业、传统的自给性农业、现代的商品性农业等漫长的发展阶段。由于不同的资源条件、生产要素条件和政治经济社会环境，其农业产业化经营模式也各不相同。但走向市场化、专业化、一体化、社会化是各国特色农业产业化经营的共同趋势。在推进农业产业化发展和经营的过程中，各国政府采取的措施各不相同，产业化经营模式各具特色，但也存在一些普遍的做法和经验：重视农业教育，推广农业技术，培育农业经营主体，推进经营集约化、产业化、生产专业化、服务社会化，重视市场机制与政府政策相结合，重视农业基础设施建设等。

第七章 陕南特色农业产业化经营创新逻辑与实现路径

党的十九大报告提出了乡村振兴的战略蓝图，并将产业兴旺作为乡村振兴的首要目标和要求。农业产业是陕南产业发展的短板和弱项，农业产业振兴是陕南产业振兴的基础。具有一定比较优势和产业基础的特色农业振兴是陕南农业振兴的重要突破口。当前，在我国传统农业向现代农业转型升级的关键时期，陕南特色农业既面临着我国实施乡村振兴和扶贫攻坚战略的重大发展机遇，也面临着转型升级动力不强、产业竞争力弱等突出问题。立足陕南特色农业资源禀赋特色，结合陕南特色农业产业化经营实际，从乡村振兴和农业现代化发展的高度，不断创新经营理念，构建效率更高、效益更好、更具可持续性的特色农业产业经营体系，优化和完善特色农业产业化经营模式，全面推进特色农业产业化经营是增强陕南脱贫振兴的必然选择，也是提高陕南特色农业产业竞争力、加快农业现代化的重要途径。

第一节　陕南特色农业产业化经营的基本思路与主要目标

一、陕南特色农业产业化经营创新的基本思路

市场是特色农业产业化经营的根本动力，也是决定特色农业产业化经营成败的关键。改革开放 40 多年来，随着我国市场经济的快速发展和人们生活水平的不断提高，特色农产品消费市场需求已经发生了深刻变化，从改革开放之初的数量需求逐渐转向数量、质量双重需求，特别是近年来，人们对特色农产品的质量、多样化要求不断提高。在这种背景下，陕南传统的特色农业生产经营理念和经营方式已经不能适应新时代的要求。只有顺应时代要求，紧密结合特色农业产业化经营变革和发展

趋势，不断创新观念，以更鲜活、更生动、更丰富的形式全面推动陕南特色农业产业化经营创新和发展，才能从根本上增强陕南特色农业的经济效益和市场竞争力。

特色农业是陕南最具潜力和活力的支柱产业之一。国内外特色农业产业发展经验表明，农业产业化经营是推进特色农业由低级阶段向高级阶段发展的重要途径。当前，陕南特色农业产业化经营正处于从快速发展阶段向创新提高阶段转型的关键时期，产业的发展演进规律和特色农业发展趋势要求，陕南特色农业产业化经营应站在农业现代化的高度，以创新为根本动力，持续推进陕南特色农业产业化组织形式、经营理念、经营方式和运作机制现代化，从而增强陕南特色农业产业化经营能力，使其尽快摆脱分散、低效的发展困境，实现可持续发展。因此，陕南特色农业产业化经营应跳出“就农业论农业”的传统思路，以市场为导向，以创新为动力，以龙头企业、农民合作社、家庭农场、专业大户等新型农业经营者为主体，以提高经济效益为核心，充分利用现代科学技术和工业化成果，构建集特色农产品生产、加工、流通、销售等各环节为一体的新型农业产业化经营联合体，通过联合体内部各经营主体分工协作、合作运营、共担风险、共享收益，降低交易成本，优化资源要素配置，全面提升陕南特色农业产业化经营水平，推进陕南特色农业现代化发展。

二、陕南特色农业产业化经营模式创新的目标

经营目标是经营主体在一定时期内进行生产经营活动预期要达到的水平。对于经营主体而言，经营目标是方向，也是动力。经营目标不仅为经营主体指明了未来较长一段时期内经营主体奋斗的方向，而且也是鼓舞和激发经营主体积极性、创造性的动力源泉。科学合理的经营目标是经营主体开展经营活动的前提，也是经营活动取得成功的基础。特色农业产业化经营目标是经营主体将特色农业生产、加工、流通、销售等

多个环节视为一个完整产业链系统的基础上，形成的关于整个产业链系统在未来一段时期内要达到的目的和要求。它既是特色农业整个产业链系统形成和运行的起点，也是其演化发展所趋达到的终点，对于特色农业产业化经营有序推进和良性发展具有重要的意义。

陕南地处经济欠发达的西部地区，生态环境脆弱，农业生产力相对落后，市场经济不发达，农民收入水平偏低。作为陕西省贫困程度最深、贫困面最广、贫困人口最多的地区，尽管陕南目前所有贫困县全部实现“脱贫摘帽”，退出了国家贫困县序列，但后续稳固脱贫成果，实现高质量脱贫和可持续脱贫更加需要依靠农业，特别是特色农业的支撑和带动。因此，根据农业产业化经营规律和陕南特色农业产业化经营创新思路，结合陕南脱贫攻坚、乡村振兴战略实施要求，陕南特色农业产业化经营的总体目标可以概括为：以市场需求为导向，以改革创新为动力，立足陕南特色农业资源比较优势和产业条件，紧紧围绕特色农业的多功能开发，合理配置各种生产要素，建立产加销紧密结合、种养加有机对接、农工贸深度融合的产业化经营体系，形成分工有序、协作有力、利益共享、风险同担、融合发展的经营机制，最终实现特色农业提质增效、农民增收致富、农村繁荣兴旺的目标。陕南特色农业产业化经营的目标是多元化的，既包括经济性的目标，也包括非经济性的目标，具体来讲，可以分为以下几个方面。

1. 提高经济效益

推进陕南特色农业产业化经营，旨在通过变革经营理念，创新经营模式，完善经营机制，推进陕南特色农业资源深度开发和利用，扩大优质特色农产品和服务供给，增强陕南特色农业发展活力，降低陕南特色农业生产经营成本，提高土地产出率、资源利用率和劳动生产率。同时，采用先进的技术和手段，创新特色农产品流通模式，降低流通成本，提高特色农产品商品化率，增加特色农业经济效益，改变陕南特色农业传统、分散、低效的经营状态，推动其向现代、集约、高效经营阶段转变。

2. 增加农户收入

广大农户是陕南特色农业产业化经营的重要主体，也是特色产业化经营体系中相对弱势的群体，平等分享特色农业产业化经营收益，增加农户收入，既是调动陕南广大农户从事特色农业产业化经营活动积极性的重要途径，也是推动陕南特色农业产业化经营健康持续发展的有力保障。因此，陕南特色农业产业化经营应从谋求产业长远发展和经营长期利益的角度出发，充分认识保护农户利益、增加农户收入的必要性和重要性。通过建立和完善与广大农户的利益联结机制，保护农户利益，让广大农户更多地分享产业化经营收益，增加农户收入，实现农户增收脱贫和稳步致富。

3. 带动农业产业振兴

特色农业是陕南历史底蕴最深厚、比较优势最突出的传统产业，也是新时代陕南产业发展最具潜力、最有活力的农业产业。以特色农业为突破口和着力点，通过推动特色农业产业化经营，促进陕南特色农业规模化生产、集约化经营和专业化发展，为陕南传统农业生产经营引入新思维、新理念和新模式，培育农业生产经营新生力量，推动农业新技术、新装备应用，引导陕南农业生产方式、组织形式和经营方式变革，带动陕南传统农业从产品农业、低效农业向商品农业和高效农业转型升级，逐步破解陕南农业产业层次低、产业链短、发展动能不足等突出难题，为陕南农业产业振兴和农业现代化发展提供强劲动力。

4. 提升市场竞争力

市场是产业化经营的起点，也是决定产业化经营成效的关键因素。以市场为导向，推进陕南特色农业产业化经营，需要经营主体改变“重生产轻市场”的经营思想，树立全新的市场观念，高度重视市场供求关系变化，客观分析特色农产品市场竞争环境，深入洞察特色农业产业未来变革方向和发展趋势，敏锐捕捉市场机遇，结合陕南特色农业产业化经营实际，明确发展定位和经营方向，以满足市场需求为出发点，以创新为核心动力，通过产业化经营联合体内各经营主体的协同共进和合作创新，提高陕南特色农业产业创新能力，从而构筑陕南特色农业产业化经营新优势，提升陕南特色农业市场竞争力。

5. 增加社会效益

陕南地处秦巴山区，生态基础脆弱，大部分农村生产生活条件较为落后，农民增收渠道单一。加快推动陕南特色农业产业化经营，扩大特色农业生产经营规模，延伸特色农业产业链，增加就业创业机会，促进陕南农村劳动力就近、就地转移创业就业，使陕南农民能更多分享特色农业产业链增值收益，持续增加收入，从而增强农民发展农业的积极性和自信心。同时，通过推动陕南特色农业产业化经营，改善陕南农村基础设施和生产生活环境，提高农民生活质量，增强农村的吸引力，为破解陕南农村“空心化”困境，稳定陕南农村经济发展，实现农民生活富裕提供重要保障。

第二节　陕南特色农业产业化经营理念创新

理念是行动的先导，也是经营的灵魂。经营理念是贯穿特色农业产业化经营活动全过程的指导思想，它是由一系列观念构成的体系，是经营主体对特色农业产业化经营活动中各种关系的认识和态度的总和。理念创新是产业化经营创新的精神内核和首要环节。特色农业产业化经营是市场经济条件下农业和农村经济深化改革的必然选择，也是特色农业产业自身演进和发展的重要趋势。在全球现代农业快速兴起，生产经营格局不断调整的背景下，陕南特色农业只有转变传统生产经营理念，突破旧有的思维定式，以新的视角、新的方法和新的思维方式，形成特色农业产业化经营新理念，才能为破解特色农业产业化经营难题提供新思路，找到新出路。

一、坚持市场导向，树立大市场理念

市场是特色农业产业化经营的出发点和归宿点，也是衡量特色农业产业化经营成败的关键指标之一。坚持以市场为导向，首先，要彻底转变传统以生产为导向的经营观念，变“产加销”为“销加产”，按需定产，按照市场需求组织特色农业生产、加工活动。这就要求经营主体将发现、识别、满足消费者的现实需求和潜在需求作为陕南特色农业产业化经营活动的出发点，高度关注消费者需求的变化，着力为消费者提供更有价值的产品和服务。其次，要打破过去只面向国内、服务现实市场的思维定式，树立大市场的观念，将本地市场、全国市场和国际市场看作是紧密联系、相互影响、相互制约的有机整体，从世界特色农业市场环境变化大趋势和国内特色农业市场环境大变革的高度，审视和评价特色农业现实和潜在的市场机会，客观分析陕南特色农业产业化经营的基础条件和比较优势，合理选择和确定自身能够有效满足的目标市场。再次，摆脱将产品市场与服务市场分立对待的狭隘市场观念，将特色农产品市场与特色农业服务市场看成共生发展的有机整体，既要注重通过特色农业服务提升特色农产品的价值，又要注重以优质特色农产品增加服务的体验。最后，转变消极顺应现实市场，忽视潜在市场的短视观念和行为，积极适应现实市场，主动创造新市场，开发潜在市场。不仅要积极着眼于满足现实的市场需求，也要高度重视潜在需求的变化，紧抓国家政策调整机遇和消费者消费观念的新变化，通过营销推广和宣传引导，积极主动地改变和影响外部环境，不断创造新的市场需求，努力开发各种潜在市场需求。同时，充分认识现实市场、潜在市场和未来市场的有机联系，从特色农业市场演进趋势寻找陕南特色农业产业化经营的新思路和新机遇。

二、坚持生态优先，树立大绿色理念

陕南地处南北交界带，生态优势是陕南特色农业产业化经营最突出的优势之一，也是最脆弱、最易失去的优势之一。按照国家生态功能区划分，陕南是南水北调中线工程水源涵养地和长江上游地区的重要生态屏障所在地。坚持生态优先不仅是陕南经济社会发展的内在要求，也是实现陕南特色农业持续发展的重要保障。在推进陕南特色农业产业化经营过程中，坚持生态优先，就是要转变传统特色农业经营“重利用、轻保护，重经济效益、轻生态效益”的价值偏好，树立生态、绿色价值观，将生态环境保护导入特色产业化经营全过程，一切生产经营活动以有利于陕南生态环境修复和保护为前提，积极开展以生态资本保值和增值为基础的绿色经营活动。从 2003 年开始，陕南生态资本供给已经开始低于生态资本需求，出现生态赤字，生态资本供需矛盾逐渐显现。[①]在陕南生态环境修复和保护压力不断增大的背景下，特色农业产业化经营理念要全面融入绿色内涵，形成绿色经营的价值取向和思维方式，在特色农业生产、加工、流通和销售等各个经营环节充分考虑生态环境承载力，严守绿色底线，推进绿色生产、绿色加工、绿色流通、绿色营销和绿色管理，构建起一个完整的绿色经营体系，厚植陕南特色农业绿色根基，增强陕南特色农业绿色经营能力，从而筑牢陕南生态屏障，推动陕南特色农业尽快形成鲜明的绿色底色和持久的竞争优势。

三、坚持分工协作，树立协同共生理念

分工协作是陕南特色农业产业化经营的客观要求，也是提高陕南特色农业产业化经营水平的重要途径。坚持陕南特色农业产供销、种养加、农工贸等各领域、各环节的分工协作，必须按照市场分工与协作的要求，

① 马彩虹，李小燕. 陕西省三大区域生态资本供需比较研究[J]. 西北师范大学学报（自然科学版），2010（4）：91-95.

在专业化分工的基础上，加强陕南特色农业产业内部各环节、各领域、各经营主体之间的对接协作和互通互补，推动陕南特色农业产供销、种养加、农工贸等环节之间的协作关系从无序转向有序、由松散趋向紧密、由自发转为自觉、由低层次迈向高层次发展。同时，摒弃过去各自为战、分立而为的经营思想，树立协同共生的经营理念，深刻认识陕南特色农业产业化经营各环节、各领域、各主体之间存在的相互依存、相互制约、互利共生关系，通过彼此关联的不同环节、不同领域的经营主体之间的紧密协作，促进陕南特色农业产业内部的协同进化和资源优化配置与利用，共同提高陕南各特色农业经营主体的生存能力、盈利能力和抗风险能力，并在减少污染、节约资源和保护环境方面形成合力，共同推动陕南特色农业资源节约利用和环境保护。

四、坚持质量兴农，树立大质量观

目前，我国特色农业产业化经营整体上进入了从扩规增产向提质增效转型的历史关口。过去单纯以增加产量、扩大产值、提高销量等为主要特征的数量型农业产业化经营理念已经不能适应新时期特色农业产业化经营高质量、高层次、高水平发展趋势。坚持质量兴农，一方面，需要树立大质量观，将质量视为特色农业产业化经营的根本。在提升质量的过程中，不仅仅要关注产品质量、服务质量，更要关注环境质量和社会责任，以持续的全面质量改进和提高实现特色产业化经营的经济效益、社会效益、生态效益的有机统一。另一方面，需要树立人才质量观，充分认识人才在特色农业产业化经营中的地位和作用。陕南农业人才匮乏，特别是高素质、懂经营、会管理的复合型农业人才十分短缺。近年来，随着互联网、物联网等新一代信息技术的普及应用的和农业新科技的不断发展，人才的质量将是决定陕南未来特色农业产业化经营成败的关键要素，也是衡量陕南特色农业产业化经营质量的核心标准。人才兴，则产业兴。人才强，则产业强。人才质量决定了陕南特色农业对新科技成果、新经营模式的吸收能力、利用能力以及在吸收利用基础上的创新能力。站在新时代特色农业产业化经营转型的关键节点，陕南增强人才质量意识，从自身对各类人才的实际需求出发，在加速人才数量和规模积累的同时，将人才的素质和能力作为特色农业产业化经营的核心要素，大力提升人才质量，优化人才结构，营造良好的人才生态。

五、坚持破立并举，树立开放创新意识

开放是新时代发展的主题，创新是新时代进步的源泉。当前，随着经济全球化和区域经济一体化的快速推进，不同国家和地区在特色农业生产、交换、消费等领域的联系日益密切，特色农业资源已经能够进行跨时空、跨国界、跨地区流动和配置。在世界农业经济体系运行的过程中，任何国家和地区的特色农业产业都不可能脱离世界农业经济体系而孤立地、封闭地发展。只有树立开放意识，主动融入经济全球化和区域一体化的大格局，积极参与国际、国内特色农业产业的协作与分工，才能促进特色农业资源的优化配置，为特色农业产业化经营高质量发展注入新动能。陕南地处西部内陆欠发达地区，传统的小农经营思想根深蒂固，特色农业生产经营观念相对封闭保守，重稳求安、因循守旧思想倾向明显，大部分特色农业生产经营者对新事物、新观点、新方法的接受较为迟缓。陕南特色农业产业化经营必须坚持破立并举，突破狭隘的小农经营思想禁锢，冲破封闭的内陆性思维模式束缚，树立开放创新理念，增强主动开放意识，将扩大开放、深化开放作为推动陕南特色农业产业化经营高质量发展的重要途径，以开放的眼光重新审视陕南特色农业发展的优势和劣势，以开放的视野找寻陕南特色农业产业化经营发展的新机遇，以开放的思维构建陕南特色农业产业化经营的新体系，以开放的心态迎接特色农业产业化经营模式的新变革，从而在更高起点、更高层次和更高目标上推进陕南特色农业产业化经营向更高水平发展。

第三节　陕南特色农业产业化经营模式创新

经营模式是经营主体为实现特定的经营目标，在长期的经营实践中形成的比较稳定的、可复制的、可借鉴的经营方式及内容的总和，经营模式具有动态性和多元性。任何一种经营模式都是特定经济条件和经营环境的产物，环境的差异性、复杂性、多变性决定了经营模式本身也处于不断完善和发展之中。与发达国家和地区相比，陕南经济发展较为落后，农业商品经济发展程度不高，农业科技化水平较低，农民的组织化程度偏低。在特色农业产业化经营模式的选择和推广方面，既不能简单移植发达国家和地区现成的经验模式，也不能墨守成规、故步自封，陷入低效循环的怪圈。面对新一轮农业科技革命和农业产业变革的加速推进，陕南特色农业必须主动顺应新时代产业化经营环境变化，与时俱进，积极学习和借鉴国内外先进地区特色农业产业化经营的新思路与新方法。同时，要因地制宜，在充分发挥现行经营模式优势的基础上，结合新时代科技革命和农业变革大方向，找准特色农业产业化经营模式创新的切入点，通过模式创新与推广，促进特色农业产加销、种养加、农工贸等各领域的资源要素高位嫁接、交叉重组、渗透融合，为陕南特色农业产业化经营注入新动能，提供新范式。龙头企业、中介组织、农民专业合作社、家庭农场是推进陕南特色农业产业化经营的排头兵，互联网平台是驱动陕南特色农业产业化经营的新生力量，应创新和发展以龙头企业、中介组织、农民专业合作社、家庭农场和互联网平台为基础的特色农业产业化经营模式，增强龙头企业、中介组织、农民专业合作社、家庭农场和互联网平台对分散农户经营的引领带动能力，实现陕南特色农业产业化经营可持续发展。

一、拓展以龙头企业为基础的带动型经营模式

以龙头企业为核心的带动型经营模式是农业产业化经营中一种比较成熟的典型经营模式，其主要形式有“龙头企业+农户”“龙头企业+基地+农户”“龙头企业+农民合作社+农户”等。在陕南特色农业产业化经营中，龙头企业带动型经营模式一直发挥着极其重要的作用，并取得了显著的成效。但陕南本地农业龙头企业数量少，力量薄弱，龙头企业与农户之间的联系不够紧密，导致特色农业产业化经营面临的风险大，经营效益不高。当前，在我国经济下行压力持续增大和特色农业产业格局开始重构的关键时期，陕南应进一步拓展以龙头企业为核心的带动型经营模式，依靠龙头企业的力量拓展新市场，开发新产品，创造新利润，增加新福利，带动新发展。具体来讲：一是引导单个龙头企业向龙头企业联盟或龙头企业集群转型，促进形成“龙头企业联盟/龙头企业群+专业合作社+农户”的经营模式，从而扩大陕南特色农业产业规模，推进龙头企业间的联盟合作，提高龙头企业的整体实力，增强龙头企业抗风险能力和市场竞争能力。二是加大龙头企业与农民创业企业之间的对接合作，促进二者在生产、加工、流通和销售等环节的协同，带动陕南众多农民创业企业的发展，逐渐形成“龙头企业+创业企业”的经营模式。三是拓展“龙头企业+专业合作社+农户”的经营模式，在农民专业合作社的基础上，一方面以社区为基础，充分整合和利用农民专业合作社的社区资源，拓展合作社功能，推动形成“龙头企业+农民综合合作社+农户”的经营模式，充分调动农村社区主体参与合作社的积极性，从而扩大合作社的规模，增强合作社带动能力；另一方面支持和鼓励龙头企业发起、组建农业专业合作社，引导农户以土地、劳动力、技术等生产经营要素入股，构建起由合作社中的企业成员、职业农民与股权农民三个经营主体组成的利益共同体。充分利用龙头企业在资金、技术、市场、品牌等方面的优势，发挥农业专业合作社在特色农业种植、服务方面的特长，重视合作社优势，推动形成“龙头企业+农业专业合作社+农户”的新模式。

二、完善以农业中介组织为基础的联合型经营模式

农业中介组织是农业市场化和专业化分工发展到一定阶段的产物，是为不同农业经营主体搭建桥梁、沟通信息、提供资源与服务、协调各方利益关系的经济性组织。常见的农业中介组织包括各种农业技术协会（学会）、农业商会、农产品研究会、农业科技服务社、农产品销售协会、种子供应协会、农用机具互助社以及农产品中介交易机构等。在特色农业产业化经营过程中，需要专业化水平较高的中介组织为特色农业经营主体提供精准的市场信息、技术咨询、产品推广以及组织协调等各种中介服务。中介组织在引导分散农户进入市场、降低交易成本、规避市场风险、推广农业技术和保护农户利益等方面发挥着重要的作用。以中介组织为核心的联动型经营模式是以中介组织为纽带，统一组织特色农业产前、产中及产后全方位的生产经营活动，从而将众多分散的小规模特色农业经营主体联合起来，形成较大规模的特色农业经营群体，进而降低交易成本，实现规模效益。陕南各类农业中介组织数量较多，但规模偏小、功能单一。完善以农业中介组织为核心的联合型经营模式，一方面需要进一步扩大农业中介组织的规模，提升农业中介组织的服务能力，使得现有的小中介向大中介发展，推动形成“大中介组织+农户”“大中介组织+龙头企业+农户”等经营模式；另一方面要引导陕南本地的专业型农业中介组织打破行业界限，积极联合起来，组建中介组织联盟，以陕南众多中小农业企业与分散农户为主要服务对象，通过中介组织联盟的专业化服务，搭建起中小农业企业、农户与市场对接的桥梁，最终形成“中介联盟+中小农业企业+农户”的经营模式。

三、创新以农民专业合作社为基础的合作型经营模式

发展农民专业合作社是推进我国农业产业化经营的重要途径，也是

促进农民增收的有效方式。国内外农民专业合作社发展的实践证明，农民专业合作社能将分散的农户联合起来进行规模生产和统一经营，提高农户的生产能力和抗风险能力，降低农产品生产成本，促进农民增收、农业增效和农村经济发展。以农民专业合作社为核心的合作型经营模式是我国农业产业化经营实践中逐渐形成的一种典型模式，常见的组织形式包括“农民专业合作社+农户”“农民专业合作社+龙头企业+农户”“农民专业合作社+基地+农户”等。近年来，陕南农民专业合作社数量增长较快，入社社员人数大幅度增加，但大部分合作社经营规模较小，经营实力和带动能力不强。受传统经营理念、经济发展水平、地理环境和交通条件等多种因素的影响，众多分散在各个乡村的农民专业合作社处于单打独斗、无序竞争的状态，特别是地域上相邻和相近的农民专业合作社同质化现象较为严重，提供的农产品和服务缺少特色，知名度低，无法直接与外部大市场、新市场对接，只能在有限的本地市场相互竞争，不可避免陷入低端竞争的泥潭。当前，随着我国特色农业生产经营组织化、规模化、联盟化趋势的不断增强，陕南农民专业合作社应改变各自为政的发展状态，相互协作、取长补短、抱团经营，形成“农民专业合作联社+农户”“农民专业合作联社+农业企业+农户”“农民专业合作联社+基地+农户”等多种经营模式，从而克服单个农民专业合作社规模小、资源少、服务水平低、创新能力弱和市场竞争力不强等缺陷，实现多方合作共赢。

四、发展以家庭农场为基础的引导型经营模式

以农户家庭为基本经营单位，以市场为导向，专门从事适度规模的特色农业生产、加工、流通和销售的家庭农场是我国特色农业产业化经营的新生力量。相对于传统分散的小农户家庭经营，家庭农场因其具有规模适度化、生产专业化、产品市场化、经营产业化、技术现代化和管

理企业化等特征，被视为新型农业经营主体。陕南山多地少、耕地资源稀缺且分布分散，不利于特色农业大规模经营。目前，陕南特色农业经营的主体仍以传统小农户为主，家庭农场还处在初级发展阶段，经营规模较小，经营内容单一，大部分家庭农场主要从事种植业，种养加结合型的家庭农场占家庭农场总数的比重小。2019 年，我国启动了家庭农场培育计划，将鼓励和支持家庭农场发展作为现代农业发展的重要途径。在这种背景下，陕南必须紧抓我国家庭农场发展的历史机遇，从陕南实际出发，因势利导，引导和支持有长期、稳定务农意愿的小农户稳步扩大经营规模，逐步发展成为规模适度、生产集约、管理先进、效益明显的家庭农场。鼓励和支持同类特色农产品生产的家庭农场组建联盟，或参与组建合作社，或创办企业，或主动对接龙头企业，带动其他农户共同发展，从而形成“家庭农场+农民专业合作社”“家庭农场+农业企业/加工企业/商业企业”“家庭农场+农民专业合作社+龙头企业”等多种经营模式，使家庭农场成为引领农业适度规模经营、推进特色农业产业化经营的重要力量。

五、构建以互联网平台为基础的共生型经营模式

随着信息时代的到来，互联网、大数据、云计算、物联网等新一轮信息技术深刻影响和改变着传统特色农业经营理念、经营模式，同时也在悄然孕育和构建特色农业产业化经营未来新模式。近年来，随着我国移动互联网和物联网的快速发展，互联网技术与特色农业生产、加工、流通、销售等各环节的融合进程加快，特色农业从传统的劳动密集型产业逐渐转变为互联网时代知识与技术密集型产业。在“互联网+农业”浪潮的推动下，陕南一些特色农产品生产者开始在主流电商平台上开辟市场，拓展销售渠道。部分企业还通过建立自营基地、企业网站和自主配送等方式打造一体化特色农产品经营体系，促进陕南特色农产品网络化

运营。面对“互联网+农业”深度融合带来的农业大融合、大变革机遇，陕南应跳出传统线性思维，将互联网思维和技术导入特色农业产业化经营全过程，促进特色农业生产、加工、流通、销售等各环节的模式创新。同时，重新审视和评价特色农业产业化经营中不同主体、不同环节之间存在的多向互联和价值共生关系，本着与市场共生、与产业链伙伴共生和与环境共生的原则，致力于打造特色农业全产业链和价值链，构建起以互联网平台为基础的共生型经营模式，充分利用互联网平台优势，打造新型的特色农业经营平台，将消费者纳入陕南特色农业产业化经营体系，使其转变为特殊的经营者、经纪人，参与特色农业生产经营各环节的活动，从而在生产者、经营者和消费者之间建立起一种风险共担、价值共创、收益共享、多元共生的关系，形成分工协作、各展所长、互利共赢、融合发展的新格局。

第四节　陕南特色农业产业化经营路径创新

党的十八大以来，随着我国脱贫攻坚和乡村振兴战略的实施，陕南特色农业发展迎来了新的历史机遇期，精准认识和把握多重国家战略叠加蕴含的巨大红利，跳出“就陕南看陕南、就农业看农业”的狭隘视阈，从国际和国内特色农产品市场变化和农业产业转型大趋势出发，立足陕南特色农业比较优势，紧抓消费升级的市场机遇，加强顶层设计，制定和完善陕南特色农业产业发展战略规划，加快土地流转，促进规模经营，引导各经营主体从小合作走向大联合，构建以利益联结为纽带的农业产业化联合体，加快培育农业科技人才和经营管理人才，引导工商资本下乡，加大陕南农村信息化建设，完善农业综合服务平台，最终走向多元合作、取长补短、互利共生的联合经营之路。

一、加强顶层设计，制定陕南特色农业产业化经营规划

陕南特色农业资源丰富，可供产业化生产经营的产品品种多样，产业化经营内容和方向选择范围广。为了适应农产品市场的激烈竞争，在推进特色农业产业化经营过程中，必须加强顶层设计，坚持有所为、有所不为的原则，以市场需求为评价标准，选择具有良好发展潜力和市场竞争力的特色产品，制定科学合理的特色农业产业化经营规划。通过全面的经营环境分析，结合陕南特色农业产业化经营实际，明确新时代推进陕南特色农业产业化经营的指导思想、目标定位、发展方向和路线图，提出系统的陕南特色农业主导产业和重点产业的生产布局、经营战略、经营要素获取以及经营机制建设方案。陕南特色农业产业化经营规划方案应深刻回答新时代陕南特色农业产业化经营“经营什么”“为何经营”和“如何经营”等问题，引导陕南特色农业产业化经营格局调整和优化，最大限度地降低经营成本，提高经济效益，实现陕南特色农业产业化经营高质量发展。

二、加快土地流转，促进陕南土地适度规模经营

土地规模化经营是特色农业产业化经营的重要途径。在市场经济条件下，陕南过于分散的、小规模的土地经营模式已经不能完全适应大市场、大生产的需求。加快农村土地流转，严格按照依法、自愿、有偿的原则，引导农户以转包、出租、互换、转让、股份合作等形式流转土地承包经营权，形成土地的适度集中，促进陕南土地由分散经营向规模化、集约化经营转变。目前，陕南农村土地流转市场还不是很活跃，农户土地流转意愿不强，流出形式单一，流入对象主要集中在农民的亲友群体，以单块零散流转为主。大片规模化流入专业大户、种田大户、家庭农场、专业合作社等新型经营主体的土地比重较小。在陕南部分地区还出现了

土地撂荒和流转土地短缺的矛盾。一些农户由于思想守旧，缺乏市场规则意识和法律常识，在土地流转过程中操作不规范，随意性大，导致流转无序、交易成本高、流转效率低，引发了不少矛盾纠纷，这不仅给土地转出者造成经济损失，也增加了土地转入者的经营风险，严重影响土地流转的速度、规模和效益。

土地规模化经营是农业产业化经营的必然要求。加快陕南土地流转，促进土地规模经营是新时代推进陕南特色农业产业化经营的现实需要。一方面，政府部门和农村基层组织加强土地流转法规与政策的宣传，引导农户正确认识土地流转的意义和作用，消除农户对土地流转的误解和顾虑，提高农户参与土地流转的积极性；另一方面，创新土地流转的方式，在引导农户依法自愿有序流转其承包土地经营权的基础上，积极探索土地承包经营权互换、联耕联种、集中流转等新形式，将农户承包的分散的小片的土地调整集中到一块或一片，逐步形成一户一块田、多块连片，将其分为自耕地和流转地，实行分类管理，独立经营，解决陕南山多地少、土地零碎、集中困难等问题，促进土地适度集中，耕种适度连片，从而实现土地适度规模经营，为陕南特色农业规模化经营奠定良好的基础。

三、培育专业人才，打造陕南特色农业产业化经营人才梯队

人才是特色农业产业发展的第一要素，也是特色农业产业化经营水平的关键所在。长期以来，受地理位置、经济发展水平、社会文化环境等多方面因素的制约，陕南农业经营人才资源极为稀缺，高层次、高素质、高水平的人才十分短缺，尤其是青年人才、致富能人、技术骨干极为匮乏，严重影响陕南特色农业产业化经营。现阶段，迫切需要培养一支懂农业、爱陕南、会经营的专业人才队伍，补起人才短板，激发人才活力，形成可持续发展的人才梯队，为陕南特色农业产业化经营提供强大的智力支撑和人才保障。

打造陕南特色农业产业化经营人才梯队，首先，要树立人才资源是第一资源的观念，将人才资源视为陕南特色农业产业化经营最重要、最核心的资源，深刻认识人才资源的获取、整合、开发和利用在陕南特色农业产业化经营中的地位与作用，形成尊重知识、尊重人才、爱惜人才的良好氛围。其次，要坚持内培外引的原则，达到人才梯队建设组合拳。一方面，制定优惠政策，吸引外部人才扎根陕南，从事特色农业生产经营活动，推动陕南特色农业经营主体年轻化、知识化、专业化；另一方面，积极培养陕南本土人才，扩大陕南本土人才总量，提升陕南本土人才素质。陕南特色农业的未来在青年，青年的未来取决于当下的教育。在培养陕南本土人才的过程中，既要重视对现有人才的培训和教育，也要立足长远，有目的、有计划、有针对性地开展未来人才的培养。将农业基础知识和特色农业经营管理基本技能纳入农村基础教育体系，使农业教育与基础教育有机融合，引导学生科学认知现代农业，激发学生探索农业的兴趣，为农业人才的成长和发展创造条件。再次，要积极开发和利用陕南在外人才资源，通过各地驻外办事机构、商会协会、劳务基地联络处、务工人员服务站等，主动与陕南在外人才对接联系，引导其抱团回归、返乡创业，助力特色农业发展。最后，要充分利用苏陕脱贫攻坚对口协作的有利条件，借助对口帮扶地区的人才资源优势，建立柔性引才机制，促进跨区域人才共享，从而扩大陕南特色农业生产经营人才供给渠道，为陕南特色农业产业化经营注入新活力。

四、拓宽融资渠道，完善特色农业产业化经营金融支持体系

特色农业产业化经营涉及特色农产品生产、加工、流通和销售等多个环节，需要多层次、多渠道的资金投入，才能确保正常的运营和发展。与发达地区相比，陕南经济发展水平相对落后，地方财政收入总量小，增长较为缓慢，可用于支持特色农业产业化发展的资金有限。同时，由

于陕南特色农业经营主体规模普遍较小，资金少，仅仅依靠其积累的自有资金很难满足特色农业产业化经营的资金需求。近年来，随着我国农村金融业的不断发展，陕南农村金融环境有所改善，但很多中小企业、家庭农场、农民专业合作社、专业大户和普通农户因缺少有效的担保抵押物，加上融资手续复杂、隐性交易成本高等因素的影响，获得的金融信贷支持十分有限。

现阶段，面对陕南特色农业产业化经营过程中不断增长的融资需求，必须积极拓宽融资渠道，完善陕南特色农业产业化金融支持体系，为陕南特色农业产业化经营提供持续、稳定的资金支持。第一，充分利用中央和地方财政农业专项资金，有选择、有倾向、有重点地扶持一批开展特色农业生产、加工、流通和销售的经营主体改善生产经营设施设备，提升技术服务能力，增强自我发展能力，形成示范带动效应。同时，创新财政资金的使用方式，发挥财政资金的杠杆作用，探索建立以“财政+银行”“财政+保险”等为主要特征的财政信贷风险补偿机制，以此撬动更多金融资本和社会资本投向陕南特色农业。第二，构建和完善特色农业产业化经营金融支撑体系。目前，陕南农村金融供给主体较为单一，金融服务机构网点较少，面向特色农业的金融产品和服务还远远不能满足龙头企业、专业大户、家庭农场等新型经营主体长期的、大额的融资需求。加快陕南农村金融组织发展，应在充分发挥农业发展银行、农业银行、农村信用社、邮政储蓄等传统金融机构支农、惠农、助农功能的基础上，积极发展以村镇银行、贷款公司和资金互助社为代表的新型农村金融机构，建立起多元化的金融服务支撑体系，缓解陕南农村金融市场供给不足问题。第三，积极利用金融部门对深度贫困区直接融资的倾斜政策，拓宽直接融资渠道，支持和鼓励陕南符合条件的涉农企业通过上市、发行债券等方式，以较低的成本获取扩大生产经营规模所需的资金。第四，合理引导工商资本下乡，投资建设陕南特色农业生产经营项目，带动更多资金、技术、人才等生产要素流向陕南特色农业，从而扩大陕南特色农业产业化经营规模，降低生产经营成本，提高陕南特色农业产业化经营水平。第五，拓宽互联网融资渠道，积极利用互联网金融等融资平台门槛低、效率高、方便灵活的特点，选择适宜的金融产品和服务，缓解陕南特色农业生产经营主体融资难、融资贵等问题。

五、加强新型农业经营主体建设，鼓励发展特色农业产业化经营联合体

新型农业经营主体是陕南发展特色农业的主力军，也是决定陕南特色农业产业化经营水平高低的主要因素。近年来，陕南新型农业经营主体数量稳中有升，整体规模不断扩大，尤其是家庭农场快速兴起，农民专业合作社蓬勃发展，农业龙头企业实力不断增强，农业创业企业数量持续增加。但是，从新型农业经营主体的结构来看，呈现出典型的“三多三少”特征，即从事生产活动得多，从事经营活动得少；小微型的经营主体多，大中型的经营主体少；专业化经营得多，综合性经营得少。这种小型的、分散的、低层次的经营方式不仅容易造成重复建设和资源浪费，还极易导致农产品进入市场后陷入低层次的同质化竞争困境。当前，全球农业市场竞争格局正在发生翻天覆地的变化，农业产业的竞争已经从单个的主体竞争升级为整个产业链的竞争。竞争的内容从产品竞争扩大到服务竞争、品牌竞争、品质竞争，甚至延伸到经营模式的竞争。在新的竞争环境下，任何一个经营主体如果脱离了特色农业整个产业链、离开了与其他经营主体的开放合作，就会寸步难行。只有不断适应市场竞争新趋势，通过创新变革和开放合作，建立起一个涵盖陕南特色农业产前、产中和产后各环节的可持续发展的完整产业链，才能充分适应特色农业未来的市场竞争，确保陕南特色农业产业化经营取得良好的经济效益、社会效益和生态效益。因此，在推进陕南特色农业产业化经营的过程中，要积极推动农业产业化联合体建设和发展，引导陕南农业龙头企业、农民专业合作社、家庭农场等新型农业经营主体转变经营理念，打破彼此之间的界限和壁垒，加强各不同主体内部之间和不同主体之间

的联合合作，推动其分类发展、分层发展，形成分工明确、协作有力、各施所长、互补所短、齐心合力、共同发展的经营联合体，通过联合体内部不同主体的分工协作、资源共享，完善陕南特色农业产业链，扩展价值链，提高陕南特色农业产业化经营水平。

六、加快科技创新，提升陕南特色农业产业化经营的科技含量

科学技术是第一生产力，用现代科技改造传统特色农业，加快特色农业生产经营模式变革是世界各国推进特色农业产业化经营的一致选择，也是贫困地区特色农业突破发展瓶颈，解决特色农业产业发展深层次矛盾，实现特色农业产业化经营后发优势的有效途径。陕南地处西部欠发达地区，科技发展较为缓慢，农业科技贡献率一直低于全国平均水平。陕南特色农业必须积极顺应农业科技发展大趋势，敏锐抓住农业科技变革方向，大力推进科技创新，采取自主创新与引进创新相结合的方式，加快推进特色农业科技创新及其成果推广应用，不断提高特色农业产业化经营的科技含量，为提高陕南特色农业产业化经营效益提供不竭动力。加快陕南特色农业科技创新，一方面，要充分利用陕南现有的科研机构和技术力量，紧密围绕本地特色农业种植、加工、流通、销售、服务等环节涉及的关键技术和共性技术缺口，加大研发投入，凝心聚力，攻克一批重大关键核心技术，促进陕南农业科技不断取得新突破，为陕南特色农业产业化经营提供坚实的科技支撑；另一方面，根据陕南特色农业产业化经营规划的目标要求和陕南本地资源、技术基础条件，遵循“引进、学习、改进、创新”的后发优势路径，积极引进国内外具有较高生产水平和实用性的新技术、新科研成果，特别是在特色农业生产环节的检测与监控技术、加工环节的精深加工技术、流通环节的物联网技术以及销售环节的市场营销新技术。通过技术引进、学习、改进和再创新，

缩短陕南特色农业科技创新周期，加快特色农业科技创新进程，降低特色农业科技创新成本，提高特色农业科技创新效率。在推进陕南特色农业科技创新的过程中，既要充分利用陕南本地的科研力量，也要加强与国内外科研机构、高等院校的合作，构建起“外地首席专家+地方学科带头人+科研推广单位+现代经营主体”的协同创新体系，加快陕南特色农业科技创新步伐，提高特色农业产业化经营的综合效益和市场竞争力。

七、推进服务创新，健全陕南特色农业社会化服务体系

农业社会化服务组织是特色农业生产经营的重要保障，也是维护特色农业经营主体利益的有效载体。国内外实践证明，完善的农业社会化服务体系是特色农业产业化经营的基本保障，它能为特色农业产业化经营提供物质技术装备、信息技术、人才等多方面的支持和保障。近年来，陕南农业社会化服务组织蓬勃兴起，服务领域不断拓展，初步形成了公益性服务与经营性服务相结合、专业性服务与综合性服务相补充的服务新格局。在陕南部分县区，还涌现了“土地托管”“代收代种”等新兴服务模式，不仅盘活了闲置的土地资源，还在一定程度上促进了陕南特色农业规模化发展。但与特色农业产业化经营和现代化发展的要求相比，陕南特色农业社会化服务体系还不健全，服务范围狭窄、服务方式单一、服务效率和质量不高。在这种背景下，陕南特色农业社会化服务创新面临着服务体系建设和服务方式创新的双重任务。在服务体系建设方面，要坚持以需求导向，以各特色农业生产经营主体对特色农业社会化服务的新需求为出发点，以公共服务机构为主导，发展壮大特色农业服务组织，有效整合合作经济组织、龙头企业和其他社会力量，构建起市场主体广泛参与的新型特色农业社会化服务体系。在推进公益性特色农业生产服务建设方面，提高公共服务能力的同时，加大专业化经营性服务组

织建设力度，引导和支持各专业化经营性服务组织开展信息服务、金融服务、保险服务、销售服务以及代种、代管、代收等服务，促进公益性服务和经营性服务有机结合、专业性服务与综合型服务协调发展。在服务方式创新方面，要积极推进移动互联网、物联网、云计算、大数据等新一代信息技术在特色农业产前、产中和产后环节的应用，推进特色农业生产经营过程精准化、精细化和智能化，为陕南特色农业产业化经营提供有力的服务保障。

第五节 陕南特色农业产业化经营机制创新

机制是对系统内部各子系统、各要素之间相互作用的过程、运行方式及其内在机理的统称，其本质是系统内部的结构关系和作用规律。机制是决定系统功能的重要方面，任何一个系统的目标达成都离不开科学合理的运行机制。陕南特色农业产业化经营本身是一个复杂的系统，为实现该经营系统的共同目标和多元经营主体的特定目标，必须建立与特色农业产业化经营相适应的机制，使产业化经营各领域、各环节、各主体紧密联系，有机结合，形成经营合力，推动陕南特色农业产业化经营效益增加和质量提升。特色农业产业化经营的运行机制是一个有机联系的综合体，主要包括经营动力机制、经营激励机制、经营约束机制和利益联结机制等多个方面。由于陕南特色农业产业化经营起步较晚，其运行机制还不够健全，创新缓慢，导致特色农业产业化经营的合力不强、活力不旺，严重影响陕南特色农业产业化经营的目标实现和质量的提升。建立和完善特色农业产业化经营的运行机制是促进陕南特色农业产业化经营高效运行、良性发展的重要保障。

一、构建可持续的动力机制，形成多元协同的动力支撑体系

动力机制是指推动事物发展、变化的动因、结构及其作用机理。根据事物发展变化动因的不同，动力机制可以分为内部动力机制和外部动力机制两种类型。内部动力机制是从事物内部产生的动力，在事物的发展变化过程中起主导作用。外部动力机制则是从事物外部生成的动力，经过转化成为内部动力后，影响事物的发展变化过程。特色农业产业化经营的动力机制指影响特色农业产业化经营的诸多动力要素的综合及其互动机理，其本身是内生动力机制和外生动力机制的有机统一。其中，内生动力机制一般来源于农户、家庭农场、专业大户、农民合作组织、农业企业等特色农业生产经营主体自身，外生动力机制主要来源于市场、政府、科研机构、社会组织等。随着社会经济的不断发展，不同地区、不同发展阶段的特色农业产业化经营的动力机制也在不断地发生着变化。与国内外发达地区相比，由于在资源禀赋结构、市场化程度和政策环境等方面存在明显差异，陕南特色农业产业化经营的动力机制还不能很好地适应特色农业产业化经营发展的要求。这主要表现在两个方面：一是内生动力不足，尤其是特色农业生产经营主体动力不强；二是外生动力乏力，政府政策、金融机构、教育科技等社会力量的扶持力量弱小。

动力机制是特色农业产业化经营运行机制的基础，在特色农业生产经营活动中与其他机制相互联系、相互作用，共同推动特色农业产业化经营发展。建立和完善陕南特色农业产业化经营的动力机制，最关键的是要激发陕南特色农业生产经营主体的内生动力，充分调动其从事特色农业生产和经营活动的主动性、积极性、创造性。首先，建立和完善陕南特色农业认知促进机制，通过系统的教育、培训和广泛的宣传、推介，增进特色农业经营主体和社会公众对陕南特色农业的了解和认知，尤其是对陕南特色农业的功能、产业价值、发展形态、主要模式、发展前景以及发展意义的认知。一方面，引导和帮助陕南特色农业经营主体摒弃偏见，开阔视野，提高认识，转变态度，使其充分认识到陕南特色农业

产业化经营的广阔前景，激发其从事特色农业生产经营活动的热情和积极性；另一方面，扩大陕南特色农业的社会影响力，增强社会公众对陕南特色农业的认知以其生产经营者的认同和肯定，形成全社会重视特色农业、支持特色农业、参与特色农业发展的社会导向，使从事特色农业生产经营活动的企业、组织、家庭和农户等经营主体获得充分的社会尊重和认可，增强其从事特色农业生产经营活动的使命感、成就感和自豪感。其次，建立和完善陕南特色农业经营主体的成长机制，通过系统有序的专题教育、专项知识辅导和专业技能培训等方式，提高陕南特色农业生产经营者的综合素质和能力，增强其改革创新的能力和勇气，激发陕南特色农业经营主体自我奋斗、做大做强、追求卓越的信心。最后，建立和完善陕南特色农业产业化经营的内部竞争机制。通过经营主体的适度竞争，促使陕南特色农业经营主体保持高度的活力，增强其发展和创新的积极性。

外部动力机制是来源于特色农业生产经营主体自身之外的驱动力量，本质上是一种由外向内的引力传导和资源嵌入。外部动力机制必须通过作用于内部动力机制，引起生产经营主体内部动力大小、强度发生变化，最终影响生产经营主体的决策和行为。政府和市场是推动陕南特色农业产业化经营最主要的两大外部力量。由于陕南农村市场经济发展较为缓慢，市场在特色农业产业化经营中对资源配置的决定性作用没有充分发挥出来，导致市场对特色农业生产经营的牵引力不强。很多特色农业生产经营主体受传统观念影响，因循守旧，主动面向市场、适应市场和参与市场竞争的意识不强。在政府的政策支持方面，尽管陕南各地政府已经出台了一系列促进陕南特色农业产业化、规模化和高质量发展的扶持政策与优惠措施，并在生产经营要素市场、公共服务等领域加大了投入，但与陕南特色农业产业化经营高质量发展的要求相比，政府的政策支持范围和支持力度仍然较小，对陕南特色农业产业化经营的推动和引导作用还没有充分发挥出来。建立和完善陕南特色农业产业化经营的外部动力机制，首先要充分发挥市场在特色农业资源配置中的决定性作用，以市场为导向，引导陕南特色农业经营主体将资源投入到最能满足社会需求的特色农产品和服务中去，促进特色农业资源的优化配置和合理利用，提高特色农业产业化经营的经济效益，更好地满足特色农业经营主体的经济利益需求；其次构建和完善陕南特色农业产业化经营的政策支持体系，重点完善陕南特色农业产业组织政策、结构政策、投资政策、科技政策、人才政策等，增强陕南特色农业产业化经营的吸附力，吸引更多的市场资源、社会资源以各种方式进入陕南特色农业产业化经营领域，与市场动力机制和内部动力机制一起形成合力，共同推进陕南特色农业产业化经营良性发展。

二、完善利益分配机制，打造陕南特色农业产业化经营利益共同体

特色农业产业化经营本质上是一个由龙头企业、农民专业合作社、农户以及各类中介组织等经营主体基于共同利益组成的经营联合体。经济利益是联合体共同利益的核心，也是联结不同经营主体的纽带。如何将特色农业产业化经营带来的经济利益在各参与经营的主体之间进行合理分配是特色农业产业化经营的核心问题。目前，陕南特色农业产业化经营的利益分配机制不尽相同，分配形式主要有市场联结式、订单合同式、股份合作式、服务协作式、流转聘用式、返租倒包式等多种类型。无论采取何种形式的利益联结方式，其焦点集中在各经营主体能否公平地分享特色农业产业化经营的利益。由于陕南特色农业各经营主体之间，特别是龙头企业与农户、农民专业合作社与农户之间联结关系比较松散，多数并没有形成风险共担、利益均沾的紧密的利益共同体，大多数龙头企业与农民专业合作社、家庭农场、专业大户、农户的联结关系还处在以特色农产品买卖关系为基础的低级阶段。在特色农业产业化经营运行中，各经营主体因经济地位、社会地位和市场信息的不对称，在利益分

配格局中处于不同的地位。特别是众多分散经营的农户、小规模的家庭农场和专业大户常常处于被动和不利地位，不仅很难完整地获得生产经营环节的经济利益，而且难以平等地分享特色农业产业化经营其他环节的增值收益，严重挫伤其从事特色农业生产经营活动的积极性。

带动农民增收致富是陕南特色农业产业化经营的重要目标，建立科学、合理的利益分配机制是新时代推进陕南特色农业产业化经营的关键。第一，更新利益观念，树立长远的、整体的利益观。解决利益失衡问题的基础是发展。只有立足长远，积极谋求和推动陕南特色农业可持续发展，才能更好地实现各方经营主体的利益。因此，在利益的分配与平衡上，各经营主体必须转变观念，不仅要考虑单个经营主体的利益，也要兼顾陕南特色农业整个产业链的整体利益；不仅要着眼于当下的利益，也要关切未来的利益。只有摒弃片面强调自身利益至上的观念，统筹兼顾短期利益与长远利益、单方利益与整体利益，才能真正紧密凝聚各方力量，形成互利互惠、通力合作、共同发展的良性循环。第二，因地制宜，建立稳定且紧密的利益联结关系。根据陕南特色农业特点和发展现状、新型农业经营主体发育程度、规范性和质量等实际，选择适当的组织形式，综合运用市场联结、订单合同联结、股份合作联结、服务协作联结和租赁返聘联结等多种利益联结纽带，建立起经营主体间长期、稳定、互利、紧密的利益联结关系。第三，发展壮大龙头企业，构建企农双赢的命运共同体。龙头企业是陕南特色农业产业化经营的主要枢纽，在建立和完善利益联结机制中居于重要地位。陕南大型的龙头企业数量少，众多小型龙头企业实力偏弱，带动特色农业产业发展的能力有限。发展壮大龙头企业，加快培育大型龙头企业是建立和完善企农利益关系的重要前提。一方面，采用内培外引的方式，通过政策扶持和引导，促进陕南本地具备条件的龙头企业完善法人治理结构，建立现代企业制度，加快技术改造，拓展融资渠道，做大企业规模，实现从小型龙头企业向中型龙头企业、大型龙头企业发展跃迁。同时，加大招商引资力度，积极引进省内外大型龙头企业投资陕南特色农业开发项目，兴办农业企业，或与陕南本地龙头企业合作经营，组建产业联盟，提升龙头企业整体实力，另一方面，龙头企业要加快改革创新步伐，主动顺应特色农业经营组织变革趋势，创新陕南特色农业产业化经营的组织模式，积极构建综合运营平台，整合陕南特色农业产业上下游资源，推动农民专业合作社、家庭农场、专业大户和广大小农户分工协作、各展所长，形成各主体相互赋能、共生共荣、共创共享的产业生态链。同时，要在现行利益分配机制的基础上，积极探索创新股权式、合作式等利益联结更为紧密的联结机制，构建企农双赢的命运共同体，确保农户公平地分享特色农业产业化经营的收益。第四，扩大一般经营主体，尤其是小农户参与市场的机会，提升其参与市场的能力，拓宽其利益实现渠道。通过延伸陕南特色农业产业链，开发陕南特色农业的观光旅游、休闲娱乐、养生保健、文化教育等多重功能，打造地方特色农业产业园，发展陕南特色农产品电商，吸纳更多的一般经营主体参与陕南特色农业产业化经营活动，增加其参与市场的机会，促进一般经营主体与市场信息的联通和对接，提高一般经营主体的市场意识和经营能力，使其能有效利用市场机制获得更多增值收益。第五，建立和健全经营主体权益保护制度，维护经营主体合法权益。一方面，完善相关政策法规，规范不同经营主体的经营行为，明确各方的权责利，防止部分经营主体侵害其他经营主体的合法权益；另一方面，加大对侵害经营主体权益行为的处罚力度，保护经营主体的合法权益，营造公平公正、稳定有序的经营环境，防止弱势经营主体利益边缘化。

三、创新激励机制，构建陕南特色农业产业链激励体系

特色农业具有天然的弱质性，使得从事特色农业生产经营活动的经营主体不仅要面对自然灾害、病虫害等各种自然风险，还要应对市场需求变化带来的市场风险。为了调动各生产经营主体从事特色农业产业化

经营活动的积极性，需要建立和完善激励机制，增强特色农业产业化经营系统运行动能。国外发达国家特色农业产业化经营实践表明，加大农业补贴、实施价格保护、扩大信贷扶持和发展农业保险等是增加特色农业产业吸引力、激发经营主体参与特色农业产业化经营活动的有效手段。陕南特色农业产业基础薄弱，生产效率低下，市场竞争力不强，为了充分调动各经营主体的积极性，陕南各地政府制定和出台了涵盖土地、资金、人才等多方面的扶持政策与优惠措施，大力推动陕南特色农业产业化经营。但由于各种扶持政策来自不同部门，较为分散，没有形成政策合力，也没有覆盖特色农业全产业链，导致一些激励措施没有达到预期效果。在我国传统特色农业向现代农业转型的关键时期，创新激励机制、构建陕南特色农业产业链激励体系，是增强陕南特色农业产业化经营新动能、实现陕南特色农业可持续发展的客观要求。

创新激励机制，一方面要坚持物质激励与精神激励相结合的原则，激发陕南特色农业经营主体从事特色农业生产经营活动的活力与动力；另一方面要坚持全面激励与重点激励相结合的原则，构建起覆盖特色农业生产、加工、流通和销售等整个环节的激励体系，形成特色农业产业化经营同向合力，共同推动陕南特色农业产业化经营向更高层次发展。

1. 政府应加快制定和完善特色农业激励政策，形成系统的政策体系

陕南特色农业产业化经营涉及生产、加工、流通、销售等不同领域的多个经营主体。不同领域、不同层次的经营主体具有不同的政策需求。政府的激励政策立足于不同经营主体的不同需求，进一步完善财政支农、税收惠农、补贴富农和保险助农政策，加大地方财政对特色农业发展的支持力度，扩大特色农业税收优惠种类和范围，提高对特色农业生产经营主体的补贴力度，增加政策性农业保险供给，创造有利于陕南特色农业经营主体降低成本、规避风险、提高效益的政策环境，从而刺激各经营主体的投资需求和发展意愿。

2. 完善市场激励政策，增强市场激励力

市场激励是通过市场竞争对市场主体的行为进行激励。由于陕南特色农业市场化程度不高，尤其是资金、技术、土地等生产要素的市场化程度较低，导致特色农业经营主体市场参与程度不高，尤其是小农户直接参与市场竞争的机会较少。完善市场激励政策，一方面需要加快完善陕南农村土地流转政策，引导农村土地经营权有序流转，为特色农业规模化生产创造条件；另一方面要积极推进股份制、合作制等，引导和支持更多农户、专业大户、家庭农场、农民专业合作社以土地经营权、资金、技术、建筑物、机器、设备、工具器具等入股到经营能力强、经营效益好的龙头企业或合作经营组织，通过龙头组织的引领和示范，带动弱小经营主体进入市场，参与市场竞争，提高其市场适应能力和市场竞争能力。

3. 完善重点产业激励政策，提高政策激励力

陕南特色优质农产品种类丰富，特色农业发展不能面面俱到、遍地开花，片面追求大而全、小而全，而是要突出重点，有选择、有重点地集中力量做大做强茶、菜、果、蔬等少数几个基础较好的产业，围绕少数优势产业，整合特色农业产业链优势资源，打造全链条的特色农业产业。为了加大重点产业规模化、产业化发展，应加快完善重点产业激励政策，采取“一业一策、一企一策”的方式，重点奖励在特色农业生产、加工、流通和销售环节有突出贡献的经营主体，充分调动其生产经营的积极性。同时，对于采购本地生产的特色农产品进行加工和销售活动的经营主体根据采购金额的一定比例给予适当奖励，引导本地企业、超市和专卖店优先采购本地特色农产品，开展特色农产品加工、包装、流通和营销，从而促进陕南特色农业产业链的本地化延伸和拓展。

4. 完善榜样激励政策，充分发挥榜样的影响力

榜样是有形的正能量，也是最鲜活的模本。完善榜样激励政策，根据特色农业产业化经营需要和陕南实际，选取一部分经营理念先进、经

营方式创新、经营效益突出的特色农业经营主体作为行业榜样和优秀典型，给予表彰、奖励和宣传，号召其他经营主体以行业榜样为目标和方向，激发特色农业其他经营主体追求创新和发展的欲望。同时，对榜样的激励政策也要扩大到社会层面，不仅要对参与陕南特色农业生产经营活动的经营主体进行激励，也要对所有为推动陕南特色农业产业化经营提供支持的先进组织和个人进行激励，特别是那些为陕南特色农业发展积极引资、引才、引智的企业、商业协会、行业组织、中介机构和个人，要给予一定的物质或精神激励，使其成为行业的表率、地方的楷模，从而吸引和凝聚更加广泛的社会力量，共同致力于推动陕南特色农业产业化经营向更高阶段发展。

5. 完善文化激励政策，充分发挥乡土文化的凝聚和激励功能

文化是一种无形力量，深刻影响和支配着同一文化圈中的不同主体的行为。良好的文化是一种黏合剂，也是一种催化剂，具有强大的凝聚功能和激励功能。农村是特色农业发展的载体，优秀乡土文化是激发各方力量参与特色农业产业化经营的重要动力。陕南乡土文化具有开放、进取、感恩、奉献等积极的精神元素。完善文化激励政策，就是加强陕南乡土文化建设，充分发掘和利用陕南优秀乡土文化中的正能量，以弘扬爱乡、助乡、哺乡、兴乡精神为核心，营造有利于特色农业产业化经营发展的社会文化氛围。一方面，积极动员和组织乡贤力量支持、助力陕南特色农业发展，激发乡贤组织和个人关注、推动家乡特色农业发展的责任感、使命感、成就感、荣誉感，鼓励乡贤企业和陕南本地企业加强合作互动，将资金、技术、管理等生产经营要素导入陕南特色农业产业链，带动陕南本地企业创新经营方式，补齐特色农业产业化经营短板，提升陕南特色农业整体竞争力；另一方面，要大力弘扬陕南乡土文化中开放包容、勇立潮头、不甘落后的奋斗精神，激励更多特色农业经营主体传承陕南优秀乡土文化精神，积极作为，大胆创新，全力推动陕南特色农业产业化经营高质量发展。

四、全面强化约束机制，提高陕南特色农业产业化经营规范化程度

约束机制是指在复杂的系统运行过程中，为实现系统的良性运行而对系统成员行为进行控制、调整和规范的一系列规章制度和方式的总称。约束机制既是利益分配机制实现的重要保障，也是激励机制发挥作用的基础。按照约束机制形成的不同，通常可以将约束机制分为内生性约束机制和外生性约束机制两种类型。其中内生性约束机制是系统运行过程之中自然形成的约束机制，外生性约束机制则是在系统运行之外的社会大环境中形成的，能直接或间接地对系统运行产生影响。特色农业产业化经营是一个由多个要素及其相互关系构成的复杂系统，其良性运行和发展需要有效的约束机制提供支撑和保障。

当前，从陕南特色农业产业化经营中频繁出现的农业龙头企业、农产品加工企业、农民专业合作社、流通企业和农户等经营主体违规、违约、失信、投机等行为来看，陕南特色农业产业化经营的约束机制还不够健全，对经营主体行为约束力度不强。在我国特色农业产业现代化转型的关键时期，全面强化约束机制，加大对经营主体行为的约束和控制，规范特色农业生产经营运作方式，保障特色农业生产经营活动适应市场需求、符合法律规范、合乎政策要求和保护主体合法权益是推进陕南特色农业产业化经营的内在要求，也是实现陕南特色农业可持续发展的必然选择。全面强化陕南特色农业产业化经营系统的约束机制，要坚持“内外兼顾、软硬并重”的原则，建构起涵盖陕南特色农业产业化经营全过程、全环节的约束体系。一方面，要健全内生性约束机制，完善内部软约束与硬约束机制，增强经营系统内部自我约束、自我规范和自我控制能力；另一方面，要完善外生性约束机制，强化公开公正、公平竞争制度和法律法规的刚性约束，营造特色农业生产经营主体平等参与、公平竞争、规范有序的市场经营环境，切实保障各经营主体在经营过程中享

有平等的权利、平等的机会和平等的规则，能平等地对接市场，更广泛地参与市场竞争，更公平地分享特色农业产业化经营收益。

1. 强化市场约束机制，引导陕南特色农业资源高效配置

在市场经济条件下，市场对资源配置和经营活动起着导向性作用。强化市场约束机制就是要利用市场影响经营主体的生产经营活动，引导其将有限的资源投入到能够获得最大利益的领域中去，从而提高资源的利用效率。由于陕南市场经济还不够发达和完善，市场对特色农业生产经营主体行为的约束作用还没有充分发挥出来。不对称的市场信息、不清晰的市场信号，不可避免地引发道德风险和逆向选择，主要表现为一部分经营主体不积极主动转变观念，谋求创新发展，而是坐等政府补贴救助，依靠农业补贴和救助维持特色农业生产经营活动。部分经营主体面对市场竞争加剧、原有特色农产品盈利空间收缩的严峻形势，缺乏危机感、紧迫感和争先意识，不是积极推进产品更新换代和经营方式创新，而是只寄希望于政府，要求政府提供更多优惠政策和保护措施。这些思想和行为在一定程度上减少了陕南特色农业经营主体扩大生产经营规模、创新经营方式和增强产品竞争力的努力，降低了其克服困难、做大做强的动力，最终导致生产的产品雷同，技术落后，附加值低，难以形成较强的市场竞争力。强化陕南特色农业产业化经营的市场约束机制，一方面，要加快陕南市场经济发展，推进陕南农业市场化进程，营造公平有序的市场竞争环境，引导特色农业经营主体遵循市场规律，按照市场规则组织生产经营活动；另一方面，要充分发挥市场竞争机制的作用，通过公平竞争，优胜劣汰，让缺乏适应市场能力且运营低效甚至无效的经营主体退出，从而推动特色农业资源向优质经营主体集中，增强陕南特色农业经营主体的活力和竞争力。

2. 强化法律法规约束，规范陕南特色农业经营主体行为

法律法规约束是一种外在的行为规范约束，它具有强制性、稳定性和长期性。任何组织和个人都必须严格遵守法律法规的规定，依法行使

法律法规规定的权利，自觉履行法律法规规定的义务。特色农业产业化经营涉及特色农业生产、加工、流通、销售等多个环节，各环节的有机衔接和良性运行不仅依赖市场机制的约束，还依赖法律法规手段来维系。强化法律法规约束，就是要将特色农业产业化经营系统的各个子系统、各个环节的经营活动纳入法制化轨道，使得特色农业产加销各环节的经济行为受法律法规的约束和规范，从而形成依法经营、守法经营、合法经营和依法保障各经营主体合法权益的良好经营氛围。与国内经济发达地区相比，陕南农民的法律素质整体较低，农村法治建设进程缓慢。[①]一些企业、中介组织、种植大户等经营主体的法治意识和法律素养不强，缺乏对特色农业生产经营相关法律法规的全面了解和深刻认识，导致生产经营过程中出现违法违规行为，不仅严重侵害相关利益者的合法权益，造成巨大损失，还破坏了特色农业正常的市场秩序，影响陕南特色农业产业化经营系统的正常运行和良性发展。

在新形势下，推进陕南特色农业产业化经营，需要进一步加强法律法规对特色农业经营主体行为的约束和规范。首先，建立健全相关的法律法规和条例，使特色农业产业化经营的组织、运行和管理有章可循、有法可依。陕南生态环境脆弱，特别要注意结合生态功能区和绿色循环发展要求，从环境责任制度、预防原则等方面制定和完善陕南特色农业产业化绿色经营的相关法律法规，规范并引导陕南特色农业经营主体从事绿色生产和绿色经营活动，减少对生态环境的污染和破坏。其次，加强法律法规宣传，提升陕南特色农业经营主体的法律素养。知法是守法的前提，懂法是用法的基础。针对陕南特色农业经营主体法律素养整体不高的现实情况，要大力开展法律宣传教育活动，创新法律宣传形式，使各经营主体明确自己的权利、义务和责任，增强依法经营意识，自觉遵守法律法规要求，按要求履行应承担的责任和义务，真正做到依法经营、合法经营、守法经营。最后，加大对违法违规行为的惩处力度，严

① 于君刚. 农村法治建设中存在的问题及对策研究——以汉中市部分县区为调查对象[J]. 安徽农业科学，2012（12）：7506.

厉打击和遏制各种违规违法经营行为，提高不法经营主体的违法违规成本，督促经营主体树立法律红线和法律底线意识，自觉规范生产经营行为，形成陕南特色农业产业化经营规范化、法治化发展的良好氛围。

3. 强化道德约束，引导陕南特色农业经营主体以德立业

道德约束是一种依靠社会道德、伦理观念、传统习惯、社会舆论和价值取向等具有的影响力，规范和控制社会成员行为的一种约束方式。相比于法律约束而言，道德约束是一种软约束，具有非强制性、内在性和持久性等特征，能潜移默化地影响和改变人的情感、思想和行为。在特色农业产业化经营中，强化道德约束就是要充分发挥社会伦理道德、农业道德规范、特色农业从业者职业道德等多方力量，引导各经营主体以满足市场需求为出发点，通过诚信经营、正当竞争和互利合作，构建起崇德向善、和谐共荣、文明有序的经营环境，为特色农业产业化经营创造良好的社会氛围。陕南处川、渝、鄂、甘、豫交界地带，在长期的特色农业生产实践过程中，受多种文化和道德观念的影响，逐渐形成了崇尚自然、追求和谐、注重诚信、强调贡献的价值取向和坚忍宽容、不畏困难、勤劳朴实的道德品格。强化道德对陕南特色农业经营主体的约束，一方面必须批判地继承陕南农业道德中的优秀成果，充分挖掘和积极弘扬传统农业道德中的正能量和真善美成分，利用优秀的道德观念和正确的价值取向潜移默化地影响特色农业经营主体的思想观念、行为方式；另一方面以社会主义核心价值观为引领，大力推进陕南乡村思想道德建设，加强陕南乡村社会公德、职业道德、家庭美德以及个人品德建设，增强陕南特色农业生产经营主体社会责任意识、集体意识和创新意识，形成崇德向善、尚和求进、重信守诚、创新为荣的社会道德风尚，引导陕南特色农业经营主体牢固树立诚信为本的道德观念，形成正确的道德判断和道德责任，并在具体的特色农业生产经营实践中做到重道德、遵道德和守道德，自觉远离和抵制见利忘义、弄虚作假、以次充好、破坏环境、损人利己和不守信用等不道德行为。

4. 强化管理约束，完善陕南特色农业产业化经营管理体系

管理约束是指在特定的环境中，为了达成组织目标，管理者通过履行一系列管理职能对被管理对象的行为中与组织目标不一致的行为进行规范和控制。从管理对象和管理内容来看，特色农业产业化经营管理包括两个层面：一是对特色农业产业化经营主体的管理，主要包括龙头企业、农民专业合作社、种植大户、中介组织、家庭农场和农户等；二是对特色农业产业化经营过程的管理，即将特色农业产业化经营活动视为一个完整的管理对象，根据产业发展演进规律和发展实际，对特色农业生产、加工、流通、销售等环节活动进行计划、组织、协调和控制。从管理的主体来看，特色农业产业化经营管理主要包括政府宏观管理、行业中观管理和经营主体微观管理三个层次。由于特色农业产业化经营是一个系统工程，涵盖生产、加工、流通、销售等多个环节，涉及工商、税务、财经、金融、科技、交通等多个部门，需要政府统筹规划、综合协调和监管督查，推动特色农业资源优化配置，保障特色农业产业化经营持续、稳定发展。

首先，政府从特色农业产业化经营全局出发，运用经济手段、法律手段及必要的行政手段对特色农业资源配置进行调节和控制，引导特色农业经营主体通过合理投资、规范生产、诚信经营提高特色农业综合效益，从而推动陕南特色农业产业化经营持续、稳定、协调发展。根据陕南特色农业宏观管理实际和产业化经营需要，未来强化管理约束的主要着力点有三个：一是加快特色农业管理体制改革，建立特色农业综合协调管理机构，避免政府职能交叉、多头管理现象。二是制定和落实陕南特色农业产业化经营战略规划。根据特色农业产业化经营规律，结合陕南特色农业发展实际，从可持续发展和产业振兴的战略高度，统筹规划陕南特色农业产业化经营的方向、目标、主要任务、实现路径和保障措施，为陕南特色农业产业化经营提供一个科学的、高起点的行动指南，引导陕南特色农业资源要素有序流动、合理配置。同时，要维护规划的权威性和严肃性，增强规划的执行力，充分发挥战略规划的引导和约束

作用。三是完善特色农业监督管理机制，充分利用经济手段、法律手段、行政手段和农业政策，加强对特色农业产业化经营重点环节的监督和管理，引导和督促特色农业经营主体遵纪守法、诚实守信、公平竞争。

其次，加强行业中观管理，增强行业自律。西方发达国家特色农业产业经营的实践表明，行业协会在推动特色农业产业化经营中具有重要的作用。作为一个非政府组织，行业协会在行业成员组织管理、监督规范和协调协作方面发挥着越来越重要的作用。强化特色农业行业中观管理就是要依托特色农业行业协会或同业公会的力量，通过行业章程、行业规范和行业内部管理制度，规范特色农业行业内会员的生产经营行为，对于会员的违法、违章行为进行约束，引导特色农业产业化经营健康、规范、有序发展。陕南特色农业行业协会数量众多，分布广泛，涵盖茶叶、魔芋、蚕桑、水果、蔬菜、中药材等多个产业。经过多年的发展，陕南特色农业行业协会在推动特色农业发展方面发挥了积极的作用，但由于管理体制改革滞后，大部分特色农业行业协会对政府的依赖性强，行政色彩偏重，服务管理质量不高，对行业成员行为的影响和约束程度有限。这一方面需要整合行业协会资源，发展壮大特色农业行业协会组织，积极推进行业协会治理改革和服务方式创新，促进特色农业行业协会市场化转型，增强其服务、协调、引领、推动陕南特色农业产业化发展的能力；另一方面需要完善特色农业行业协会的规章制度和行为准则，加强对行业会员经营行为的监督和控制，规范行业从业人员行为，尤其是注重落实行业会员单位诚信经营、合法经营，提高行业自律水平，保障陕南特色农业产业化经营健康发展。

最后，强化经营主体微观管理，增强陕南特色农业经营主体自我约束能力。经营主体微观管理主要是指经营主体的自我管理，即处于特定环境下的经营主体，根据市场需求和国家相关政策，结合自身的生产经营条件，选择适宜的发展方向和经营项目，并通过对自身拥有的资源的计划、组织、协调和控制活动，以便实现既定经营目标。经营主体微观管理是政府宏观管理和行业中观管理的基础，与政府宏观管理和行业中观管理相互依赖、紧密衔接，共同形成一个完整的产业管理体系。根据经营主体的不同，特色农业经营主体管理的内容可以分为企业经营管理、农民专业合作社管理、家庭农场管理和农户经营管理等多个方面。陕南特色农业经营主体众多，但受传统粗放管理理念和方式的束缚，大部分经营主体的经营管理还停留在经验管理阶段，管理理念落后，管理方式陈旧，管理效率低下。强化陕南特色农业经营主体微观管理约束，必须转变传统的管理理念，学习和借鉴国内外先进的管理理念与方法，逐步建立起科学、规范、高效的经营管理制度体系，通过完善的制度约束、规范的程序引导和精准的方法控制，推动自身不断提高经营管理效率，增强自我成长发展能力。

参考文献

[1] Ryan E Galt. Food systems in an unequal world: Pesticides, vegetables, and agrarian capitalism in Costa Rica[M]. University of Arizona Press, 2014.

[2] Urban TN. Agricultural industrialization: It's inevitable[J]. Choices. The Magazine of Food, Farm, and Resources Issues, 1991, 6(4): 1-3.

[3] Drabenstott M. Agricultural industrialization: implications for economic development and public policy[J]. Journal of Agricultural and Applied Economics, 1995, 27(1): 13-20.

[4] Boehlje M. Industrialization of agriculture: What are the implications? [J]. Choices.The Magazine of Food, Farm, and Resources Issues, 1996, 11(1): 1-4.

[5] Martin Bruce king. Interpreting the consequences of midwestern agricultural industrialization[J]. Journal of Economic Issues, 2000, 34(2): 425-434.

[6] Mary Hendrickson, Harvey S James Jr. The ethics of constrained choice: How the industrialization of agriculture impacts farming and farmer behavior[J]. Journal of Agricultural & Environmental Ethics, 2005, 18(3): 269-291.

[7] Ken Nakano. The "sixth industrialization" for Japanese agricultural development[J]. The Ritsumeikan Economic Review, 2014, 8(3): 60-72.

[8] Gary D Lynne. Agricultural industrialization: A metaeconomics look at the metaphors by which we live[J]. Review of Agricultural Economics

2002, 24(2): 410-427.

[9] Krisztián Kovács. Managerial challenges in hungarian agricultural enterprises[C]. Managing Agricultural Enterprises. Palgrave Macmillan, Cham, 2017.

[10] Richter J. Agricultural integration in Europe[J]. Journal of Farm Economics, 1953, 35(4): 511-518.

[11] Kissoly L, Faße, A, Grote U. The integration of smallholder in agricultural value chain activities and food security: Evidence from rural Tanzania[J]. Food Sec., 2017(9): 1219-1235.

[12] Macrae R J, henning J, S B Hill. Strategies to overcome barriers to the development of sustainable agriculture in Canada: The role of agribusiness[J]. Journal of Agricultural and Environmental Ethics, 1993(6): 21-51.

[13] Burkhardt Jeffrey. Agribusiness ethics: Specifying the terms of the contract[J]. Journal of Business Ethics, 198, 65(4): 333-345.

[14] Luhmann H, Theuvsen L. Corporate social responsibility in agribusiness: Literature review and future research directions[J]. Journal of Agricultural & Environmental Ethics, 2016(29): 673-696.

[15] Barrett C B, Barbier E B, Reardon T, et al. Agroindustrialization, globalization, and international development: The environmental implications [J]. Environment and Development Economics, 2001, 6(4): 419-433.

[16] Uijayant Chakravorty. Environmental effects of intensification of agriculture: Livestock production and regulation[J]. Environmental Economics and Policy Studies, 2007(8): 315-336.

[17] Ortmann G F. Industrialisation of agriculture and the role of supply chains in promoting competitiveness / industriaing van die landbou en die rol van leweringskettings in die bevordering van mededingendheid [J]. Agrekon, 2001, (40)4: 459-489.

[18] Martin Larry, et al. Agribusiness competitiveness across national boundaries[J]. American Journal of Agricultural Economics, 1991, 5(73): 1456-1464.

[19] Humphrey J. Policy implications of trends in agribusiness value chains [J]. Eur J Dev Res, 2006 (18): 572-592.

[20] Constantine Lliopulos, George Hendrikse. Influence costs in agribusiness cooperatives: Evidence from case studies[J]. International Studies of Management & Organization, 2009, 9(4)/4(9): 60-80.

[21] Andrew Godley. The emergence of agribusiness in Europe and the development of the Western European broiler chicken industry, 1945 to 1973[J].The Agricultural History Review, 2014, 62 (2)/2(62): 315-336.

[22] 马克思，恩格斯. 马克思恩格斯选集：第四卷[M]. 北京：人民出版社，2012.

[23] 马克思. 资本论：第二卷[M]. 北京：人民出版社，2015.

[24] [日]祖田修. 近现代农业思想史[M]. 北京：清华大学出版社，2015.

[25] [美]西奥多 · W. 舒尔茨. 改造传统农业[M]. 北京：商务印书馆，2011.

[26] [美]G S 惠勒. 美国农业的发展和问题[M]. 月异，等译. 北京：世界知识出版社，1962.

[27] [日]冈部守，章政. 日本农业概论[M]. 北京：中国农业出版社，2004.

[28] [日]酒井富夫. 日本农村再生[M]. 北京：社会科学文献出版社，2019.

[29] 王丰，蒋永穆. 马克思主义农业现代化思想演进论[M]. 北京：中国农业出版社，2015.

[30] 黄祖辉. 市场化 · 国际化 新世纪中国农业发展[M]. 北京：中国农业出版社，2002.

[31] 谭静，陈文宽. 农业产业化新论[M]. 成都：四川科学技术出版社，2006.

[32] 蔡昉．穷人的经济学 农业依然是基础[M]．北京：社会科学文献出版社，2007.

[33] 雷俊忠．农业产业化经营研究[M]．成都：电子科技大学出版社，2008.

[34] 牛若峰．农业产业一体化经营的理论与实践[M]．北京：中国农业科技出版社，1998.

[35] 兰明昊，涂圣伟．重构农业激励约束机制、激发内生发展动力，助力现代农业发展[J]．农业现代化研究，2017（1）：53-58.

[36] 龚为纲，黄娜群．农业转型过程中的政府与市场——当代中国农业转型过程的动力机制分析[J]．南京农业大学学报（社会科学版），2016（2）：72-83.

[37] 刘显利.马克思主义农业合作理论在中国的实践研究[M]．北京：中国政法大学出版社，2016.

[38] 胡冰川．改革开放四十年农业支持保护制度：脉络与发展[J]．江淮论坛，2019（32）：40-43.

[39] 梁晓明．日本农协的经验研究及对我国农业产业化的启示[J]．日本问题研究，2002（4）：37-40.

[40] 方言．农业产业化发展中的地方政府职能[J]．农业经济问题，2002（12）：56-59

[41] 裴汉青．农业产业化经营中的违约行为及其矫正[J]．经济问题探索，2005（12）：101-104.

[42] 陈凡．农业产业化经营主体状况及影响因素分析——基于1104个农业综合开发县的调查数据[J]．中国农业资源与区划，2018（12）：244-249.

[43] 刘彦随．中国农村贫困化地域分异特征及其精准扶贫策略[J]．中国科学院院刊，2016（3）：269-278.

[44] 倪斋晖．论农业产业化的理论基础[J]．中国农村经济，1999 （6）：55-60.

[45] 窦贤君. 试论农业产业化[J]. 江西农业经济，1994（5）：1-5.

[46] 王志军. 农业产业化：模式・特征・前瞻[J]. 乡镇经济研究，1994（9）：9.

[47] 刘卫锋，徐恩波. 略论农业产业化的理论基础及运行机制[J]. 农业经济，1995（8）：7-9.

[48] 庄丽娟. 我国农业产业化经营中利益分配的制度分析[J]. 农业经济问题，2000（4）：29-32.

[49] 周震虹，高阳，王刚. 农业产业化发展的理论依据[J]. 求索，2005（4）：21-23.

[50] 汪艳，徐勇. 论农业产业化的理论基础[J]. 农业经济问题，1996（12）：13-15.

[51] 刘明. 农业产业化：理论依据与可持续发展分析[J]. 生产力研究，2015（5）：38-45.

[52] 曹林奎. 我国农业产业化经营新模式："农民合作社+家庭农场"[J]. 上海农村经济，2013（4）：32-34.

[53] 紫晶霞. 我国贫困地区生态农业产业化发展的优势及路径选择[J]. 农业经济，2018（7）：20-22.

[54] 彭炳忠. 重塑和培育农业产业化经营主体[J]. 湖南行政学院学报，2004（6）：60-62.

[55] 路小昆. 让农民成为农业产业化的经营主体[J]. 农村工作通讯，2012（5）：52-54.

[56] 李振东. 新型农业经营主体的培育与发展——以甘肃省为例[J]. 经济论坛，2016（2）：75-84.

[57] 土戈，章英. 美国农业产业化模式[J]. 学习月刊，1997（12）：40-41.

[58] 朱立志，连畅. 美国的农业产业化经验与借鉴[J]. 世界农业，2014（6）：189-192.

[59] 农言. 法国农业产业化基本经验[J]. 财政，1996（10）：61-62.

[60] 柳一桥. 荷兰、日本、澳大利亚和巴西特色农业产业化发展的战略

研究[J]. 世界农业，2013（3）：46-48.

[61] 郑定荣. 重新构建农村经营新体制——农业产业化联合体问题探讨[J]. 广东经济，2003（10）：26-28.

[62] 蔡海龙，炎天尧. 正确认识农业产业化联合体：本质特征与理论依据[J]. 中国农民合作社，2019（7）：8-10.

[63] 芦千文. 现代农业产业化联合体：组织创新逻辑与融合机制设计[J]. 当代经济管理，2017（7）：38-44.